高等职业教育"互联网+"新形态教材

客户关系管理

(第二版)

主　编　张迎燕　陶铭芳　胡洁娇
副主编　梅　冉　邵丽盛　陈燕军　黄小艳
参　编　艾青益　代　芳　郑　颖

扫码申请更多资源

南京大学出版社

前　言

在服务制胜的今天,客户在企业中的地位日渐重要,客户关系管理几乎在所有的企业组织中都扮演着至关重要的角色。在网络经济环境中,客户的注意力更是成为稀缺资源,如何有效地管理和服务客户,提升客户体验,提高客户的满意度与忠诚度,实现客户价值,成为企业关注的焦点。

随着客户关系管理理论的不断成熟和应用实践的深度拓展,客户关系管理这门课程内容越来越丰富,企业案例也越来越具有时代特色。本书内容理论联系实际,深入浅出,可读性、实用性较强,体现了当前高等职业教育人才培养"以就业为导向、以能力为本位、以学生为中心"的最新理念,具有职业教育的鲜明特色。

本书通过对大量案例的具体分析以及丰富多彩的课堂实践活动将理论知识融于实际客户关系管理的业务操作中,注重学生职业能力及职业素养的培养。按照企业客户关系管理相关职业岗位的能力要求,以技能训练为主线、理论知识够用的编写思路,分项目进行内容编排。全书共分三大模块七个项目任务,其中模块一是基础篇,主要是认知客户关系管理;模块二是技能篇,包括识别潜在客户、客户信息管理、客户满意管理和客户忠诚管理;模块三是应用篇,重点介绍大客户管理和客户体验管理。

为使学生更有效地掌握知识和技能,本书在每一个项目任务前设有"知识目标""技能目标""知识结构图"和"导入案例",并在学习知识的过程中穿插新颖的案例、"知识链接"等小版块,课后安排有"课后思考与讨论""课后案例分析""实践训练"和"能力测评"。这些内容为学生解决工作中可能遇到的实际问题提供了有力支撑。

本书由院张迎燕、陶铭芳、胡洁娇担任主编,由梅冉、邵丽盛、陈燕军、黄小艳担任副主编,参与本书编写的还有艾青益、代芳、郑颖,张迎燕负责全书策划和统稿工作。

本书在编写过程中得到了南京大学出版社、有关高校和企业领导的大力支持,借鉴和参考了相关书籍和文章,在此一并表示感谢。由于编者水平有限,疏漏、不妥之处在所难免,恳请广大读者批评指正。

编 者

2021 年 2 月

目 录

模块一 基础篇

项目1 认知客户关系管理 …………………………………………………… (3)

知识目标 ……………………………………………………………………… (3)

技能目标 ……………………………………………………………………… (3)

知识结构图 …………………………………………………………………… (3)

导入案例 ……………………………………………………………………… (4)

任务1.1 客户关系管理的产生 …………………………………………… (5)

任务1.2 客户关系管理的内涵 …………………………………………… (8)

任务1.3 客户生命周期和客户终身价值 ………………………………… (18)

课后思考与讨论 ……………………………………………………………… (30)

课后案例分析 ………………………………………………………………… (30)

实践训练 ……………………………………………………………………… (32)

能力测评 ……………………………………………………………………… (32)

模块二 技能篇

项目2 识别潜在客户 ………………………………………………………… (35)

知识目标 ……………………………………………………………………… (35)

技能目标 ……………………………………………………………………… (35)

知识结构图 …………………………………………………………………… (35)

导入案例 ……………………………………………………………………… (36)

任务2.1 寻找潜在客户的基本方法 ……………………………………… (36)

任务2.2 接近潜在客户 …………………………………………………… (49)

任务2.3 潜在客户的开发 ………………………………………………… (55)

· 1 ·

课后思考与讨论 ··· (61)

　　课后案例分析 ··· (61)

　　实践训练 ··· (63)

　　能力测评 ··· (63)

项目 3　客户信息管理 ·· (64)

　　知识目标 ··· (64)

　　技能目标 ··· (64)

　　知识结构图 ··· (64)

　　导入案例 ··· (65)

　　任务 3.1　搭建客户信息平台 ·· (65)

　　任务 3.2　建立客户信息档案 ·· (78)

　　任务 3.3　客户信息整理、分析 ·· (85)

　　课后思考与讨论 ··· (99)

　　课后案例分析 ··· (99)

　　实践训练 ·· (100)

　　能力测评 ·· (101)

项目 4　客户满意管理 ··· (102)

　　知识目标 ·· (102)

　　技能目标 ·· (102)

　　知识结构图 ·· (102)

　　导入案例 ·· (103)

　　任务 4.1　客户满意与客户满意度 ·· (103)

　　任务 4.2　产品满意管理 ·· (108)

　　任务 4.3　服务满意管理 ·· (109)

　　任务 4.4　处理客户的不满 ·· (111)

　　任务 4.5　客户投诉管理 ·· (116)

　　课后思考与讨论 ·· (122)

　　课后案例分析 ·· (122)

　　实践训练 ·· (125)

能力测评 ………………………………………………………………………… (125)

项目 5　客户忠诚管理 ……………………………………………………… (126)

　　知识目标 ………………………………………………………………………… (126)
　　技能目标 ………………………………………………………………………… (126)
　　知识结构图 ……………………………………………………………………… (126)
　　导入案例 ………………………………………………………………………… (127)
　　任务 5.1　客户忠诚的价值与衡量 …………………………………………… (128)
　　任务 5.2　培养忠诚客户的策略 ……………………………………………… (135)
　　任务 5.3　客户流失管理 ……………………………………………………… (137)
　　课后思考与讨论 ………………………………………………………………… (142)
　　课后案例分析 …………………………………………………………………… (143)
　　实践训练 ………………………………………………………………………… (145)
　　能力测评 ………………………………………………………………………… (146)

模块三　应用篇

项目 6　大客户管理 …………………………………………………………… (149)

　　知识目标 ………………………………………………………………………… (149)
　　技能目标 ………………………………………………………………………… (149)
　　知识结构图 ……………………………………………………………………… (149)
　　导入案例 ………………………………………………………………………… (150)
　　任务 6.1　识别大客户 ………………………………………………………… (151)
　　任务 6.2　大客户营销策略 …………………………………………………… (160)
　　任务 6.3　大客户管理 ………………………………………………………… (168)
　　课后思考与讨论 ………………………………………………………………… (177)
　　课后案例分析 …………………………………………………………………… (177)
　　实践训练 ………………………………………………………………………… (178)
　　能力测评 ………………………………………………………………………… (179)

项目 7　客户体验管理 ………………………………………………………… (180)

　　知识目标 ………………………………………………………………………… (180)

技能目标 ……………………………………………………………… (180)
知识结构图 …………………………………………………………… (180)
导入案例 ……………………………………………………………… (181)
任务 7.1　客户体验认识 …………………………………………… (182)
任务 7.2　客户体验模式及方法 …………………………………… (190)
任务 7.3　客户体验主题 …………………………………………… (196)
任务 7.4　品牌体验 ………………………………………………… (207)
课后思考与讨论 ……………………………………………………… (214)
课后案例分析 ………………………………………………………… (214)
实践训练 ……………………………………………………………… (215)
能力测评 ……………………………………………………………… (215)

参考文献 ……………………………………………………………… (217)

[模块一]

基础篇

项目 1　认知客户关系管理

知识目标

1. 掌握客户、客户服务等概念的内涵。
2. 了解客户关系管理的定义及内涵。
3. 了解企业客户关系管理的实施步骤。
4. 了解客户关系的生命周期曲线及其模式。
5. 掌握客户终身价值的含义、组成及影响因素。

技能目标

1. 能够熟悉企业客户关系管理的实施步骤和策略。
2. 能够分析企业客户关系管理的现状。
3. 能够分析客户生命周期,管理客户价值。

知识结构图

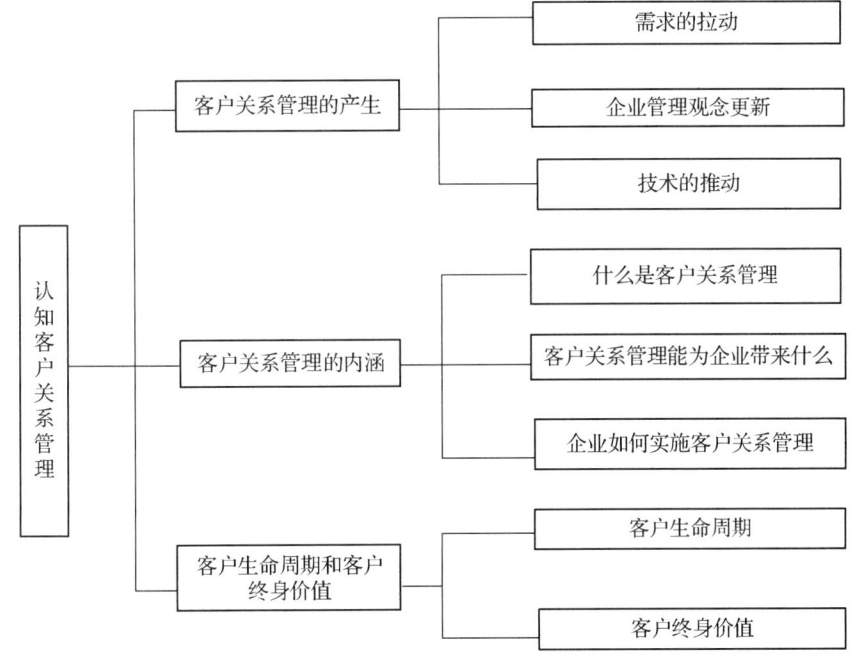

《爸爸去哪儿》火爆背后的营销关键词

《中国好声音》的结束标志歌唱类选秀节目进入尾声,就在综艺节目空窗期之时,一匹黑马进入观众的视线,创造了每10个看电视的人中就有一个观看的佳绩。这个一枝独秀的综艺节目就是《爸爸去哪儿》。

《爸爸去哪儿》的日益火爆,不仅使湖南卫视笑得合不拢嘴,其赞助商也获益匪浅,思念食品就是其中之一。《爸爸去哪儿》的成功看似无心插柳之举,却隐藏了诸多成功的必然要素。作为一个营销策划者,我就从营销策划的角度来分析下《爸爸去哪儿》走红背后的原因。

1. 成熟品类引进

成熟品类的引进已经不是什么新鲜事,从早期的可口可乐到现在热门的黄色旋风香蕉牛奶,都是将国外成熟期的品类复制到中国市场,激发市场需求,在异地生根发芽。用国外成熟品类冲击市场,一方面在消费者心智有一定的认知度,降低市场教育成本;另一方面有足够多的市场成功经验可以借鉴,规避掉了市场开拓期弯路。

《爸爸去哪儿》亦如此,其节目版权和模式购自韩国MBC电视台的《爸爸!我们去哪儿?》,此节目在韩国一经推出,收视便一路飘红,稳坐该时段收视率冠军宝座。从受众人群的角度,中韩文化差异性相对较小,韩国观众喜欢的节目复制到中国不会发生水土不服,且明星爸爸与可爱宝宝的组合卖点十足,有足够的受众基础。

从节目制作的角度,韩国团队制作经验的引进,扫除了节目制作的硬件问题。无论从外在需求角度,还是从内在硬件实力,湖南卫视都驾驭自如,奠定了《爸爸去哪儿》火爆的基础。

2. 本土化包装

正所谓"入乡随俗",无论是产品还是综艺节目,本土化都是赢得消费者与受众的重要手段。国际连锁快餐巨头肯德基、麦当劳纷纷推出中式米饭套餐,冰激凌中的贵族哈根达斯也卖起了月饼。本土化实质是通过形式(口感、形态、包装)来获得本地消费者的情感认同。

中国的观众有着自己的特点,在目前浮躁、快节奏的社会环境下,观众喜欢简单直接的刺激感受,《中国好声音》弱化主持人的作用,直接用内容给观众带来一波又一波的高潮。韩国版《爸爸去哪儿》受韩剧影响内容拖沓,显然不符合中国观众的观看习惯。湖南卫视将原版拖沓的环节省去,换成了接地气的快节奏剪辑,马上让人耳目一新,迎合了中国观众的口味。

3. 产品差异化

现在的市场属于"乱花迷人眼"的阶段,消费者(观众)不会记得没有特点的产品(节目),形成自己的特点,满足消费者(观众)差异化需求成为一个品牌(节目)能否留在消费者(观众)心中的关键。卡士牛奶作为一家乳制品行业新进挑战者,如何在红海中寻找蓝海关乎其生死。调研发现,中国市场上缺少高端牛奶这一品类,于是以此切入,开创高端品牌牛奶先河。只有做到产品差异化才能满足潜在消费者的独特需求,才能抢占消费者独特心智。

在狼烟四起的荧屏,观众们对于千篇一律的选秀类、相亲类节目早已经视觉疲劳,泛滥的煽情手法,更使得消费者产生厌烦的情绪,选秀逐渐成为比惨。突破传统综艺节目的窠白,才能抢占收视率。《爸爸去哪儿》将室内综艺升级为野外综艺,将虚假的比惨变成突出节目的记录性而忽略综艺性的真人秀。父子、父女搭档真实、温馨的小清新情调,唤起了观众内心最温柔的情感。

4. 明星产品塑造

明星产品是企业持续发展的动力,是带动企业的引擎。娃哈哈的营养快线、银鹭的花生牛奶就是这类明星产品。明星产品的成功不止能产生巨大的市场效益及经济效益,通过有效的产品组合还能带动其他产品的发展。银鹭就是在其成功打造花生牛奶这一单品后,借由花生牛奶的知名度把核桃牛奶推向市场。可见,明星产品的打造是企业成功的重要一环。

剥离掉亲子真人秀的新鲜形式,暂且忽略这类节目貌似朴素的包装,会发现《爸爸去哪儿》的核心是对明星的消费。明星爸爸加星二代的组合,满足了普通观众的窥探心理,使家庭节目升级为更具娱乐性的真人秀。与此同时,由于节目的家庭型定位,一个人的观看可以带动全家人的观看。

在消费者用脚说话的时代,无论是综艺节目还是一个产品,都需要为受众或消费者带来无可替代的物质体验与精神体验。《爸爸去哪儿》的成功是偶然中的必然,同时它也将带领中国综艺节目进入野外综艺时代。相信随着收视率的屡创新高,其广告价值也将不可小觑。

资料来源:《〈爸爸去哪儿〉成功背后的营销关键词》,http://www.qianzhan.com/investment/detail/320/131126—12f6bc37.html,有改动。

案例思考

节目《爸爸去哪儿》采用了哪些营销手段来满足电视消费群体的需求?该节目创作体现了什么理念?

任务 1.1 客户关系管理的产生

进入 21 世纪,在经济全球化进程加快和市场竞争日益激烈的环境下,企业仅靠产品的质量已经难以留住客户,消费者的需求层次、内容及具体要求都发生着相应的深刻变化。企业作为产品及服务的提供者,无论是从主动还是被动的角度出发,都必须迎合社会生产力的发展,逐步从传统的以产品和规模为中心的粗放式经营管理模式向以客户为中心的集约化经营管理模式转变,这就要求企业应不断更新管理理念与经营模式,采取最新的技术成果,在满足消费者日益提高的消费需求的同时,赢得自身的生存与发展。

社会生产力的发展是 CRM 产生的根源。具体来说,CRM 的产生与发展也是消费者需求拉动、企业管理理念更新、技术推动这三方面合力的结果,如图 1-1 所示。

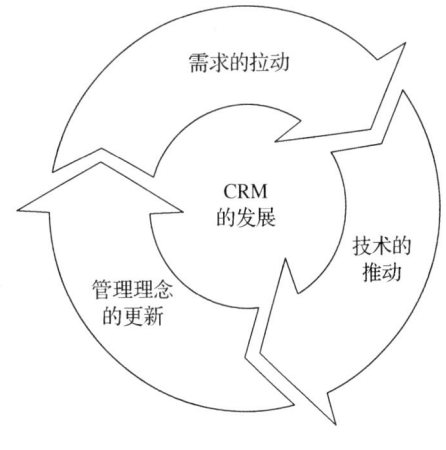

图 1-1 CRM 的发展

1.1.1 需求的拉动

放眼看去,一方面,很多企业在信息化方面已经做了大量工作,收到了很好的经济效益。另一方面,一个普遍的现象是,在很多企业,销售、营销和服务部门的信息化程度越来越不能适应业务发展的需要,越来越多的企业要求提高销售、营销和服务的日常业务的自动化和科学化。这是客户关系管理应运而生的需求基础。

仔细地倾听一下,我们会从客户、销售人员、营销人员、服务人员、企业经理那里听到各种抱怨。

(1) 来自销售人员的声音。例如,从市场部提供的客户线索中很难找到真正的客户,我常在这些线索上花费大量时间。我是不是该自己来找线索? 出差在外,要是能看到公司电脑里的客户、产品信息就好了。我这次面对的是一个老客户,应该怎样报价才能留住他呢?

(2) 来自营销人员的声音。例如,去年在营销上开销了2 000万。我怎样才能知道这2 000万的回报率? 在展览会上,我们一共收集了4 700张名片,怎么利用它们才好? 展览会上,我向1 000多人发放了公司资料,这些人对我们的产品看法怎样? 其中有多少人已经与销售人员接触了? 我应该和那些真正的潜在购买者多多接触,但我怎么能知道谁是真正的潜在购买者? 我怎么才能知道其他部门的同事和客户的联系情况,以防止重复地给客户发放相同的资料? 有越来越多的人访问过我们的站点了,但我怎么才能知道这些人是谁? 我们的产品系列很多,他们究竟想买什么?

(3) 来自服务人员的声音。例如,其实很多客户提出的电脑故障都是自己的误操作引起的,很多情况下都可以自己解决,但回答这种类型的客户电话占去了工程师的很多时间,工作枯燥而无聊;怎么其他部门的同事都认为我们的售后服务部门只是花钱而挣不来钱?

(4) 来自客户的声音。例如,我从企业的两个销售人员那里得到了同一产品的不同报价,哪个才是可靠的? 我以前买的东西现在出了问题,这些问题还没有解决,怎么又来上门推销? 一个月前,我通过企业的网站发了一封 E-mail,要求销售人员和我联系一下,怎么到现在还是没人理我? 我已经提出不希望再给我发放大量的宣传邮件了,怎么情况并没有改变? 我报名参加企业网站上登出的一场研讨会,但一直没有收到确认信息。研讨会这几天就要开了,我是去还是不去? 为什么我的维修请求提出一个月了,还是没有等到上门服务?

(5) 来自经理人员的声音。例如,有个客户半小时以后就要来谈最后的签单事宜,但一直跟单的人最近辞职了,而我作为销售经理,对与这个客户联系的来龙去脉还一无所知,真急人;有三个销售员都和这家客户联系过,我作为销售经理,怎么知道他们都给客户承诺过什么呢? 现在手上有个大单子,我作为销售经理,该派哪个销售员我才放心呢? 这次的产品维修技术要求很高,我是一个新经理,该派哪一个维修人员呢?

上面的问题可归纳为两个方面。其一,企业的销售、营销和客户服务部门难以获得所需的客户互动信息。其二,来自销售、客户服务、市场、制造、库存等部门的信息分散在企业内,这些零散的信息使得各部门无法对客户有全面的了解,各部门难以在统一的信息的基础上面对客户。这需要各部门对面向客户的各项信息和活动进行集成,组建一个以客户为中心的企业,实现对面向客户的活动的全面管理。

可是,竞争的压力越来越大。在产品质量、供货及时性等方面,很多企业已经没有多少潜力可挖。而上面的问题的改善将大大有利于企业竞争力的提高,有利于企业赢得新客户、保留老客户和提高客户利润贡献度。很多企业,特别是那些已经有了相当的管理基础和信息基础的企业,现在,这个时刻已经来临了。

1.1.2 企业管理观念的更新

随着社会生产力的提高,人们的消费观念发生了重大变化,客户价值选择也经历了三个阶段的变迁,如表1-1所示,这也促使企业的管理理念要随着市场环境和消费者需求的变化,做相应的变革。企业管理理念从"以产品为中心"转向"以客户为中心",具体表现在四个阶段的发展历程:第一阶段——产值中心论,企业处于卖方市场,产品供不应求,故片面追求产值,扩大生产规模;第二阶段——销售中心论,企业处于经济危机下,产品大量积压,为提高销售额,进行了大量的促销管理;第三阶段——利润中心论,企业处于竞争激烈的市场环境中,实际利润下降,为提高企业受益,侧重于成本控制;第四阶段——客户中心论,客户满意管理成为企业管理的焦点,客户关系管理是企业的核心活动。

表1-1 客户价值选择的变迁

阶　　段	消费特点	价值选择标准
第一阶段 理性消费时代	不但重视价格,且看重质量,追求物美价廉	"好"和"差"
第二阶段 感觉消费时代	注重产品的形象、品牌、设计和使用的方便等	"喜欢"和"不喜欢"
第三阶段 感情消费时代	追求购买和消费过程中的满足感	"满意"和"不满意"

1.1.3 技术的推动

CRM并不是近几年出现的新概念,连普通杂货店的老板采用这种理念都已经很多年了。杂货店老板熟悉客户,当客户进入杂货店时就能认出他们,并且通过以前的接触掌握了这些客户的需求偏好,所以能够为他们提供个性化的服务。但是,由于技术问题,大型企业在早些年很难实施这种理念。之后,随着科技的发展,新兴技术可以帮助企业在与客户的每一次接触中获取他们的信息并用于后续的互动过程,可以帮助企业实现服务过程与企业内部流程的整合,从而使大型企业实施CRM的理念成为现实。

(1) 企业的客户可通过电话、传真、网络等访问企业,进行业务往来。

(2) 任何与客户打交道的员工都能全面了解客户关系、根据客户需求进行交易、了解如何对客户进行纵向和横向销售、记录自己获得的客户信息。

(3) 能够对市场活动进行规划、评估,对整个活动进行360度的透视。

(4) 能够对各种销售活动进行追踪。

(5) 系统用户可以不受地域限制,随时访问企业的业务处理系统,获得客户信息。

(6) 拥有对市场活动、销售活动的分析能力。

(7) 能够从不同角度提供成本、利润、生产率、风险率等信息,并对客户、产品、职能部门、地理区域等进行多维分析。

上面的所有功能都是围绕客户展开的。与"客户是上帝"这种可操作性不强的口号相比,这些功能把对客户的尊重落到了实处。客户关系管理的重要性就在于它把客户单独列了出来,围绕着客户做文章。

任务1.2　客户关系管理的内涵

1.2.1　什么是客户关系管理

1.2.1.1　客户定义

谁是我们的客户？这是企业进行经营与管理尤其是开展市场营销活动必须理清的问题，这就需要我们对客户有个准确的定位。

从现代企业的经营管理实际出发，我们认为客户有广义和狭义两种。广义而言，客户是指一切与企业利益相关的各方，也即作为企业的所有者，涉及的与企业经营利益相关的个人和各种组织，包括供应商、消费者产品和服务的最终使用者或接受者。狭义的客户，就是指企业所提供的产品或服务的购买者或使用者。

客户范畴包括消费者(个人)客户、企业(B2B)客户、中间商客户(渠道、分销商、代销商)、政府客户、服务型客户、内部客户。消费者客户指购买最终产品与服务的零售客户；B2B客户指将购买的产品或服务附加在自己的产品上一同售出给另外客户的客户；渠道、分销商和特许经营者指不直接为企业工作，并且(通常地)不需要为其支付报酬的个人或组织；内部客户指企业(或联盟公司)内部的员工或业务部门，他们需要企业的产品或服务以实现他们的商业目标，这通常是最容易被企业忽略的一类客户，同时又是最具长期获利性(潜在)的客户；政府之所以称之为客户，是因为在我们国家乃至在其他国家，企业都受政府的监督与管理，企业的生死在一定程度上与国家的政策相关，它是任何一个企业都要顺从的主体；服务型客户指按照公众的意愿和偏好提供公共物品和服务以回应公民和社会的组织。

【实践练习】

对下面一家钢铁企业的客户进行分类。

(1) 一位农民自己购买钢铁来建造住宅。

(2) 该钢铁集团总公司下面所属的一家汽车制造厂购买该公司的特种钢材。

(3) 一家房地产开发公司购买该公司的钢铁用来开发商品房。

(4) 某政府机构购买该公司的钢材用来修建公路。

(5) 医院购买该公司的产品用于建筑一栋住院大楼。

(6) 该钢铁公司在另外一座城市的分销商批发该公司的钢材。

【案例1-1】

居然比我先知道女儿怀孕，超市干了什么！

2012年年初，一个男人冲进一家位于明尼苏达州阿波利斯市郊的Target超市兴师问罪，为什么超市不停地向他的还是高中生的女儿邮寄婴儿尿布样品和配方奶粉的折扣券？"你们是在鼓励她怀孕吗？"愤怒的父亲质问Target超市经理。

几天过后,超市经理打电话向这位父亲致歉,这位父亲的语气变得平和起来,他反过来道歉说,他的女儿确实怀孕了,预产期在8月份。这是一个零售商如何应用大数据进行营销的故事,这个故事被《纽约时报》报道后,大数据的威力轰动全美。

为什么Target能够做出这么神奇的预测呢?这是因为Target建立了一个非常规范的大数据管理系统,它拥有一个数据分析团队,在查看准妈妈们的消费记录之后,找出了20多种关联物,通过这些关联物对客户进行"怀孕趋势"预测,并寄送相应的优惠券,进一步推动消费。

只要有可能,Target的大数据系统会给每一个客户编一个ID号。你刷信用卡、使用优惠券、填写调查问卷、邮寄退货单、打客服电话、开启广告邮件、访问官网,所有这一切行为都会记录进你的ID号。而且这个ID号还会对号入座地记录下你的人口统计信息:年龄、是否已婚、是否有子女、所住市区、住址离Target的车程、薪水情况、最近是否搬过家、钱包里的信用卡情况、常访问的网址,等等。

Target还可以从其他相关机构那里购买你的其他信息,如种族、就业史、喜欢读的杂志、破产记录、婚姻史、购房记录、求学记录、阅读习惯,等等。

1.2.1.2 客户关系管理定义

网络经济触发了人类社会全方位的深刻变革,也使社会经济各个组成部分之间的联系更为密切。基于Internet技术的电子商务正在改变着各个行业的经营模式,迫使各个企业重新定位并考虑自身的组织架构、业务流程和经营渠道。时空距离的缩短、异地交互和分时交流的实现,使得企业的经营模式必须从"以产品为中心"转向"以客户为中心"。在竞争日益激烈的情况下,仅以产品的质量已经难以留住客户,"服务"已经成为企业竞争制胜的另一张王牌。企业必须利用信息技术,通过对客户的追踪和管理,针对每个客户的不同需求,提供更为个性化的系列服务,留住老客户,吸引新客户。

CRM(Customer Relationship Management),即客户关系管理。最早发展客户关系管理的国家是美国,这个概念最初由Gartner Group提出来,在1980年年初便有所谓的"接触管理"(Contact Management),即专门收集客户与公司联系的所有信息,到1990年则演变成包括电话服务中心支持资料分析的客户关怀(Customer Care)。

关于CRM的定义,不同的研究机构有着不同的表述。最早提出该概念的Gartner Group认为:所谓的客户关系管理就是为企业提供全方位的管理视角;赋予企业更完善的客户交流能力,最大化客户的收益率。Hurwitz Group认为:CRM的焦点是自动化并改善与销售、市场营销、客户服务和支持等领域的客户关系有关的商业流程。CRM既是一套原则制度,也是一套软件和技术。它的目标是缩减销售周期和销售成本、增加收入、寻找扩展业务所需的新的市场和渠道以及提高客户的价值、满意度、营利性和忠实度。CRM应用软件将最佳的实践具体化并使用了先进的技术来协助各企业实现这些目标。CRM在整个客户生命周期中都以客户为中心,这意味着CRM应用软件将客户当作企业运作的核心。

CRM应用软件简化协调了各类业务功能(如销售、市场营销、服务和支持)的过程并将其注意力集中于满足客户的需要上。CRM应用还将多种与客户交流的渠道,如面对面、电话接洽以及Web访问协调为一体,这样,企业就可以按客户的喜好使用适当的渠道与之进行交流。

而 IBM 则认为：客户关系管理包括企业识别、挑选、获取、发展和保持客户的整个商业过程。IBM 把客户关系管理分为三类：关系管理、流程管理和接入管理。从管理科学的角度来考察，客户关系管理（CRM）源于市场营销理论；从解决方案的角度考察，客户关系管理（CRM）是将市场营销的科学管理理念通过信息技术的手段集成在软件上面，得以在全球大规模地普及和应用。作为解决方案（Solution）的客户关系管理（CRM），它集合了当今最新的信息技术，它们包括 Internet 和电子商务、多媒体技术、数据仓库和数据挖掘、专家系统和人工智能、呼叫中心，等等。作为一个应用软件的客户关系管理（CRM），凝聚了市场营销的管理理念。市场营销、销售管理、客户关怀、服务和支持构成了 CRM 软件的基石。

综上所述，本书认为客户关系管理首先是一种管理理念，其核心思想是将企业的客户（包括最终客户、分销商和合作伙伴）作为最重要的企业资源，利用 CRM 系统，通过完善的客户服务和深入的客户分析来满足客户的需求，从而提高客户满意度，进而提高客户忠诚度，最终实现客户的终身价值最大化。客户关系管理应是一种旨在改善企业与客户之间关系的新型管理机制，它实施于企业的市场营销、销售、服务与技术支持等与客户相关的领域，一方面通过企业的销售、市场和客户服务的专业人员提供全面、个性化的客户资料，并强化跟踪服务、信息分析的能力，使他们能够协同建立和维护一系列与客户和生意伙伴之间卓有成效的"一对一关系"，从而使企业得以提供更快捷和周到的优质服务，提高客户满意度，吸引和保持更多的客户，从而增加营业额；另一方面则通过信息化共享和优化商业流程来有效地降低企业经营成本。

可从以下几个方面来理解 CRM 的内涵：
（1）体现为新态企业管理的指导思想和理念。
（2）是创新的企业管理模式和运营机制。
（3）是企业管理中信息技术、软硬件系统集成的管理方法和应用解决方案的总和。

其核心思想就是：客户是企业的一项重要资产，客户关怀是 CRM 的中心，客户关怀的目的是与所选客户建立长期和有效的业务关系，在与客户的每一个"接触点"上都更加接近客户、了解客户，最大限度地增加利润和利润占有率。CRM 的核心是客户价值管理，它将客户价值分为既成价值、潜在价值和模型价值，通过一对一营销原则，满足不同价值客户的个性化需求，提高客户忠诚度和保有率，实现客户价值持续贡献，从而全面提升企业盈利能力。

【案例 1-2】

珑津茶籽油精准定位目标消费群体

陕西汉中珑津茶籽油是通过准确界定目标消费群体而实现成功营销的一个典型案例。珑津公司的主力产品是礼盒包装的野生山茶籽油，该产品原料来自我国南水北调的源头，北纬 33 度，海拔 800 米以上，汉中无污染的秦巴山区。高纬度、高海拔、天然的生长环境，造就了珑津野生山茶籽油优异的产品品质和非常高的营养价值。但就是这样高品质的产品，进入市场六个多月的时间，总共才卖出不到 30 万元的销售额。

珑津公司把茶籽油产品定位为高档礼品,适合所有的送礼消费人群购买,而没有清晰界定产品的目标消费群体。客户认为珑津茶籽油适合所有消费者食用,但结果却是几乎所有的消费者都不会购买珑津公司的茶籽油产品。通过专业市场调研数据的分析,精准企划认为珑津茶籽油的核心购买群体是26~45岁的公务员、白领、上班族和企业老板,核心消费群体是46~75岁的中老年人。消费者的购买理由是"关爱长辈饮食健康——珑津好茶油"。精准界定珑津茶籽油的目标消费群体为该产品后期的成功营销发挥了重要的作用。

资料来源:全球品牌网,http://www.globrand.com/。

软件技术层面的客户关系管理不是本书讨论的重点。CRM系统软件作为实现客户关系管理理念的重要工具,虽然还未被大多数企业有效使用,但企业引进CRM系统、提高客户管理的效率已经成为一种趋势。

1.2.2 客户关系管理能为企业带来什么

客户与企业之间发生的关系,不仅包括单纯的销售过程所发生的业务关系,如合同签订、订单处理、发货、收款等;而且包括在企业营销及售后服务过程中发生的各种关系,如在企业市场活动、市场推广过程中与潜在客户发生的关系;还包括售后服务过程中,企业服务人员对客户提供关怀活动、各种服务活动、服务内容、服务效果的记录等,这是企业与客户的售后服务关系。对企业与客户间可能发生的各种关系进行全面管理,将会显著提升企业营销能力,降低营销成本,控制营销过程中可能导致客户抱怨的各种行为,这是CRM的另一个重要管理思想。

客户关系管理为企业带来的好处主要体现在以下几个方面:

(1) 提升了企业认识客户的能力。企业的一切营销活动必须紧紧围绕"以市场为导向,以客户为中心"这条主线。企业应深刻认识到客户对企业是至关重要的,将客户真正重视起来,把客户关系管理提高到企业战略层面上考虑,这样企业才可能成为以"客户为中心"的现实受益者。CRM系统的价值就在于此,真正的数据录入,多维度的数据记录,让企业作为一个整体对客户认识有了提高。将所有的客户基础信息、交易信息、服务信息都清晰地记录在CRM系统中。

(2) 提升了业务人员的工作效率、工作质量和销售水平。企业照顾好员工,员工就可以照顾好客户,客户才能照顾好企业,员工是企业的内部客户。对客户的关心,最终是要依靠企业的每一个员工去实现的,员工使企业对客户的服务无缝地连接起来。而很多企业通常习惯于为企业之外的客户服务,淡化了对内部员工的服务意识,造成服务的内外脱节和不能落实。CRM要应用得好,主要是要能先对员工产生价值,增加内部客户的满意度。

简单地说,一定要让客户在产生购买欲望或者服务请求最迫切的第一时间,能够迅速找到一名最合适的员工来准确处理、负责业务。但是,知识再丰富的员工也存在知识盲区和经验不足问题。能否让知识和经验并未达到完美状态的员工也可以高效、准确地对客户提供报价、解决方案等反馈,其意义就显得十分突出。CRM为员工提供了多种解决方法来面对这个问题。

(3) 缩减了销售成本,以及销售管理成本。销售额是企业很重要的数据,客户关系管理带给销售的好处在于企业科学地管理了销售线索、销售机会、日程、销售的报表,等等,这些都有利于企业增加销售额。而销售费用往往成为黑洞,记录每一个项目的费用,进而对每一个业务人员的费用加以管理,控制销售成本以及销售管理成本就变得容易起来。

"2∶8原则"就是用20%的时间做80%的事,而真正重要的20%部分,则是用80%的时间做出来的。企业管理理论和实践告诉我们:企业80%的销售收入和利润,通常是由20%的客户创造的!这20%的客户被企业看作"最具价值的客户"。企业为了不流失这一小部分的客户资源,必然会投入很多精力来维护这些资源。此外,还有最具成长性的客户,也是企业重点关注的部分;而发掘潜在客户,也是工作的重点之一。而CRM则可以帮助企业实现这个目标。CRM注意收集各种客户信息,记录并管理客户的需求差别化,使得企业"比客户自己更了解客户";还可以帮助企业识别客户价值的差别化和需求差别化,便于企业明确目标,采用最合适的方法对最具价值的客户和最具成长性的客户不断创收,开发一般客户和潜在客户,对低于边际成本的客户找到问题所在和原因。

(4) 提升了新老客户满意度和老客户忠诚度,进而扩大了销售额。一般来说,品牌、价格和质量是驱动购买的三大因素,而现有调查显示"第四驱动力"的作用明显增强,也就是"服务和支持"。21世纪是服务竞争的时代,服务已经成为企业开拓市场的利器。客户评价,是企业很关心的一个问题。而服务质量不仅看其技术质量,也看其功能质量,专业人员以及其他服务提供者必须同时传递"高度的技术"和"高度的感受"。CRM中的客户满意度是可以计量和评测的。客户满意度评价指标可能包括建立"一对一(端到端)"响应的及时性、客服人员的知识是否丰富、答复是否具有建设性、是否按时解决问题、解决问题的范围和程度、客户方对服务的感受和满意程度……事实上,有些服务,即使客户接受之后也无法精确评判其服务质量。

由于服务的经验质量和信任质量一般很高,客户觉得在购买或接受中风险很大。这会有几种结果:① 客户通常更加依靠口碑而不是服务组织的广告。② 客户会更加重视价格、人员和诸如品牌这样的物质线索来评价服务质量。③ 当客户满意时,会对服务的提供者产生高度的忠诚。CRM有效避免了销售组织和服务组织之间的壁垒。销售代表与客户的接触中,可以及时把客户的服务请求和感受传达给客服代表,及时响应、解决问题并提高客户满意度;或者销售经理及时了解客户对服务的满意度。客服代表与客户的接触中,迅速把新的生意机会转达给销售代表或直接受理,提升销售或交叉销售。

【案例1-3】

90后开"跑腿"公司开宝马送凉皮遭调侃

2014年7月23日,王东成立了"小旋风跑腿服务中心"。服务内容包括代购快餐、夜宵、零食、鲜花、药品、日用品等;接送老人、小孩;代缴水电费、燃气费、罚款以及酒后代驾等服务。"虽然才开业1个月时间,但真的忙不过来了。"王东说,刚开始主要是通过微博、微信等新媒体或者与商家合作来拓展业务,不过短短一个月的时间内,他们已接到不少前来"尝鲜"的客户订单。

"客户如果突然有个急事,只要在微博或微信上私信一下,告知需要做什么,很快就会得到服务。既方便又快捷,所以跑腿公司业务很受欢迎。"王东告诉记者,"最多的一天接了50多单业务。"

8月21日中午,外面阳光炙热,此时王东接到一单生意:家住月湖花城小区的刘女士要求送两份凉皮上门。"当时员工都开电动车出去'跑腿'了,而正好一个朋友的宝马车在我公司。"于是,王东就和朋友开着宝马去送凉皮。

"两份凉皮10块钱,跑腿费20元。"当王东递过凉皮时,刘女士看到他开着豪车来送凉皮,开玩笑地问他:"你的车是不是烧的水?"王东表示,他们一般的送货方式还是使用摩托车和电动车。

资料来源:《90后开"跑腿"公司开宝马送凉皮遭调侃》,http://epaper.gxnews.com.cn/ddshb/html/2014-08/24/content_2452481.htm,有改动。

1.2.3 企业如何实施客户关系管理

中国企业很早就认识到客户关怀的重要性,向客户提供售后服务是大多数商家采用的手段,使它们作为对其特定产品的一种支持。例如,家用电器、电脑产品、汽车等商家,都会对其售后服务以及维修给予客户一定的承诺,这样一来,那些在售后服务方面做得好的公司,其市场销售就处于上升的趋势。因为这样,有人便提出,与客户的联系似乎仅仅是企业中某个部门的分内工作,客户关系管理只是企业客户服务部门的事?答案是否定的。最初,客户关系发展的领域是服务领域。由于服务的无形特点,注重客户服务部门的承诺可以明显地增强服务的效果,为企业带来更多的利益。但是随着对客户的关注不断地向实体产品销售领域扩展,如今的客户关系管理已经不仅仅只靠某人和某部门的努力就可以卓有成效的,它的实施贯穿市场营销的所有环节。

Gartner Group提出了一套实施客户关系管理战略的措施,首先是确立一套度量的标准指导企业究竟应该如何实施,不仅要考虑财务指标,更要考虑客户满意度的指标。然后培训和教育员工去适应以客户为中心的理念和要求。另外,要从高层开始建立一个实施客户关系管理的领导小组,对内部的业务流程进行改变、外部的环境进行监控。在选择客户关系管理软件的问题上,从企业感觉最棘手的问题入手,实施过程要从局部项目开始着手。

但是适用于国外企业的成功经验并不一定能适合国内的企业,首先是不同地区的文化孕育着不同的价值观和文化背景,再加上政策和经济环境的不同也使得客户关系管理的模式无法照搬。对于中国的企业而言,明智之举莫过于自谋一条适合中国国情的发展道路,这条艰辛路需要众人的努力。

客户关系管理的核心是要提高客户满意度,企业在实施CS(客户满意)营销战略的时候,通常都是从这几个方面入手的:① 开发客户满意的产品。② 提供客户满意的服务。③ 进行CS观念教育,建立CS系统分析方法。反过来,要做到这几点,以求得客户满意,客户关系管理战略绝对是很好的支持手段,了解用户,了解他们的现实和潜在需求,能够分析出他们的购买动机、偏好和购物习惯,这都将为提高客户满意度增加砝码。

结合国外实施客户关系管理的经验和中国国情,国内企业要做好客户关系管理,一定要对当前状况进行改变。

(1) 事前考察。考察同行业中已实施客户关系管理战略的企业绩效,分析本企业实施客户关系管理战略的风险和成本后,决定企业是否要实施客户关系管理战略。

(2) 改革组织结构,设立专门小组。在公司高层对企业进行战略计划决定实施客户关系管理战略后,就应该着手对组织结构进行改革。相对于Gartner Group提出的先对人做教育而言,这样更符合中国实际,国内员工相对比较保守,看不到企业本身的改革,他们也就一如既往,如果企业只是对员工反复强调公司要实施客户关系管理战略,可能真的动起来配合的人寥寥无几,最后导致实施效率极差。而直接对企业的组织结构做出适当调整,并设立专门小组从企业行政方面对实施过程加以监督,使得整个组织能动态跟踪客户的需求和市场变化,将公司内部和外部流程重新设计简化,去掉流程中没有增值的多余部分,员工很快意识到公司计划实施的紧迫感,也就能更快地做出反应。

(3) 进行客户关系管理思想教育。在将组织结构改革后,员工难免无法适应新的环境,这时候进行员工培训无疑是最佳时机。为了适应工作环境,大部分员工都会自愿参加培训,企业就趁此机会在内部宣传建立"以客户为中心"的企业文化,通过培训让员工明白客户关系管理战略的实施会给企业带来长期价值,同时是一项管理的变革。员工应该把客户关系管理作为一项长期的商业过程对待,在这一过程中大家要不断地学习、了解提高客户价值和公司价值的方法,学习不断采用新的信息分析方法提高认识客户的知识。

(4) 细分市场,收集信息。并不是所有的客户都值得企业与之建立联系,客户关系管理应该是:通过细分市场把目标指向最佳的客户,并与这些客户建立关系。细分市场后,对信息的收集过程给予详细的规划,并将不同客户的信息按类别储存起来。与此同时,在公司建立明确的信息共享制度,客户关系管理有关企业中的每一个人,信息在企业的相对透明有利于在更大范围内优化使用。

(5) 建立客户关系管理软件系统。投资相关的软件和硬件系统,是应该围绕着组织、文化和流程而选择的。客户关系管理软件说到底只是一种工具,而就算是在员工培训中,我们也不能仅仅就软件该怎么用来开展培训。而对于员工和企业来说,软件真正有用的是通过软件了解客户,比如客户数据库收集和储存关于客户姓名、联络方法、生活习性、心理特征、购买时间、频度、数量等信息,呼叫中心提供公司最直接的与客户对话服务,而且还可以从中确定什么是他们想要的,什么是他们不想要的,等等。所有的这些信息就可以转化为解决客户问题的方案或是为企业增加销售机会的工具,而后续的数据研究也就能揭示出企业交叉销售和向上销售的机会。

(6) 事后的考评。并不是实施了客户关系管理系统后就皆大欢喜了,实施过程不是一成不变的,效果的好坏是要通过事后的追踪考察而得出的。企业应该建立CRM信息回馈通道,对实施CRM前后的客户反应做出对比,关注与客户的长远合作,将数据对比后的结果用于帮助企业的不断完善,切勿犯"鼠目寸光"的毛病。

中国目前的实际情况却是在最初的时候先购买软件,选择运行平台,然后再开始围绕着软件设计流程,对员工进行培训,使他们熟悉软件的界面和使用方法,最后可能根本不会想到组织和文化的因素和制约。这样一来,CRM就成了复杂的摆设,所以,完善客户关系管理的实施过程是目前中国大多数企业的首要问题。

不可否认,客户关系管理的实施给许多企业带来了显著的变化:企业管理的重心由内部管理向企业外的客户管理转移,通过实施客户关系管理系统,企业将可以从以往以产品、业务为中心的运作模式逐步过渡到以客户为中心的运作模式。但是实施了客户关系管理系统并不就是管理者的法宝,客户关系管理战略是有它的应用局限的,它代替不了管理,它只能作为管理者的支持手段,管理者通过它更有效地与客户联系沟通,达到开发客户、维持客户、发展客户、提升客户和公司价值的目的。

我们对客户关系管理在企业中的应用前景还是应该充满希望,企业利用客户关系管理的战略实施必然可以搜集到有价值的客户信息,这些数据可以作为市场调研的基础,被企业用来进一步分析客户的需求,从而实施交叉销售,即发现一位现有客户的多种需求,并通过满足其需求而实现销售多种相关的服务或产品,从而为客户提供更多、更好的服务。在客户关系管理战略的现在与未来之间,公司更要加快发展,提高管理水平,不断增强企业以客户为中心的能力,因为客户的满意和忠诚才是企业前进的无穷动力。

【案例1-4】

上海大众的 CRM 战略及实施

上海大众的 CRM 项目于 2001 年开始筹划,2002 年年初正式启动实施。2001 年年底中国汽车市场的情况及上海大众所面对的挑战:中国经济的持续高速发展,中国消费者的购买力持续上升,使得汽车消费进入了一个新的阶段。乘务车市场的购买主力,将由政府、企事业单位、出租车公司转为私人购买。根据 Financial Time 的市场数据,1999 年,中国市场的汽车购买,政府和企事业单位占据了 49%,出租车占了 24%,而私人用户仅为 27%,到了 2005 年,这个数字变为 35%、10%、55%。越来越多的国际品牌开始进入中国市场,大众汽车在国外市场所面临的竞争开始延续到中国国内。一方面,不断推向市场的新的型号、新的车辆概念,直接对大众的产品线进行冲击。另一方面,国际水准的营销手段也开始对大众当时的营销体系带来挑战。与此同时,大众品牌出现一定程度的老化,尤其是上海大众,被认为是一个"过时"和"保守"的品牌。尽管上海大众和一汽大众曾一度占据 50%的市场份额,但在一份重复购买意向的调查中,只有 28%的车主表示下一次购买会考虑大众品牌。随着市场的成熟,汽车的生命周期将会缩短,消费者更换汽车的频率会越来越快。现有客户的满意程度和重复购买意向对于今后的市场竞争有着决定性的战略意义,28%这个数字为上海大众的管理层敲响了警钟。管理客户的购车和使用体验,提升客户的忠诚度,实现忠诚客户的重复购买和正面的口碑宣传就成了上海大众 CRM 战略实施的首要目标。

一、上海大众的 CRM 战略及实施

连接品牌形象与客户体验,建立品牌关系,管理客户的生命周期,用知识指导营销实践。传统的市场行销,强调的是品牌宣传,侧重的是品牌知名度和美誉度,它是把品牌作为一种战略资产,从客户那里发现品牌的独特性,进而与相应的群体进行广泛的沟通,但这种沟通并没有对客户的反应和行为进行相应的跟踪和分析,没有形成闭环,而只是半圆。客户体验管理,是把客户作为一种战略资产,从客户的行为上发现什么是客户的独特性,从而创造与客户密切相关的体验。但单纯的行为体验,往往是交易导向或者产品导向的,并没有与品牌形成互动,因而也只是半圆。只有将品牌形象与客户体验相连接。通过跟踪客户行为和交易记录,分析客户行为与市场活动的相关性,进而指导和调整品牌宣传和品牌形象的塑造,并通过品牌传播和活动策划,进而引导客户的品牌体验,最终形成良性的品牌客户关系,实现闭环行销。上海大众的客户关系管理战略,正是这一闭环行销理念的完美体现。

将所有数据整合进唯一的数据仓库(见图1-2)。

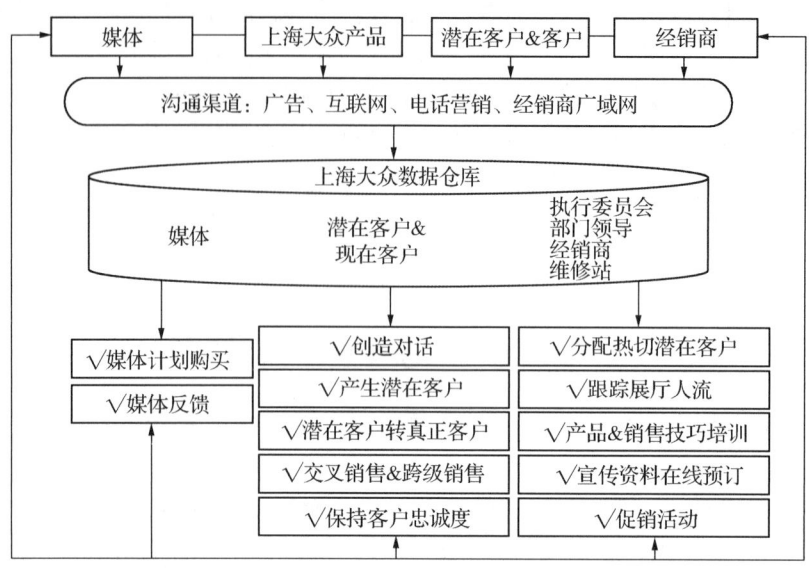

图1-2 上海大众CRM战略——闭合行销理念

上海大众的CRM项目,从针对的目标群体来说,包括两类:① 车辆的最终用户。从车辆的拥有情况划分,包括车辆的潜在购买者和现有车主;从车主性质来分,包括私人用户和政府、公司。② 上海大众的经销商。所有上海大众的车辆在生产出来之后,都不是直接交到最终的消费者手中,而必须通过经销商的销售网络。从这个角度来说,经销商是上海大众第一层面的客户。CRM作为一个全新的战略理念,它的实施必然对公司的现有流程产生巨大的影响。面对即将出现的变革,上海大众做了充分的前期调研,了解了很多CRM实施的案例,并在此基础上制订了详尽的实施计划。上海大众CRM战略的实施有两个显著的特点。

1. 项目实施自上而下

CRM战略理念得到了上海大众管理层的高度重视和大力支持。借鉴了其他公司CRM实施的许多经验教训,公司成立了专门的CRM部门,部门经理同时兼任上海大众德方总经理助理,项目进程直接向中德双方总经理汇报。CRM项目实施初期,公司高层领导亲自组织召开由各部门一把手参加的启动大会。每一个新环节的推广,都首先在总公司各部门进行培训。在得到各部门的首肯和接受之后,CRM部门再协同各部门向各地区逐级推行。

2. 项目推广分阶段进行

项目的实施并没有以一种好大喜功的方式迅速全面铺开,而是采用小规模试点(Pre-pilot)、局部实验(Pilot)、全面推广(Roll-out)的三步式实施方式。以经销商广域网为例,企业先在上海地区选取6家经销商进行了小规模的培训并进行试点。在这个过程中,企业和参与试点的经销商保持密切的联系,监控实施的每一个环节,了解实际操作过程中发生的问题并记录下来。经过一个月的小规模试点,大众公司对反馈和发现的问题进行了统一分析和集中处理,对衡量投资回报的一些因素做了重新评估,又用了半个月的时间进行系统优化。之后,在全国范围内选择了52家经销商,进行局部试验。由于一些操作环节中的具体问题在小规模试点中已经暴露并得到解决,对于人员抵触所可能造成的影响,也有了处理经验,这次局部试验的综合反馈比小规模试点时更好。当然,也暴露出了一些由于地区差异考虑不足而产生的诸如流程和考核标准之类的问题。局部试验进行了 6 个月。之后,大众公司顺利地将整个客户关系管理战略和系统推行到了全国的销售网络,并将项目风险降到了最低。

二、沟通渠道和操作流程

上海大众 CRM 的沟通渠道,主要包括三个组成部分(见图 1-3)。

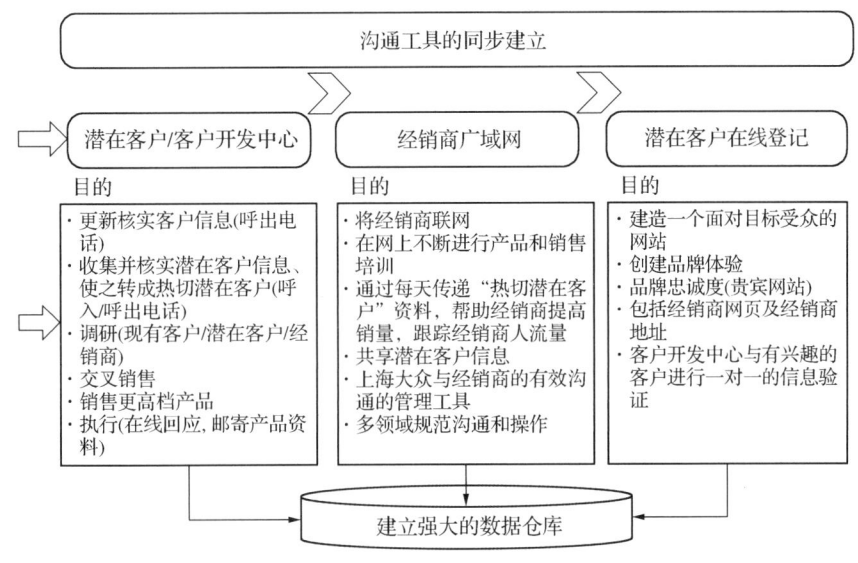

图 1-3 上海大众 CRM 的沟通渠道

1. CAC(客户开发中心)

上海大众在 2002 年年初开通了 800-820-1111 免费服务热线,对潜在客户和客户关于产品、服务、市场活动等询问提供解答,对于针对经销商、维修站的投诉进行记录,并将结果及时地反馈给客户和潜在客户。在回答询问、处理投诉的过程中,发掘到有购买意向的潜在客户,进一步记录他们的详细信息,针对他们有兴趣的车型提供详细介绍和讲解,得到潜在客户关于进一步沟通的许可,并根据客户的购买时间、意向类型,进行进一步的沟通和跟进。同时,客户开发中心还肩负着呼出电话验证、更新客户信息、电话调研、邮寄产品资料和市场活动奖品等功能。到目前为止,上海大众客户开发中心共有 70 个座席,全天候接受客户的咨询。

2. 经销商广域网

经销商广域网是上海大众与经销商进行全方位沟通的平台和工具,它是一个基于互联网的安全性网站。通过经销商广域网,经销商可以每天获得由上海大众开发和维系的热切潜在客户,交给自己的销售人员进行销售跟进。同时,经销商需要在 7 天内将潜在客户的状态及时反馈给上海大众,便于上海大众根据情况进行不同的沟通,促成销售。而一旦销售成功实现,经销商也有义务将客户信息及车辆信息及时反馈到 CRM 的数据库中。除此以外,经销商广域网最为突出的一个功能是在线培训,提供了最详尽的产品信息、竞争对手车型对比以及销售技巧等培训信息,帮助经销商了解产品,同时进行销售人员的内部培训。上海大众各个车型的市场活动,最新的广告宣传以及最新的销售政策都可以在经销商广域网上进行查询并且下载。经销商甚至可以通过这个平台进行售点宣传材料和礼品的在线订购。同时,经销商也被要求跟踪反馈每天的展厅人流数量和电话问询数量,以便于上海大众对各地区的媒体投放效果进行跟踪和评估。截至 2004 年 9 月,所有上海大众的特许经销商,共计 396 家都已经联结到经销商广域网,与上海大众进行全天候的沟通。

3. 消费者网站

消费者网站包括两类,针对潜在客户和针对现有车主。针对潜在客户的网站:上海大众针对每一款车型制作了一个官方网站,以便于有购买意向的客户可以很方便地查询产品信息,了解产品功能,下载产品图片。上海大众充分利用网络媒体的交互性,在每一个网站上都制作了一个精美的互动产品手册,潜在客户可以自己动手虚拟操作上海大众的各项先进性能,充分感受和体验每个车型所带来的驾驶乐趣,从而激发出更为强烈的购买意愿。在此基础上,网站会邀请消费者在线登记个人信息和购买意向,以便于客户开发中心的进一步沟通,从而逐步把有兴趣的普通消费者培育成热切的潜在客户。

针对现有车主的网站:现有车主的网站是车主俱乐部和忠诚度计划的一个互动渠道,利用车主俱乐部网站,现有车主可以更新自己的联系方式,便捷地查询与自己所购车型相关的全部信息,推荐朋友购车,也可以查询自己当前的俱乐部积分,享受积分换礼,上海大众还联系了大众全体的车载物品供应商作为忠诚度计划的合作伙伴之一,车主可以在这个网站享受在线购买原配车载物品的乐趣,如车载冰箱、车载儿童安全座椅等物品。同时,车主们可以了解最新的俱乐部活动,售后服务优惠等信息,全方位地帮助上海大众车主呵护他们的爱车,营造一个车主大家庭。

经过几年的精心经营打造,目前,上海大众的 CRM 管理无论在深度还是广度上都有了实质性进展,不仅在市场上赢得了消费者的信赖,也得到了行业的专业认可。利用 CRM 的理论指导,上海大众不拘泥于总部小团队的"闭门造车",而是真正将 CRM 项目融入各个职能部门中去,将处于网络终端的经销商也切实纳入 CRM 项目中来,发挥各自优势和特长的基础上,积极整合所有的资源,保证和提升了客户价值、公司价值和经销商价值。这就是上海大众的 CRM 为企业带来的最终价值。

任务 1.3 客户生命周期和客户终身价值

过去,公司要么关注成本管理,降低单位产品成本;要么关注收入增长,努力提高销售额。但如果公司只关注一个目标,就会自动失去另一个。如果公司只关注收入增长而不注重成本管理,就不可能获得最大的利润,反之亦然。而获得盈利和持续发展这两个目标并不是相互排斥的,而是相互补充的。

如今,当公司意识到一切以客户为中心的重要性时,不得不仔细地研究客户信息及其潜在价值。为了增加盈利,公司一定要合理地分配资源和投入,提高营销创新和产品战略的有效性。为了提高有效性,了解和谁沟通、在什么时间沟通、沟通什么内容以及怎样沟通,并且安排好所有与客户接触的时间显得尤为重要。了解客户生命周期进而培养对于客户新的需求的预测能力也十分重要。掌握客户终身价值的知识能够使组织针对某一细分市场制定营销战略,并实现投入和产出的平衡。

1.3.1 客户生命周期

1.3.1.1 客户生命周期定义

生命周期是一个普遍现象,被广泛应用于解释一个主体从开始到结束的发展过程。一个生命周期通常包括诞生、成长、成熟、衰退或死亡等阶段。管理中,生命周期的应用并不少见,如产品生命周期、组织生命周期、风险投资生命周期,等等。

客户生命周期是指从一个客户开始对企业进行了解或企业欲对客户进行开发开始,直至客户与企业业务关系完全终止且与之相关的事宜完全处理完毕的这段时间。客户受许多外在因素和内在因素的影响,在生命周期不同阶段的行为是不同的。个人或组织如果感知到从购买中获得的价值比为产品或服务付出的代价更高,就会成为客户。然而,只有当客户感知到这种价值时,企业与客户之间的联系才会转变成一种关系。这一概念已经超越了基本的产品和服务销售。客户在多次消费产品和服务及提出服务要求的沟通中有不同的体验,这可能促使客户忠诚或者导致客户流失。如果客户对大多数互动都是满意的,那么即使竞争对手有吸引力,客户也会持续使用原来的产品或服务。为了保证客户不受市场条件和竞争者持续有力的营销轰炸的影响,将客户变为忠诚客户并进而变为组织的拥护者尤为重要。我们将在后续项目中详细讨论忠诚管理和为培养忠诚而开展的各种组织活动。

使用客户生命周期方法,组织不仅要关注销售业绩,而且要为实现客户保留目标抓住每一次与客户互动和接触的机会。

1.3.1.2 客户生命周期发展阶段

在生命周期上客户关系的发展是分阶段的,客户关系的阶段划分是研究客户生命周期的基础。虽然目前客户关系阶段划分的相关研究已经较多,但尚不能完全满足从动态角度研究客户关系的需要,本书的目的就是在现有研究的基础上提出一个完整、清晰的客户关系生命周期阶段划分模型,从而作为研究客户关系生命周期其他内容的起点,进而为动态地研究客户关系奠定良好的基础。

我们可以将关系的发展抽象为四个阶段:关系的开始、关系的发展、关系的成熟、关系的倒退(含结束)。基于这样的抽象,本书将客户关系的发展划分为考察期、形成期、稳定期、退化期四个阶段(见图1-4),简称四阶段模型。考察期是客户关系的孕育期,形成期是客户关系的快速发展期,稳定期是客户关系的成熟期,退化期是客户关系水平发生逆转的时期。

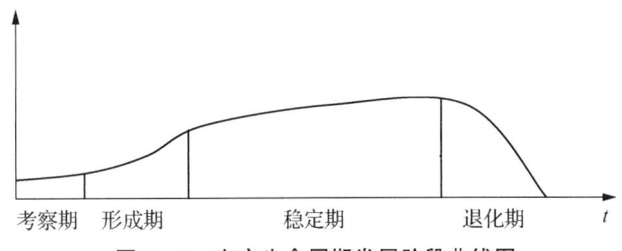

图1-4 客户生命周期发展阶段曲线图

客户关系生命周期各阶段的特征：

(1) 考察期。关系的探索和试验阶段。在这一阶段,双方考察和测试目标的相容性、对方的诚意、对方的绩效,考虑如果建立长期关系双方潜在的职责、权利和义务。双方相互了解不足、不确定性大是考察期的基本特征,评估对方的潜在价值和降低不确定性是这一阶段的中心目标。在这一阶段客户会下一些尝试性的订单,企业与客户开始交流并建立联系。因客户对企业的业务进行了解,企业要对其进行相应的解答,某一特定区域内的所有客户均是潜在客户,企业投入是对所有客户进行调研,以便确定出可开发的目标客户。此时企业有客户关系投入成本,但客户尚未对企业做出大的贡献。

(2) 形成期。关系的快速发展阶段。双方关系能进入这一阶段,表明在考察期双方相互满意,并建立了一定的相互信任和交互依赖。在这一阶段,双方从关系中获得的回报日趋增多,交互依赖的范围和深度也日益增加,逐渐认识到对方有能力提供令自己满意的价值(或利益)和履行其在关系中担负的职责,因此愿意承诺一种长期关系。在这一阶段,随着双方了解和信任的不断加深,关系日趋成熟,双方的风险承受意愿增加,由此双方交易不断增加。当企业对目标客户开发成功后,客户已经与企业发生业务往来,且业务在逐步扩大,此时已进入客户成长期。企业的投入和开发期相比要小得多,主要是发展投入,目的是进一步融洽与客户的关系,提高客户的满意度、忠诚度,进一步扩大交易量。此时客户已经开始为企业做贡献,企业从与客户交易中获得的收入已经大于投入,开始盈利。

(3) 稳定期。关系发展的最高阶段。在这一阶段,双方或含蓄或明确地对持续长期关系做了保证。这一阶段有如下明显特征：① 双方对对方提供的价值高度满意；② 为能长期维持稳定的关系,双方都做了大量有形和无形投入；③ 高水平的资源交换,即大量的交易。因此,在这一时期双方的交互依赖水平达到整个关系发展过程中的最高点,双方关系处于一种相对稳定状态。此时企业的投入较少,客户为企业做出较大的贡献,企业与客户交易量处于较高的盈利时期。

(4) 退化期。关系发展过程中关系水平逆转的阶段。关系的退化并不总是发生在稳定期后的第四阶段,实际上,在任何一阶段关系都可能退化,有些关系可能永远越不过考察期,有些关系可能在形成期退化,有些关系则越过考察期、形成期而进入稳定期,并在稳定期维持较长时间后退化。引起关系退化的可能原因很多,如一方或双方经历了一些不满意、发现了更适合的关系伙伴、需求发生变化等。

退化期的主要特征有：① 交易量下降；② 一方或双方正在考虑结束关系甚至物色候选关系伙伴(供应商或客户)；③ 开始交流结束关系的意图等。当客户与企业的业务交易量逐渐下降或急剧下降,客户自身的总业务量并未下降时,说明客户已进入衰退期。

此时,企业有两种选择,一种是加大对客户的投入,重新恢复与客户的关系,进行客户关系的二次开发；另一种做法便是不再做过多的投入,渐渐放弃这些客户。企业两种不同做法自然就会有不同的投入产出效益(为了便于论述,本文以企业的第二种做法进行研究)。当企业的客户不再与企业发生业务关系,且企业与客户之间的债权债务关系已经理清时,意味着客户生命周期的完全终止。此时企业有少许成本支出而无收益。

【案例 1-5】

淘宝女装行业客户生命周期管理

当买家第一次购买了以后,在刚刚购买的 5 天内的时候,你对他能够做的工作是有限的,此时可以做的事情有发货提示、包裹签收提醒,以及包裹里的各种 DM 措施(包括品牌故事、满意度调查表)等。需要注意,与第一次购买的买家说清楚店铺/宝贝的品牌故事,以及能给他提供什么服务,可以非常有效地加强买家对店铺的印象。同时我们需要注意的是,70%以上买过一次就流失掉的买家,是因为他忘了你的店铺。

当到第 35 天的时候,为什么是 35 天呢?人是有遗忘曲线的,它表明消费者在第一次买东西后,到第 35 天左右时其实已经进入第一个遗忘分解点,所以我们在这里一定要提醒他,如搞一些签到有礼、微博、微信活动,总之想尽一切办法,尽可能让买家在 35 天内,完成两次购买并让他记住你的店铺。

淘宝店客户分级如图 1-5 所示。

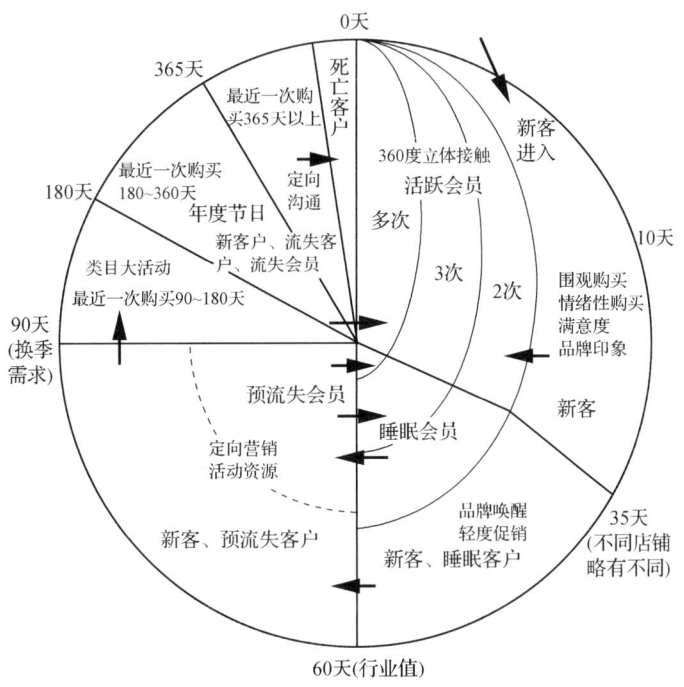

图 1-5 淘宝店客户分级

1.3.1.3 客户生命周期管理策略

同其他事物一样,企业与客户的关系同样要经历一个由相互陌生到开始接触,再到日益成熟的发展过程,一般先后经历潜在客户、新客户和忠诚客户三个发展阶段。

(1) 潜在客户。潜在客户是指虽然没有购买过企业产品,但有可能在将来与企业进行交易的客户。当客户对企业产品产生兴趣,并通过某种渠道与企业接触时,就成为企业的潜在客户。与此同时,客户生命周期就开始了。此时,重要的是帮助潜在客户建立对企业及其产品的信心。潜在客户对企业及其产品的认同度,是其能否与企业创建交易关系的关键,因此,向潜在客户详细介绍产品特性,耐心解答他们提出的各种问题,使他们树立交易信心是企业在此阶段的主要任务。

（2）新客户。潜在客户在建立与企业进行交易的信心之后,就会购买企业的某项产品,进而转变为企业的初级现有客户——新客户,开始为企业创造收入。与此同时,企业也开始收集和记录与新客户有关的各种信息,以便与他们保持联系,或在今后分析他们的商业价值。新客户与企业的关系仍然处于整个客户生命周期的初级阶段。虽然新客户已经对企业有了初步的认同,接受了企业的产品,但是,企业还必须继续培养客户对企业及其产品的信任感和忠诚感。应保持与新客户的联系,呵护和关心他们,这是让新客户再次与企业交易的基础。另一方面,客户在与企业交易过程中的体验以及对所购买产品的价值判断,将会影响他们今后是否能够继续与企业进行重复的交易。

（3）忠诚客户。如果有良好的交易体验以及对企业产品的持续认同,一个新客户就会反复地与企业进行交易,成为企业的忠诚客户,他们与企业的关系也随之进入成熟阶段。这时候,客户的满意度和信用度应该是企业关注的焦点。同时企业应该了解他们是否有新的需求,以便将企业的相关产品介绍给他们。因此,保持与忠诚客户原有的业务关系,努力与他们建立新的业务关系,将他们培养成为新业务的客户,扩展他们的营利性,是企业在这一阶段的工作重点。

在产品生命周期的每一个阶段,都有一些客户因为各种原因离开,如新竞争者的加入、已有竞争者的市场营销计划、客户的品牌摇摆行为、对公司的产品或服务不满意、竞争者的促销活动促成的冲动性购买、高要求客户的猎奇行为。无论如何,企业都要管理客户的忠诚以阻止离开和变动现象的出现。随着时间的推移,忠诚客户将不仅传播积极的口碑,而且会成为产品的提倡者而形成客户拥护。

在客户生命周期的四个阶段,要时刻关注各类客户的动态,了解客户在各阶段的不同需求,做好客户生命周期的管理。客户生命周期管理策略如表1-2所示。

表1-2 客户生命周期管理策略

客户生命周期	特 征	关系策略
客户关系考察期	了解不足,不确定性,基本收益,对企业利润贡献不大	新客户发展策略
客户关系形成期	信任加深,业务逐步扩大,客户群体不稳定,收入大于投入,基本购买和增加购买	客户关系提升策略
客户关系稳定期	喜爱和依赖,对竞争对手提供的产品关注少,利润大,交叉购买和推荐行为	客户关系保持策略
客户关系退化期	交易量下降,一方或者双方考虑结束关系	客户关系终止策略

（1）考察期。考察期客户保持的策略重点是客户信任。对客户做适当的投资,如提供技术解决方案和商品试用、帮助客户解决在使用中碰到的问题、免费为客户培训员工等;与客户进行积极、有效的沟通,使客户相信选择我们作为合作伙伴是有价值的;公司应具备良好的信誉和快速提供服务的能力,这对客户信任的建立将起着助推器的作用。

(2) 形成期。形成期客户保持的策略重点是客户满意。企业应尽快了解并满足客户个性化的需求，个性化增值是提升客户价值的最佳切入点，因为个性化不易被模仿，有利于保持竞争优势；加强与客户的有效沟通，要使客户坚信我们是最好的供应商，能够比竞争对手提供更好的服务。

(3) 稳定期。稳定期客户保持的策略重点是设置客户退出壁垒和降低交易成本。

可以从经济、技术专利和契约三方面设置客户退出壁垒。经济壁垒是指结束客户关系会给客户带来经济上的损失——经济转移成本；技术专利壁垒使客户对企业产品或服务产生一定的依赖性；契约壁垒是通过与客户签订购销合同，产生一定的法律效应，造成了客户的退出壁垒。

可以从降低交易成本的角度来提高客户保持的效率。提高企业内部信息化作业水平，降低生产成本；优化企业产品或服务的配送和专业服务体系，降低客户成本；开发企业与客户的信息化交流渠道，实现沟通的标准化，提高运作效率，降低成本。

(4) 退化期。退化期客户保持的策略重点是恢复客户关系和建立预警长效机制。恢复客户关系的目标是恢复危机中的客户关系，使其重新回到原先的忠诚状态。预警长效机制是指分析客户流失的原因，提出预防现有客户流失的措施，做到以史为鉴，建立一个预防客户流失的长效机制。

对于危机中的客户关系，企业必须做到纠正失误和提供补偿。对于自身的原因，企业应提前预警，及时识别客户需求，调整产品或服务的内容；对于客户的原因，当客户陷于危机，企业主动帮助其渡过难关，赢得企业的长期利益；对于市场竞争的原因，企业应研究对手的竞争优势，掌握客户心理，强化自身优势，通过引导和激励客户，恢复客户的最高忠诚。

【案例1-6】

酒店及时挽回忠诚客户

某酒店一名客房服务员由于疏忽，将客人放进玻璃杯里的眼镜液和隐形眼镜倒掉了，客人回来后大发雷霆。服务员承认了错误，并马上给客人配了一副，客人表示满意。事情到此可以说圆满解决了，可是酒店并没有就此满足。晚上开夜床时，酒店为客人做了一个眼镜型的小蛋糕，作为礼物。客人看了开怀大笑，之后成为酒店的忠诚回头客。

1.3.2 客户终身价值

客户价值是一种责任，没有对消费者深深的责任，就没有优秀公司的百年基业。随着市场竞争的加剧，许多商品或服务的同质化倾向越来越强。这使得商品品质不再是客户消费选择的主要标准，客户越来越看重厂商能否满足其个性化需求和能否为其提供高质量的服务。伴随着该过程，客户价值也不断发生着变化。客户终身价值是测量客户关系管理方案成败的关键因素。

【案例 1-7】

雪印的覆灭：900万毁了900亿！

冬天总使人感到萧条。2002年2月，这个冬天对于日本雪印食品公司来说，更是异常寒冷。区区900万日元的"肮脏利润"彻底摧毁了这个有着52年辉煌历史、年销售额达900亿日元的公司。然而事实就是这么残酷！

1950年，雪印食品公司从日本龙头乳业食品集团——"雪印乳业公司"分离出来，开始独立运营。集牛奶、乳制品、肉类食品等产品的制作、加工、批发、销售、运输于一身。

其生产的火腿、腊肠竟占据了日本同类产品市场86%的份额，年销售额高达900亿日元，一直被公认为日本肉类食品行业的"大哥大"。至2002年，集团拥有11家子公司、员工达1100名。

1995年3月，第一次"牛奶中毒事件"，东京近200名儿童在饮用了雪印的脱脂奶粉后上吐下泻不止。2000年6月，第二次"牛奶中毒事件"，中毒人数高达1.4万人。2001年9月，日本发现了第一例"疯牛病"病例。雪印将澳洲生产的"牛肉"改为日产，非法牟取暴利高达1460万日元，其中900万日元入账，约为60万人民币。2002年1月24日，"冒牌牛肉"事件败露，日本雪印食品公司销售额急剧下降，股票由每股100日元左右猛跌为每股36日元……

2002年2月22日，日本雪印食品公司宣布在4月底彻底解散。

翻看雪印的历史，雪印最早的一次牛奶中毒事件发生在1995年，之后的日子里，人们依然相信雪印，购买它的产品。一切似乎都过去了，又似乎没有过去。2000年，雪印又出现了第二次牛奶中毒事件，当雪印人开始遗忘的时候，历史又重演了。因为事隔5年，人们再一次原谅了你，以为那仍是你的过失，人们仍然期待着你痛改前非。随着一次又一次、频率越来越密集的问题食品出现后，人们等到的却是一次又一次的背叛，新仇加旧恨，雪印永远失去了人们的信任，永远失去了改过的机会。

1.3.2.1 客户终身价值定义

所谓客户终身价值，是指企业与客户在整个交易关系维持的生命周期里，减除吸引客户、销售以及服务成本并考虑资金的时间价值，企业能从客户那里获得的所有收益之和。客户关系被认为是一种投资，获得一个客户就像是获得一个新的资产，它在未来能够带来利润。然而，关系需要花费费用去维护，因此未来全部的收入和费用都需要进行估算以评估客户终身价值。简言之，客户终身价值是公司客户未来所有购买带来的收入减去因该客户发生的费用后余额的折现值。

通常，客户终身价值通过预估该客户未来的全部购买量，再转化为折现值来计算。了解客户终身价值对营销战略制定有极大的帮助。客户终身价值中的信息是营销战略制定的一个重要依据，特别是在细分、选择、保留客户和一般意义的关系管理上，由于它体现了关系回报中的财务结果，因此有助于营销投入得到更好的回报。

例如，有一个学生是电信运营商的客户，虽然该学生在短期内不能给电信运营商带来利润，但是他具有很高的客户终身价值。服务提供商争相给这样的客户提供特别优惠，以期他们在未来能够带来更高的利润并且成为效果更好的新技术和服务的应用者。客户终身价值是从客户身上获得的所有预期利润的折现值,在战略制定上的指导作用优于当前收益。

客户价值具有如下几个基本特征:

(1) 客户价值是客户对产品或服务的一种感知,是与产品和服务相挂钩的,它基于客户的个人主观判断。

(2) 客户价值的核心是客户所获得的感知利益与因获得和享用该产品或服务而付出的感知代价之间的权衡。

(3) 客户价值是从产品属性、属性效用到期望的结果,再到客户所期望的目标,具有层次性。

每个客户的价值都由三部分构成:历史价值(到目前为止已经实现了的客户价值)、当前价值(如果客户当前行为模式不发生改变的话,将来会给公司带来的客户价值)和潜在价值(如果公司通过有效的交叉销售可以调动客户购买积极性,或促使客户向别人推荐产品和服务等,从而可能增加的客户价值)。

1.3.2.2 分析客户终身价值步骤

很多大企业已经开始计算单个客户或某个细分市场未来30年的客户收益率了。他们按照客户终身的价值来分配企业的营销资源,使得企业的营销经费得到更好的利用。如同某种产品一样,客户对于企业利润的贡献也可以分为导入期、快速增长期、成熟期和衰退期。对于那些终身价值很低的客户,企业基本上不会对他们进行投资,让他们自己慢慢地退出。但是,很多企业却认为客户终身价值非常难以捉摸,首先,它难以准确地被测量与计算;其次,它非常难以应用。要预测客户能和公司保持多长时间的关系,以及他们的"成长性",的确不是一件简单的事情,企业可以依据以下的步骤对客户终身价值进行预测和计算。

1. 收集客户资料和数据

公司需要收集的基本数据包括个人信息(年龄、婚姻、性别、收入、职业等)、住址信息(区号、房屋类型、拥有者等)、生活方式(爱好、产品使用情况等)、态度(对风险、产品和服务的态度,将来购买或推荐的可能)、地区(经济、气候、风俗、历史等)、客户行为方式(购买渠道、更新、交易等)、需求(未来产品和服务需求等)、关系(家庭、朋友等)。这些数据以及数据随着时间推移的变化都将直接影响客户的终身价值。

2. 定义和计算终身价值

终身价值包括或影响终身价值的主要因素是:所有来自客户初始购买的收益流,所有与客户购买有关的直接可变成本,客户购买的频率,客户购买的时间长度,客户购买其他产品的喜好及其收益流,客户推荐给朋友、同事及其他人的可能、适当的贴现率。

3. 客户投资与利润分析

可以直接基于交易成本或资金投入进行计算,或者根据过去类似客户的行为模式,利用成熟的统计技术预测客户将来的利润。

国外的汽车业早已进入了"潜在客户终身价值"管理营销时代,他们是这样计算客户的终身价值的:他们把每位上门客户一生所可能购买的汽车数,乘上汽车的平均售价,再加上客户可能需要的零件和维修服务而得出这个数字。他们甚至更精确地计算出加上购车贷款所带给公司的利息收入。通过这样的计算,一个忠诚客户一生平均可以为公司带来40万美元的收入。

为了最大限度地发掘客户的终身价值,丰田汽车信奉的是"我们不是在卖汽车,而是在帮助客户买汽车"的经营理念,推出了"保姆式"的服务计划。美国凯迪拉克想得更周到,在他的每一个汽车维修点都已备好车,只要他的用户车一坏,即可把坏的车放下,开走备用车;待用户的坏车一修好,马上开到用户的家门口,一点也不耽误用户的时间。

4. 客户分组

从第三个步骤中,企业可以看出如何在客户终身价值中赢得最大的利润,随后企业可以根据这些数据将客户分成具有不同特征、不同行为模式和不同需求的组。比如,企业可以用聚类分析法将客户分成苛刻的客户、犹豫不决的客户、节俭的客户和久经世故的客户,根据每个组制定相应的措施和营销战略。

1.3.2.3 客户细分

客户并非都是上帝。"坏客户"享受"好客户"的待遇,"坏客户"自然没有意见,但"好客户"会心理不平衡,轻则满腹牢骚,重则不满,甚至叛离。如果此时竞争对手乘虚而入,为这些最能盈利的客户提供更多的实惠,就可以轻而易举将他们"挖"走。

今天,多数的企业都了解客户价值分布是适合"二八法则"的,即 20%的客户创造了 80%的利润。但对每个企业而言,要洞察"究竟哪些客户才是最有价值的客户?""这些客户在哪些方面的价值最大?""他们有什么共同的特征?"却不是一件很容易的事。不同价值的客户应该"分开抓",而不是"一把抓",企业不能将资源和努力平均分摊给每一个客户,而必须根据客户带来的不同价值对客户进行分级,然后依据客户的级别分配企业的资源。根据客户价值进行排序,并制定相应的业务开发和服务计划,这种价值细分的模式正得到企业的广泛应用。

对客户实行分级管理是有效管理客户关系的前提,也是提高客户关系管理效率的关键,更是对客户实施有效激励的基础。企业只有对客户进行分级管理,才能强化与高价值客户的关系,降低为低价值客户服务的成本,也才能更好地在实现所有客户的利益最大化的同时实现企业利润的最大化,实现企业与客户的双赢。

例如,航空公司将客舱分为头等舱、公务舱、经济舱,每种客舱对应的客户都有不同的需求,这些需求在同一客舱内非常相似,可以视为一个群体,而不同客舱的客户需求差别非常大。航空公司通过不同的营销组合,如机票价格的差异、服务的差异来区别对待不同客舱的乘客。这样做的结果是,在从伦敦飞往纽约的同一个航班上,对于同样 7 个小时的飞行,乘客所付的费用可以从 200 英镑到 6 000 英镑不等。而这样大的差价,乘客并没有意见,相反,各得其乐,因为他们的需求不同。

企业可以根据客户给企业创造的利润和价值的大小按由小到大的顺序将客户"垒"起来,就可以得到一个客户金字塔模型。顾客金字塔模型就是根据顾客盈利能力的差异为企业寻找、服务和创造能盈利的顾客,以便企业把资源配置到盈利能力产出最好的顾客身上,也就是说细分出顾客层级(黄金层级、钢铁层级)。设想顾客按盈利能力不同而一层一层地排列起来,盈利能力最强的顾客层级位于顾客金字塔模型的顶部,盈利能力最差的顾客层级位于顾客金字塔模型的底部。所有企业都或多或少地知道顾客的盈利能力不尽相同,尤其是小部分顾客带来大部分销售或利润的企业。这通常被称为"80/20 法则",即 20%的顾客产生 80%的销售或利润,客户价值细分得到的模型称之为"80/20 分布的顾客金字塔模型",如图 1-6 所示。将客户金字塔模型进行四层级划分,分别是重要客户(VIP)、主要客户、普通客户和小客户。

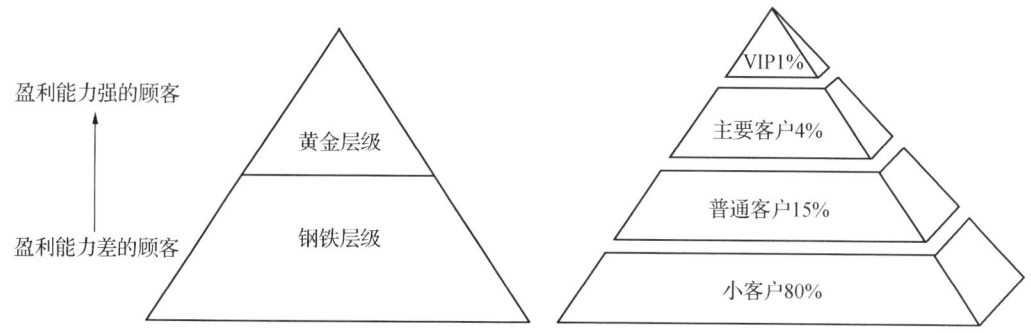

图1-6　80/20分布的顾客金字塔模型

(1) 重要客户(VIP)。重要客户是客户金字塔中最高层的客户,是能够给企业带来最大价值的前1%的客户。重要客户往往是产品的重度用户,他们对企业忠诚,是企业客户资产中最稳定的部分,他们为企业创造了绝大部分和长期的利润,而企业却只需支付较低的服务成本;他们对价格不敏感,也愿意试用新产品,还可帮助企业介绍潜在客户,为企业节省开发新客户的成本;他们不但有很高的当前价值,而且有巨大的增值潜力,其业务总量在不断增大,未来在增量销售、交叉销售等方面仍有潜力可挖。

重要客户是最有吸引力的一类客户,企业拥有重要客户的多少,决定了其在市场上的竞争地位。

(2) 主要客户。主要客户是客户金字塔中次高层的客户,是除重要客户以外给企业带来最大价值的前5%的客户,一般占客户总数的4%。

主要客户,也许是企业产品或服务的大量使用者,也许是中度使用者,但是他们对价格的敏感度比较高,因而为企业创造的利润和价值没有重要客户那么高;他们也没有重要客户那么忠诚,为了降低风险他们会同时与多家同类型的企业(供应商)保持长期关系;他们也在真诚、积极地为本企业介绍新客户,但在增量销售、交叉销售方面已没有多少潜力可供进一步挖掘。

重要客户和主要客户构成了企业的关键客户,他们是企业的核心客户,一般占企业客户总数的5%,企业的利润主要靠他们来贡献,是企业的重点保护对象。

(3) 普通客户。普通客户是客户金字塔中处在第三层的客户,是除重要客户与主要客户之外的为企业创造最大价值的前20%的客户,一般占客户总数的15%。

普通客户包含的客户数量较大,但他们的购买力、忠诚度、能够带来的价值远比不上重要客户与主要客户,不值得企业去特殊对待。

(4) 小客户。小客户是客户金字塔中最底层的客户,指除了上述三种客户外,剩下的后80%的客户。小客户既包含利润低的"小客户",也包含信用低的"劣质客户"。

这类客户是最没有吸引力的一类客户,购买量不多,忠诚度也很低,偶尔购买,却经常延期支付甚至不付款;他们还经常提出苛刻的服务要求,几乎不能给企业带来盈利,却又消耗企业的资源;有时他们是问题客户,会向他人抱怨,破坏企业的形象。

【案例1-8】

美国天美时钟表公司的市场细分

美国天美时钟表公司在战前还是一个不大起眼的公司,因此,公司极力想在美国市场上撕开一条口子,大干一番。当时,著名的钟表公司几乎都是以生产名贵手表为目标,而且主要通过大百货商店、珠宝商店推销。但是,美国天美时钟表公司通过市场营销研究发现,实际上市场可进行划分,它把市场上的购买者分为三类:第一类消费者希望能以尽量低的价格购买能计时的手表,他们追求的是低价位的实用品,这类消费者占23%。第二类消费者希望能以较高的价格购买计时准确、更耐用或式样好的手表,他们既重实用,又重美观,这类消费者占46%。第三类消费者想买名贵的手表,主要是把它作为礼物,他们占整个市场的31%。

由此企业发现,以往提供的产品仅是以第三类消费者为对象的。美国天美时钟表公司高兴地意识到,一个潜在的充满生机的大市场即在眼前。于是根据第一、第二类消费者的需要,制造了一种叫作"天美时"的物美价廉的手表,一年内保修,而且利用新的销售渠道,广泛通过商店、超级市场、廉价商店、药房等各种类型的商店大力推销,结果很快提高了市场占有率,成为世界上最大的钟表公司之一。

案例思考

美国天美时钟表公司将市场上的购买者分为几类?这种细分是否有用?

1.3.2.4 客户价值管理

1. 核心顾客的管理:黄金层级顾客的管理

核心顾客不断壮大,与企业关系更加密切,他们将要求更好的服务和更低的价格。此时,企业把销售资源都用在非核心顾客身上,如何能对核心顾客做出有效的反应呢?要解决这个问题,应在顾客关系方面做些调整。

(1) 采取不同措施,增进对顾客需求的了解。企业应重视市场调研与分析,增加市场调研费用和对客户资料分析的费用;制订高级经理人员同客户接触的计划,现在,消费品公司和服务公司的高级经理人员花时间与最终用户接触,并听取他们对本公司和竞争对手经营状况的看法,这一做法已经非常普遍;密切关注竞争对手的动向,并分析原因。

(2) 制定顾客满意战略(CS)。以"顾客中心论"为出发点和战略重点,顾客满意是一种期望(或者说预期)与可感知效果比较的结果,它是一种顾客心理反应,而不是一种行为。CS把顾客满意不满意作为衡量各项经营活动和管理活动的唯一尺度,围绕顾客进行产品开发、生产、销售、服务。这种立足于顾客的营销策略,追求的结果是贡献,反映的是顾客价值,通过为顾客创造价值,实现企业价值。尤其是CS对顾客进行科学分层,即分为忠诚层顾客、游离层顾客和潜在层顾客,把重点放在巩固老顾客(忠诚层顾客)上,不断吸引游离层和潜在层顾客,在经营中不是毫无目标地去扩大市场,这就保证了企业对顾客研究的细分和服务的针对性。

同时,CS对"顾客满意"也强调全过程和差异性,追求顾客在消费了企业提供的产品与服务之后的满足状态,追求在顾客总体满意基础上,因人而异,提供差异服务。另外,CS也强调在满足顾客全方位的需要的同时,满足社会需要,即一方面要满足顾客物质需要和精神需要,另一方面还要强调维护社会利益、社会道德价值、政治价值和生态价值。这些理念都是与具有高文化属性的市场经济相适应的,反映的是一种积极的企业营销文化。

(3) 提高顾客忠诚度。顾客忠诚来自顾客信任,而顾客信任主要包括质量信任、品格信任、能力信任和前景信任。顾客相信你的质量而怀疑你的品格,不会对你忠诚。只相信质量、品格,但不相信你的能力,也不会产生忠诚。相信了质量、品格、能力,但不相信你的前景,仍然无法形成忠诚。建立顾客忠诚的模式和途径是相对固定的,即通过顾客满意建立顾客忠诚,通过顾客忠诚获取利润并实现企业长久的发展。

积极建立与老顾客的情感联系渠道。老顾客之所以忠诚于企业及产品,是因为他们不仅对产品有一种理性的偏爱,而且更有一种情感上的依恋。因此,企业在为顾客提供优质产品和服务的过程中,还要做到心系顾客,把顾客当作自己一生的朋友来对待,并利用感情投资向其注入亲人般的情感和关怀,以努力建立"自己人效应"。有家商店曾打出这样一则广告:"本店出售商品犹如为父欲嫁其女"。意思就是,商家要以父母对其女儿的心情关心所卖出的每件产品,要经常走访客户了解客户感受,与其保持这种良好的"姻亲"关系,从而使顾客对企业或某一品牌产品产生一种情感上的偏爱。最后,基于"信任""喜欢"的心理去长期购买享用企业的产品和服务。

感情联系的方式、方法很多,如通过经常性的电话问候、特殊关心、邮寄销售意见卡和生意贺卡、节日或生日贺卡、赠送纪念品、举行联谊会等来表达对老顾客的关爱,加深双方的情感联系。美国汽车商吉拉德经销汽车十多年,每年卖出的新车比其他经销商都多。他在谈到成功的秘诀时说:"我决不会在顾客买了车之后,就把他们抛到九霄云外,我每月要寄出1.3万多张卡片,使顾客每个月都会收到一张不同款式的像工艺品一样精美的卡片,并长期保存。"他记住了顾客,顾客也牢记了他。吉拉德的小小卡片成了联系买卖双方情谊的"纽带",良好的人际关系,使许多顾客乐意和他长期打交道。

2. 非核心顾客的管理:钢铁层级顾客的管理

即使企业开发所有途径增加收入并且提高一线部门的效率,非核心顾客的比例将缩小,但仍会有一部分非核心顾客。企业将使这部分顾客变得有利可图或终止合作关系。根据对顾客分类,企业可审核后80%的顾客的特点,分析非核心顾客不能给企业带来利润的原因,以确定是否投入努力使顾客转变。否则,企业应通过友好的第三方服务于顾客。如果这些途径都不行,企业应放弃顾客。

(1) 使顾客转变为核心顾客。可能顾客规模太小,才不构成核心顾客,企业应考虑通过多种途径使非核心顾客转变为核心顾客:能通过小额订单或调整价格结构刺激额外销售额吗?能通过利用电话而不是销售代表拜访经销商降低顾客服务成本吗?能把小顾客联合起来以降低销售和管理费用吗?能使顾客为他们接受的服务付费吗?每种方法都可以考虑。若有可能,在少部分非核心顾客中实验,看能否将其转为核心顾客。

(2) 把顾客转让给第三方。虽然企业可能无法从顾客那里获得利润,但可能会有其他渠道获得利润。例如,英国一家烟草制造商意识到小型企业独立经销商的销售和送货成本太高,经销商几乎不产生利润。但是,一家主要的便利商品批发商可以为大部分经销商服务。通过取消直接销售行为,谨慎地把零售商转移到批发商的分配系统,制造商恢复利润,并且获得两个好处:节约了对经销商的成本,而且因为通过批发渠道增加销售量,可以要求更好的服务支持。同样,供应商应该暂时把顾客中非核心部分"销售"给能够获得顾客利润的商业机构。

例如,当一家送货公司采取这种分析方法后,结果显示远离配货中心的顾客是无利可图的。通过转让这些区域给独立运输公司,企业能够把节约的资金投到核心服务。这使来源于核心顾客的利润增加而且不会打乱区域顾客。在企业间的销售中,特许销售商或附加值转让商能为不要求直接服务的顾客服务并且获利。同时处理非核心顾客也很敏感。通过转移大量商务，企业可能得到更多的支持，这比小顾客独立转向其他渠道更好。不仅如此，通过集中处理这些顾客，企业更同意给予他们所要求的支持，促进交易顺利进行。

（3）放弃顾客。如果顾客不可能创造利润，也不可能转让给其他交易渠道，企业必须评估是否终止关系。因为向有盈利能力的顾客投资比继续向没有盈利能力的顾客提供超值服务更好。如果顾客关系即将终止，企业应谨慎处理。不满意的顾客可能向其他潜在顾客表达他们的不满，或者可能拖延付款。终止顾客关系只能作为一种最后的手段，应稳定地、专业地处理。企业应向顾客解释为何没有利润，说明盈利的选择（如增加销售额或从其他渠道获得服务），使双方达成一致意见。

考虑到吸引和发展顾客的成本，企业决定终止顾客关系是困难的。但是如果顾客正在消耗企业的利润，而且没有产生利润的可能性（通过对顾客及其盈利能力的分析得出），企业必须开拓性地探索以处理顾客关系。这将会解放销售人员，使他们关注其他顾客的盈利机会，如图1-7所示。

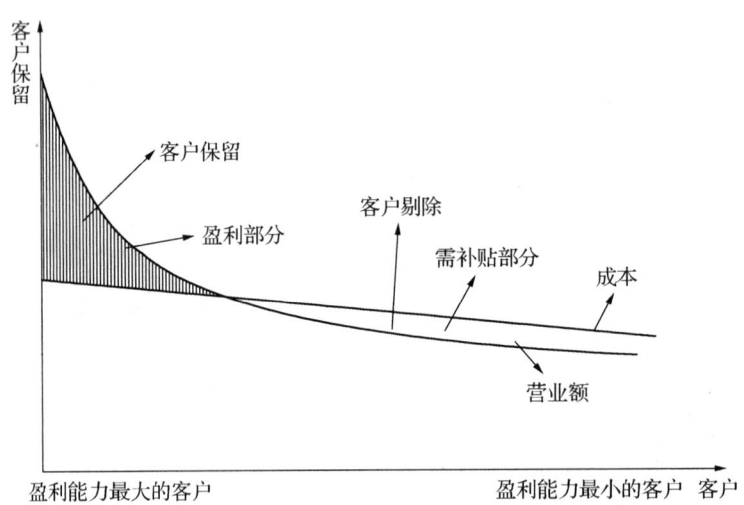

图1-7 客户盈利能力分析

课后思考与讨论

1. 如何理解客户关系管理的内涵？
2. 企业是怎样实施客户关系管理的？
3. 如何实现客户终身价值？

课后案例分析

泰国东方酒店的客户经营之道

泰国的东方饭店堪称亚洲饭店之最，几乎天天客满，不提前一个月预定是很难有入住机会的,而且客人大多来自西方发达国家。泰国在亚洲算不上特别发达,但为什么会有如此诱人的饭店呢?大家往往会以为泰国是一个旅游国家,而且又有世界上独有的人妖表演,是不是他们在这方面下了功夫。错了,他们靠的是真功夫,是非同寻常的客户服务,也就是现在经常提到的客户关系管理。

他们的客户服务到底好到什么程度呢?我们不妨通过一个实例来看一下。

一位朋友因公务经常出差泰国,并下榻在东方饭店,第一次入住时良好的饭店环境和服务就给他留下了深刻的印象,当他第二次入住时,几个细节更使他对饭店的好感迅速升级。那天早上,在他走出房门准备去餐厅的时候,楼层服务生恭敬地问道:"于先生是要用早餐吗?"于先生很奇怪,反问:"你怎么知道我姓于?"服务生说:"我们饭店规定,晚上要背熟所有客人的姓名。"这令于先生大吃一惊,因为他频繁往返于世界各地,入住过无数高级酒店,但这种情况还是第一次碰到。

于先生高兴地乘电梯下到餐厅所在的楼层,刚刚走出电梯门,餐厅的服务生就说:"于先生,里面请。"于先生更加疑惑,因为服务生并没有看到他的房卡,就问:"你知道我姓于?"服务生答:"上面的电话刚刚下来,说您已经下楼了。"如此高的效率让于先生再次大吃一惊。于先生刚走进餐厅,服务小姐微笑着问:"于先生还要老位子吗?"于先生的惊讶再次升级,心想:"尽管我不是第一次在这里吃饭,但最近的一次也有一年多了,难道这里的服务小姐记忆力那么好?"看到于先生惊讶的目光,服务小姐主动解释说:"我刚刚查过电脑记录,您在去年的6月8日在靠近第二个窗口的位子上用过早餐。"于先生听后兴奋地说:"老位子!老位子!"小姐接着问:"老菜单?一个三明治,一杯咖啡,一个鸡蛋?"现在于先生已经不再惊讶了,"老菜单,就要老菜单!"于先生已经兴奋到了极点。

上餐时餐厅赠送了于先生一碟小菜,由于这种小菜于先生是第一次看到,就问:"这是什么?"服务生后退两步说:"这是我们特有的某某小菜。"服务生为什么要先后退两步呢,他是怕自己说话时口水不小心落在客人的食品上,这种细致的服务不要说在一般的酒店,就是美国最好的饭店里于先生都没有见过。这一次早餐给于先生留下了终生难忘的印象。

后来,由于业务调整的原因,于先生有三年的时间没有再到泰国去,在于先生生日的时候突然收到了一封东方饭店发来的生日贺卡,里面还附了一封短信,内容是:亲爱的于先生,您已经有三年没有来过我们这里了,我们全体人员都非常想念您,希望能再次见到您。今天是您的生日,祝您生日愉快。于先生当时激动得热泪盈眶,发誓如果再去泰国,绝对不会到任何其他的饭店,一定要入住在东方饭店,而且要说服所有的朋友也像他一样选择。于先生看了一下信封,上面贴着一枚六元的邮票。六块钱就这样收买到了一颗心,这就是客户关系管理的魔力。

东方饭店非常重视培养忠实的客户,并且建立了一套完善的客户关系管理体系,使客户入住后可以得到无微不至的人性化服务。迄今为止,世界各国的约20万人曾经入住过那里,用他们的话说,只要每年有十分之一的老客户光顾饭店就会永远客满。这就是东方饭店成功的秘诀。

问题思考:

于先生刚走进餐厅,服务小姐微笑着问:"于先生还要老位子吗?"为什么饭店的服务人员知道客户的偏好?

 **实践训练**

企业 CRM 应用调研

实训目的	考查学生对 CRM 内涵、客户生命周期和客户价值等的理解
实训内容	深入走访当地某一企业,了解它是否应用 CRM 系统,了解其客户关系管理的思想状态及实际应用中取得的效果
实训要求	1. 分组,每组 5~6 人,各小组的任务执行由组长负责 2. 通过现场观察、询问等方法,完成调查报告 3. 准备 5 分钟 PPT 演讲稿
实训步骤	1. 全面理解本项目内容 2. 完成调查报告 3. 准备 PPT 4. 准备书面演讲提纲 5. 把电子文档提交老师 6. 老师随机抽查小组演讲
成果评价	1. 没有抽查到的学生以电子文档评定成绩 2. 被抽查到的学生演讲成绩占 30%

能力测评

专业能力自评

	能/否	任务名称
通过本项目的学习,你是否能完成相关任务?		正确理解客户关系管理的内涵
		正确评价 CRM 给企业带来的价值
		正确掌握客户生命周期理论
通过本项目的知识学习,你还能做什么?		

注:"能/否"栏中填"能"或"否"。

核心能力自评

	核心能力	是否提高
通过本项目的学习,你的相关能力是否提高?	收集企业 CRM 运用资料的能力	
	整理分析资料的能力	
	网络工具的应用能力	
通过本项目的学习,你还在哪些方面有所提高?		

注:"是否提高"栏中可填写"明显提高""有所提高""没有提高"。

[模块二]

技 能 篇

项目 2　识别潜在客户

知识目标

1. 潜在客户的定义和基本特征。
2. 寻找潜在客户的基本方法。
3. 接近潜在客户的方法。
4. 潜在客户开发的流程和方法。

技能目标

1. 掌握寻找潜在客户的基本方法。
2. 能够识别谁是潜在客户。
3. 掌握接近客户的方法。
4. 能够开发潜在客户。

知识结构图

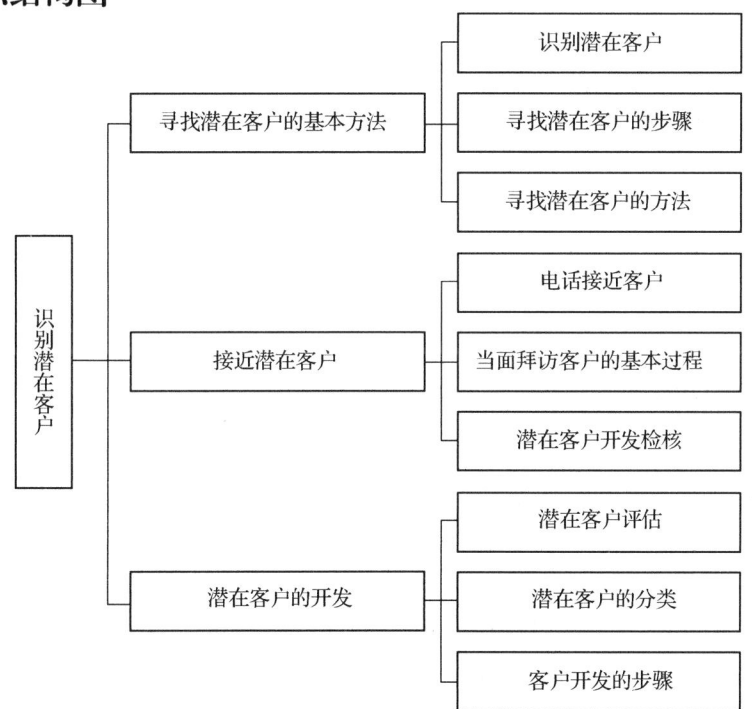

 **导入案例**

刘伟如何寻找他的潜在顾客

刘伟是淮海大学管理学院的三年级学生。刚刚接受了一份阳光岛度假村俱乐部的暑期工作。刘伟第一次参加销售会议,女经理谭园在阐述她对销售人员的希望。

谭园:我知道当你们被聘时就已经知道需要做什么。但是,我还想再次就有关事情做进一步说明。现在你的第一项工作是销售阳光岛会员卡。每一张会员卡价值为2 000元人民币。如果你们有什么问题,直接提问。

刘伟:每笔买卖我们可以提取多少佣金?

谭园:每销售一张会员卡,你可以拿到其会员卡价值的10%,也就是200元。会员卡赋予会员很多权利,包括每年可以到太阳岛度假村免费入住2天,届时可以享受度假村的桑拿浴与健身,可以获得两份免费早餐。若会员平时到度假村度假的话,住宿、餐饮、娱乐、健身等都可以享受50%的优惠折扣。而且,你还可以从会员的所有费用中提取5%报酬。

刘伟:不错,我可以获得双份的报酬了。

谭园:不错。你销售得越多,提取的佣金就越高。

刘伟:我到哪里去寻找太阳岛度假村的会员呢?

谭园:你完全可以自己决定如何做。但是,寻找潜在顾客是你成功的关键。根据以往的经验发现,每10个你找到的潜在顾客中,你将会与其中的3个顾客面谈,最后与一个顾客成交。还有问题吗……可以从你的亲朋好友开始。

资料来源:http://wenku.baidu.com/,有改动。

案例思考

1. 刘伟应集中于哪一个目标市场?
2. 刘伟应该怎样寻找潜在顾客?

任务2.1 寻找潜在客户的基本方法

2.1.1 识别潜在客户

企业的成败与开发创造客户紧密相连,一个成功的企业会不断地开发和创造客户,给企业换来更高的利益。常言道:"逆水行舟,不进则退。"在当今竞争激烈的市场经济环境下开发客户和创造客户将是企业营销工作的重中之重。因此,市场竞争的实质是对潜在顾客与现实顾客的争夺。潜在顾客与现实顾客互为前提、互为条件,既相互影响、相互制约,又彼此渗透,互相交叉,二位一体,共同作用于市场和企业。如何把潜在顾客转化为现实顾客,是现代企业进一步把市场做大的核心问题。

2.1.1.1 潜在客户的概念

所谓潜在顾客是针对现实顾客而言的,是可能成为现实顾客的个人或组织。这类顾客或有购买兴趣、购买需求,或有购买欲望、购买能力,但尚未与企业或组织发生交易关系。所谓现实顾客是已经实现了需求的顾客,或需求已经得到满足的顾客。这类顾客既有购买需求,又有购买能力,且与企业或组织已发生交易关系。

2.1.1.2 潜在客户与现实客户的区别

1. 组成

潜在顾客包含一般潜在顾客和竞争者的顾客两大部分。所谓一般潜在顾客是指已有购买意向却尚未成为任何同类产品或组织的顾客,以及虽然曾经是某组织的顾客但其在购买决策时,对品牌(也即组织)的认可较为随意的顾客。所谓竞争者的顾客是相对于本企业的顾客而言的,也就是竞争者所拥有的顾客群体。这类顾客既可以是中间顾客(如代理商、批发商、零售商),也可以是最终的消费者,即我们一般意义上所说的顾客。现实顾客包含与企业或组织发生一次交易关系的新顾客和与企业或组织发生多次交易关系的老顾客。由于顾客购买心理、购买行为的复杂多变性,市场竞争的日趋白热化,所以潜在顾客与现实顾客之间的界限是比较模糊的,况且两者本身就是处在不断的动态转化之中。

2. 数量

一般就消费者市场而言,由于消费者需求的永无止境性、复杂多变性,市场竞争的日益激烈化,企业资源的绝对有限性,这就决定了任何一个企业或组织都不可能拥有市场上的所有顾客,也就是说任何一个企业或组织的顾客(即现实顾客)相对于整个市场中所有顾客而言总是有限的。换句话说,在一个有限的市场中,企业或组织的潜在顾客要远远多于其所拥有的现实顾客。

3. 市场争夺

在现代社会,除了极个别的自然垄断性行业(如提供公共服务的政府、邮政、电力、电信等)之外,其他任何产品或服务的提供者,都不可能是一家。在竞争状态下,一家企业或组织失去的潜在顾客,就成为另一家企业或组织的现实顾客。由于各个企业或组织都十分重视自身的现实顾客的投资与建设(因为企业80%的利润来自20%的顾客),因此,企业或组织争夺的主要对象,就是潜在顾客。

4. 地位或作用

一方面,现实顾客是现代企业生存的根本和基础。现实顾客供养着企业或组织,解决了企业的生存问题,奠定了企业发展的基础;没有现实顾客,企业就无法生存,更谈不上什么发展。另一方面,潜在顾客是现代企业发展的重要动力,也是现代企业在激烈的市场竞争中寻求发展的主要目标。企业经营犹如逆水行舟,不进则退。面对着优胜劣汰的市场竞争,企业要想长期扎根市场,除了稳固现实顾客之外,就要在市场盲点——大量存在的潜在顾客上寻求突破,以求发展。事实上,在企业经营活动中,仅仅盯住现实顾客不放,而忽视对潜在顾客的开发,这样的企业是永远长不大的,也是成不了什么气候的。因此,不论是潜在顾客还是现实顾客,都事关企业的生存与发展,都事关企业的兴衰与成败。

5. 风险

美国市场营销协会 AMA 调查数据显示:企业或组织争取一个新顾客即(潜在顾客)的成本是维持一个老顾客(即现实顾客)的 5~6 倍;争取一个新顾客比维持一个老顾客要多付出 6~10 倍的工作量。此外,由于潜在顾客较之现实顾客具有更大的不确定性、消费需求的模糊性、购买行为的复杂多变性,因此,潜在顾客往往不易感知,不易把握,风险更大。

2.1.1.3 潜在顾客与现实顾客的联系

1. 互为前提,互为条件

潜在顾客与现实顾客是相对而言的:一个企业的现实顾客必是其他企业的潜在顾客,一个企业的潜在顾客必是其他企业的现实顾客。一方面,潜在顾客是现实顾客的前提和条件,因为现实顾客是潜在顾客的突破和实现,没有潜在顾客就没有现实顾客的产生;另一方面,现实顾客是潜在顾客的前提和条件,因为潜在顾客是现实顾客的裂变和演义,没有现实顾客就没有潜在顾客的存在。

2. 相互影响,相互制约

当潜在顾客购买了企业或组织所提供的产品或服务后,他就成了现实顾客。作为一个消费者,他会把他在实际消费中的所见、所闻、所感有意或无意地借助种种途径、采取种种方式,直接或间接地传达给周围的群体或媒体,从而对潜在顾客的购买心理、购买行为产生影响和制约作用。如果他发现所购买的产品或服务并非其所需的产品或服务时,他就开始否定自己早期的购买行为,并有了以后不再购买的想法或念头。这时,他就成为该企业或组织的一个潜在顾客。当他和别人进行接触时,他就不免要把他的消费感受、消费观念表达出来,从而对别人的购买心理和购买行为产生重要而深远的影响。美国市场营销协会 AMA 调查数据显示:100 个满意的顾客会给企业或组织带来 25 个顾客;有 1 个顾客投诉,就会有 20 个顾客有同感,只不过他们不愿说罢了;1 个满意顾客的传播人数是 6,而 1 个不满意顾客的传播人数是 15。

3. 彼此交叉,互相渗透

一个企业的现实顾客是其他企业的潜在顾客,而其他企业的现实顾客则是这家企业的潜在顾客;一个顾客既可以是一个企业的现实顾客,也可以是另一个企业的潜在顾客或现实顾客;他可以是一个企业一种品牌的现实顾客,也可以是另一种品牌的潜在顾客或现实顾客;当然,他也可以是一个企业多种品牌的现实顾客,也可以是多种品牌的潜在顾客。

4. 在一定的条件下相互转化

由于潜在顾客与现实顾客存在着上述联系,因而一旦时机成熟,两者便相互转化。我们把潜在顾客转化为现实顾客这种情况,称之为有利于企业或组织生存与发展的正转化;而把现实顾客转化为潜在顾客这种情况,称之为不利于企业或组织生存与发展的负转化。企业只有在巩固现实顾客的基础之上,不断地挖掘与开发潜在顾客资源,实现潜在顾客向现实顾客的正转化,才能使企业获得可持续发展,也才能使企业得以长期盈利。

2.1.2 寻找潜在客户的步骤

2.1.2.1 分析导致潜在顾客产生、存在的原因

1. 潜在顾客自身因素

潜在需求是潜在顾客存在的根本原因。离开了潜在需求,潜在顾客就无法产生。有了潜在需求,就有可能产生购买动机或购买欲望,如果购买能力具备,购买时机成熟,且市场上具有所需的产品或服务,那么潜在顾客就极有可能转化为现实顾客。因此,潜在需求是导致潜在顾客产生、存在的首要因素。此外,购买动机如何,购买欲望如何,购买能力如何,购买时机如何,这些都是重要的影响因素。缺少了上述任何一个因素,潜在顾客只能是潜在顾客。

2. 企业或组织自身因素

如产品质量低劣或不稳定,品牌包装平淡无奇,产品价格明降暗升,服务手续烦琐,服务效率低下,服务人员素质差,企业分销渠道不畅,信息传递失灵,广告促销乏力,产品宣传失实,企业形象不佳等。只要有一个方面出了问题,都将影响潜在顾客的购买心理,制约着潜在顾客的购买行为。近年来,因企业自身的产品或服务问题而造成顾客大量流失事件与日俱增。这无疑又降低了潜在顾客的购买意向值,更增强了其持币待购的心态。

3. 其他因素

诸如竞争者的一举一动、一言一行,媒体宣传,公众态度,专家意见,政府倾向及国家宏观政策等,都将对潜在顾客与现实顾客产生重要而深远的影响。

2.1.2.2 掌握当前客户信息

不掌握公司关于当前客户的详细情况,就不能弄清楚公司的目标市场、市场细分或改善公司的营销能力。如果公司的产品提供给单个的消费者,他们喜欢什么?市场的人口统计如何?客户的年龄、性别、收入、处在人生的什么阶段以及受教育程度如何?如果公司的产品提供给企业市场,他们是谁?他们的购买水平和地理分布怎样?谁在做采购决策?哪个市场区段?买哪些产品?他们可为你提供什么样的信息?如表2-1所示。

表2-1 谁是你的客户

1. 描述你的当前客户: 　　年龄 　　性别 　　收入水平 　　职业 　如果是企业,那么: 　　企业类型 　　规模	人 企业
2. 他们来自何处?	□本地 □国内其他地方 □国外
3. 他们买什么? 　　产品 　　服务 　　好处	

续　表

4. 每隔多长时间他们购买一次？	□每天 □每周 □每月 □随时 □其他
5. 他们买多少？ 　　按数量 　　按金额	
6. 他们怎样买？	□赊购 □现金 □签合同
7. 他们怎样了解你的企业？	□广告：报纸、广播/电视 □口头 □位置关系 □直接销售 □其他（要注明）
8. 他们对你的公司/产品/服务怎么看？ （客户的感受）	
9. 他们想要你提供什么？ （他们期待你能够或应该提供的好处是什么？）	
10. 你的市场有多大？ 　　按地区 　　按人口 　　潜在客户	
11. 在各个市场上，你的市场份额是多少？	
12. 你想让市场对你的公司产生怎样的感受？	

　　对公司而言，成功不只是意味着把产品或服务出售给个别的购买者，成功意味着了解谁是你的客户，了解他们的背景并能比其他竞争对手更好地满足他们的要求。要清楚地了解客户，最好的办法就是帮助你的客户，这就意味着必须对重点客户的业务了如指掌，特别是重点客户所面对的市场需求情况。如果能比客户自己更早发现潜在的市场机会，然后同客户一道共同策划，挖掘并把握这些潜在的机会，以此来提高客户的竞争实力，这样双方都将获益良多。

　　曾有一个包装食品生产商与一家连锁超市合作进行了一次店内调查。调查的内容是：在品种日益增加而又分类摆放的冷冻食品中，观察购物者是如何最先注意到某一特定的商品进行选购的。历时两个月的观察使商店彻底改变了冷冻食品在冰柜中的陈列方式。其中之一便是在所有连锁店拆掉妨碍购物者检查产品包装的玻璃门。这一改变使这些高利润商品在各连锁店里的销售大幅度增加。而这一切都源于生产商而非商店的主动精神。这一改善带来了更多的新的"改善"和提升竞争的契机。

针对特定的消费群特征,这家包装食品公司不断地为连锁网络中的每一家主要商场推出定制式的促销方案。现在,双方已经有了一个业务促进活动的年度合作日程安排,大家都能看到并分享合作带来的利益。

对客户仅仅做到洗耳恭听是不足以维系合作伙伴关系的,必须全面了解客户的业务结构和经营理念,源源不断地向他们提供创新的思路,使他们能充分发挥自身的潜力。要让更多优秀的下属直接接触客户的业务,帮助客户发掘出更多潜在的市场机会。帮助客户就是帮助公司自身。

了解客户的另外一个好办法就是多接触一些别人的客户。你或许认为把精力集中在从未拥有过的客户身上是一种时间上的浪费,但是,实际上这些客户代表了一种机会。如果你没有为这些客户服务过,就形成了一种挑战:弄清市场需求是最重要的。竞争对手的客户会告诉你什么最重要。有一点需要注意,那就是从竞争对手的客户那里得到信息是要付出代价的,因为你并不认识他们,与他们没有关系。例如,多花时间去客户聚集的地方,利用贸易展览、消费组织及产业会议,去与那些原本不是你的客户的客户建立联系,然后同他们交谈。向选择竞争产品的客户提些问题,看他们是否花时间去看过市场上的产品,他们是否听说过你的产品或服务。如果有,他们是否真的花时间去看了你的产品?看过之后对产品有什么印象?如果没有,原因是什么?无论他们说的话有多不中听,也一定要听。当他们说你的产品或服务不好时,一定不要自我辩解或争论。重要的是从他们那里获得有价值的信息。

2.1.2.3 对潜在客户进行市场细分

市场细分应描述这样的客户:你能得到并能用相似的方式对你的产品和服务做出反应,这些方式与其他的客户群体有所不同。一个成功的市场细分能使你满足一类客户中所有人的特殊需求。客户要求的特点和选择越多,你就有更多的理由把他们分类。

观察公司的客户并记录下他们突出的特征和特殊的需求,然后找出具有这些相同或相似特征和需求的更多人所组成的更广大的市场,进行深入研究,先确定某些粗略的市场细分,然后再筛选这些市场,细分成更确切的目标市场,这种做法的回报是极其丰厚的。

市场细分的方法有好多种,如表2-2所示。事实上,想象力和创造力运用得越多,你就越会成功地进行独特而有效的市场细分。

表2-2 基本的市场细分标准

运用下述分类作为描述你的客户的基础依据,找出相应的客户群体。这些有助于指导进一步的营销活动
人口统计: 　　年龄段 　　性别 　　家庭大小 　　收入水平 　　职业 　　宗教信仰 　　民族 　　教育程度 　　社会阶层

续 表

地理特征： 　　国家 　　省/市 　　地区 　　县/镇 　　人口规模 　　人口密度 　　气候
生活方式： 　　爱好 　　习惯 　　看电视的习惯 　　社会活动 　　度假选择 　　运动
性格分析： 　　领导者还是追随者 　　外向还是内向 　　追求成就的还是满足现状的 　　独立的还是依附的 　　保守的还是自由主义方式的 　　传统的还是现代派的 　　有社会责任的还是以自我为中心的
消费者行为： 　　使用率 　　寻求的好处 　　使用方法 　　使用频率 　　购买频率
企业市场： 　　企业类型（制造商、零售商、批发商、服务业等） 　　行业 　　企业规模 　　经营年限 　　财务状况 　　员工人数 　　位置 　　结构 　　销售水平 　　分配形式 　　特殊要求

【案例 2-1】

通用汽车的成功

20世纪20年代中期,亨利·福特和他有名的 T 型车统治了美国的汽车工业。福特汽车公司早期成功的关键是它只生产一种产品。福特认为如果一种型号能适合所有的人,那么,零部件的标准化以及批量生产将会使成本和价格降低,会使客户满意。那时福特是对的。

随着市场的发展,美国的汽车买主开始有了不同的选择。有人想买娱乐用的车,有人想要时髦的车,有人希望车内有更多的空间。当然,福特也对其轿车进行了改进,改进后,比原来的轿车更加坚固耐用,更安静,驾驶更平稳。可是,当客户们参观福特汽车展览厅时,他们看到的全是与老式汽车一样的模型——还是那些深浅不同的黑色轿车。

而这时,艾尔弗雷德·斯隆这位具有传奇色彩的通用汽车公司总裁开始崭露头角。斯隆的天才在于他认识到买车的人并不是都想要同一种车。他抓住了这一发现,说道:"通用汽车要生产出各种用途和适合不同收入阶层的轿车。"

此后不久,斯隆招聘了一种新雇员——市场研究人员,让他们研究购买轿车的潜在客户的真正需要是什么。虽然他并不能为每个客户生产出一种特别的车,但他通过对市场的研究,识别出有相似口味和需求的客户。他指导设计师和工程师设计生产出能满足这些需要的轿车。结果就有了与市场细分相联系的新产品:

- Chevrolet 是为那些刚刚能买得起车的人生产的;
- Pontiac 是为那些收入稍高一点的客户生产的;
- Oldsmobile 是为中产阶级生产的;
- 别克是为那些想要更好的车的人士生产的;
- 凯迪拉克是为那些想显示自己地位的人生产的。

通用汽车不久就开始比福特汽车更畅销了,而市场细分作为公司计划中一种重要的技巧,不仅对汽车,而且对全国乃至全世界的主要工业都发挥了重要的作用。

 知识链接

价值观念和生活方式结构(VALS)

1978年,斯坦福国际研究所的价值观念和生活方式结构,作为唯一的在商业上应用的心理图案学细分得到了广泛的认可。早在1960年,斯坦福国际研究所经过专业研究后,设计出最初的 VALS 系统,以获悉人们为什么会产生信仰和他们在做什么;内部的价值和态度怎样表达成外部的生活方式。在1989年,VALS 修改为 VALS2(见图 2-1),以便更清楚地理解和解释消费者行为。以35种态度和4种人口统计问题为基础,VALS2 将美国成年人划分为8个消费群体。1996年,发现最小的两个群体是满足者和奋斗者,他们各占成年人口的10%,其余细分群体从12%到16%不等。8个拥有较多资源群体的主要趋势是:

现实者:成功的、复杂的、积极的、"能挣会花"的。对于较上等的、补缺导向的产品,购买

常常反映出文化素养。

满足者:成熟的、满意的、舒适的、深思熟虑的,偏好耐用、功能性和有价值的产品。

成就者:成功的、工作与职业导向,偏好已确定、有威望的产品,以表示出他们的成功和高贵。

经验者:年轻、有生气、冲动和有反叛意识的,在衣着、快餐食品、音乐、电影和录像上的消费占了他们收入的很大部分。

有信仰者:保守的、习俗的和传统的,偏好熟悉的产品和一致的品牌。

斗争者:不确定的、不安全的、寻求一致的、受资源限制的,偏爱有式样的产品,模仿有高物质财富的购买。

生产者:实践的、自我满足的、传统的、家庭导向的,只偏好实用或功能性产品。

奋斗者:年老的、退休的、消极的、关心的、受资源限制的,他们是小心谨慎的购买者,并忠实于自己喜爱的品牌。

VALS2 是把一般的个性理论与研究产品扩散结合起来。通过对 VALS2 问题的评分识别个人的 VALS2 类型。

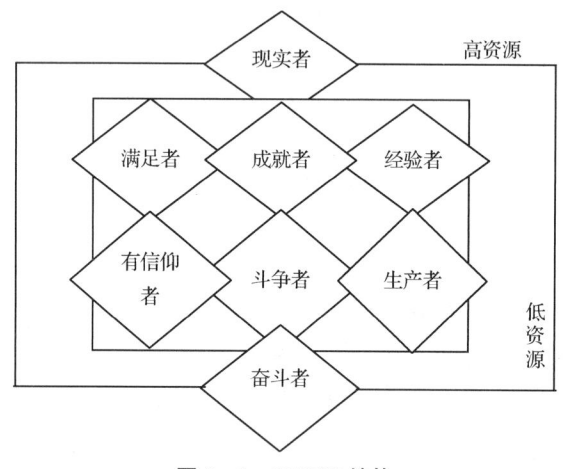

图 2-1　VALS2 结构

由此可见,对于不同性格的客户,所选用的产品种类是不同的。首先识别出哪种个性类型的人对你的产品或服务最可能产生积极的反应,然后把对目标客户的描述集中在一起,运用到你的市场营销计划制订当中。

2.1.3　寻找潜在客户的方法

潜在客户可能在企业内部,也可能在企业外部。寻找潜在客户的方法很多,没有哪种是万能的,必须根据营销对象、营销产品及相关环境来选用。以下是几种常用的方法。

2.1.3.1　普遍寻找法

普遍寻找法也称地毯式搜寻法、贸然访问法、逐户访问法或走街串巷寻找法,是指营销人员在任务范围内或特定地区、行业内,用上门探访的形式,对预定的可能成为准客户的单位、组织、家庭乃至个人无一遗漏地进行寻找并确定准客户的方法,也称"扫街"。

这种方法在营销人员不熟悉营销对象的情况下,不失为一种寻找客户的有效途径。它是建立在"平均法则"的基础上的,假定在所有人当中,必定有营销人员所要的客户,而且分布均匀,其客户的数量与访问的对象的数量成正比。营销人员不可能与他拜访的每一位客户达成交易,应当努力去拜访更多的客户来提高成交的百分比,如拜访的10个人中有1个人会成交,那么100次拜访就会产生10笔交易。因此,只要对特定范围内所有对象无一遗漏地寻找查访,就一定可以找到足够数量的客户。

2.1.3.2 连锁开拓法

连锁开拓法是指营销人员依靠他人,特别是依靠现有客户推荐和介绍他们认为有可能购买产品的潜在客户的一种方法。连锁开拓法在西方被认为是最有效的寻找客户的方法,被称为黄金客户开发法。

该方法遵循的是"连锁反应"原则,犹如化学上的连锁反应。例如,现在只有10个客户,如果请求每个现有客户推荐2个可能的客户,那么现在就增至30个客户了;这新增的20个客户每人再介绍2个客户,发展下去可能的结果就是10,10+20,30+40……那么,到了第二轮推荐时,就有70个客户了。

这种方法要求营销人员设法从自己的每一次营销面谈中了解到其他更多的新客户的名单,为下一次营销拜访做准备。连锁开拓法就是据此依靠各个客户之间的社会联系,通过客户之间的连锁介绍寻找新客户。连锁开拓法的具体形式很多,营销人员可以请现有的客户代为营销产品、代传送资料,也可以请现有的客户以书信、电话或名片等方式介绍新的潜在客户。此方法的关键是营销人员能否赢得现有客户的信赖。

2.1.3.3 中心开花法

中心开花法也称中心人物法、名人介绍法、中心辐射法,是指营销人员在某一特定营销范围内发展一些有影响力的中心人物,并在这些中心人物的协助下把该范围内的组织或个人变成准客户的方法,是连锁开拓法的特殊形式。

该方法遵循的是"光辉效应"法则,即中心人物的购买与消费行为可能在他的崇拜者心目中形成示范作用与先导效应,从而引发崇拜者的购买与消费行为。在许多产品的销售领域,影响者或中心人物是客观存在的。特别是对于时尚性产品的销售,只要确定中心人物,使之成为现实的客户,就很有可能引出一批潜在客户。一般来说,中心人物包括在某些行业里具有一定影响力的、声誉良好的权威人士,具有对行业里的技术和市场深刻认识的专业人士,具有行业里广泛人脉关系的信息灵通人士。

2.1.3.4 个人观察法

个人观察法是指营销人员依靠个人的知识、经验,通过对周围环境的直接观察和判断,寻找准客户的方法。运用这种方法的关键在于营销人员的自身素质和职业敏感性,要善于察言观色,运用逻辑判断和推理确定准客户。

对营销人员来说,观察法是寻找客户的一种简便、易行、可靠的方法。营销人员花费较少的时间和精力就能够迅速找到自己的客户,而且可以开拓新的营销领域,节省营销费用。如果营销人员不具备敏锐的观察力和洞悉事物的能力,那么,采用这种方法寻找客户是不可能取得理想的结果的。绝大部分营销人员在许多情况下都要使用观察方法。不管是在何处与何人交谈,都要随时保持警觉,留意搜集准客户的线索。

2.1.3.5 文案调查法

文案调查法是指营销人员通过收集、整理、查阅各种现有文献资料寻找准客户的方法。这种方法是利用他人所提供的资料或机构内已经存在的可以为其提供线索的一些资料,这些资料可帮助营销人员较快地了解到大致的市场容量及准客户的分布等情况,通过电话拜访、信函拜访等方式进行探查,对有机会发展业务关系的客户开展进一步的调研,将调研资料整理成潜在客户资料卡,就形成了一个庞大的客户资源库。

营销人员经常利用的资料有:统计资料,如国家相关部门的统计调查报告、统计年鉴、行业在报纸或期刊等上面刊登的调查统计资料、行业团体公布的调查统计资料等;名录类资料,如客户名录(现有客户、旧客户、失去的客户)、工商企业目录和产品目录、同学名录、会员名录、协会名录、职员名录、名人录、电话黄页、公司年鉴、企业年鉴等;大众媒体类资料,如电视、广播、报纸、杂志等大众媒体;其他资料,如客户发布的消息、产品介绍、企业内刊等。

营销人员通过查阅资料寻找客户时,首先要对资料的来源及提供者进行可信度分析,如果这些资料的来源或提供者的可信度较低,则会对营销工作起阻碍作用。同时,营销人员还应该注意所收集资料的时间问题,应设法获取那些最新的、有价值的资料。如果是反映以前情况的资料,对营销人员的帮助不会很大,因为市场是不断变化的。

2.1.3.6 市场咨询法

市场咨询法是指营销人员利用社会上各种专门的行业组织和市场信息咨询服务等部门所提供的信息寻找准客户的办法。一些组织,特别是行业组织、技术服务组织和咨询单位等,他们手中往往集中了大量的客户资料和资源及相关行业和市场信息,通过咨询的方式寻找准客户是一个行之有效的方法。

营销人员可以从以下部门获得市场信息:

(1) 专业信息咨询公司。例如,一些专业建筑信息公司能提供详细的在建工程信息,包括工程类别、建筑成本、工程时间表和发展商项目经理及建筑师等的联系方式,且信息每天更新。这为建材生产企业的销售人员节约了大量时间,虽然要向信息公司支付一些费用,但会使总成本减少。

(2) 工商行政管理部门。该部门涉及面十分广阔,包括工业、商业、交通运输等各个行业,是一个理想的市场咨询单位。

(3) 各级统计和信息部门。这些部门提供的信息准确、可靠。

(4) 其他相关部门,如银行、税务部门、物价部门、公安部门、大专院校、科研单位等。

(5) 当地行业协会。每个行业基本上都有自己的行业协会,如软件行业协会、电子元件行业协会、仪器仪表行业协会等。虽然行业协会只是一种民间组织,但通过行业协会可以深入了解行业内部的情况。

与营销人员自己寻找客户所需费用相比,市场咨询法费用低廉,信息较可靠,同时又节省营销人员的时间以便全力以赴进行实际营销。但是,由于营销人员过分依靠咨询人员提供的信息,容易丧失开拓精神,失掉许多营销机会。另外,咨询人员所提供的信息具有间接性,会存在许多主观片面的因素,甚至会出现一些与实际情况大相径庭的错误信息。因此,市场咨询法的适用范围有一定局限性。

2.1.3.7 广告轰炸法

广告轰炸法是指利用广告的宣传攻势,把有关产品的信息传递给广大消费者,刺激或诱导消费者的购买动机和行为。然后,营销人员再向被广告宣传所吸引的客户进行一系列的营销活动。

根据传播方式的不同,广告可分为开放式广告和封闭式广告两类。开放式广告又称被动式广告,如电视广告、电台广告、报纸杂志广告、招贴广告、路牌广告等,当潜在客户接触或注意其传播媒体时,它能被看见或听到。封闭式广告又称主动式广告,如邮寄广告、电话广告等,它直接传播至特定的目标对象,与开放式广告相比,具有一定的主动性。一般来说,对于使用面广泛的产品(如生活消费品等),适宜运用开放式广告寻找潜在客户;而对于使用面窄的产品(如一些特殊设备、仪器)和潜在客户范围比较小的情况,则适宜采用封闭式广告寻找潜在客户。在西方国家,营销人员用来寻找客户的主要广告媒介是直接邮寄广告和电话广告。

利用广告轰炸法的关键在于选择正确的广告媒介,选择广告媒介的基本原则是最大限度地影响潜在客户。在运用此法时,营销人员要认真做好市场调查,制订周密的计划并配以其他方法,以免出现重大失误。但总体来说,广告轰炸法不失为一种理想的开拓客户的现代化手段。

2.1.3.8 猎犬法

猎犬法是指营销人员雇用他人寻找准客户的一种方法。在西方国家,这种方法运用十分普遍。一些营销人员常雇用有关人士来寻找准客户,自己则集中精力从事具体的营销访问工作。这些受雇人员一旦发现准客户,便立即通知营销人员,安排营销访问。

猎犬法的依据是经济学的成本最小化、利润最大化原则与市场相关性原理。因为委托一些有关行业与外单位的人充当助手,在特定的销售地区与行业内寻找客户及收集情况,传递信息,然后由营销人员去拜访与洽谈,这样所需的费用与时间肯定比营销人员亲自外出收集情况要少。越是高级的营销人员就越应该委托助手进行销售,营销人员只是接近那些影响大的关键客户,这样可以获得最大的经济效益。

当然,这种方法也有不足之处:一是营销助手的人选难以确定;二是营销人员会处于被动地位,其营销绩效要依赖于营销助手的合作。

【案例2-2】

得力的营销助手

在西方国家,许多汽车营销人员经常雇用某些汽车修理站的工作人员充当"猎犬",由他们负责介绍那些潜在的汽车购买者。在汽修站里,如果这些营销助手发现有哪位修车的车主在交谈中打算弃旧换新,就会立刻介绍给汽车营销人员。因此,他们掌握的情报稳、准、快,又以最了解汽车性能特点的内行身份进行介绍,容易取得准客户的信任,效果都比较好。

2.1.3.9 交易会寻找法

交易会寻找法是指利用各种交易会寻找准客户的方法。国际国内每年都有各种类型的交易会,如"中国进出口商品交易会""中国国际高新技术成果交易会""中国国际中小企业博览会"等。充分利用交易会寻找准客户,与准客户联络感情、沟通了解,是一种很好的获得准客户的方法。参加展览会往往会让销售人员在短时间内接触到大量的潜在客户,而且可以获得相关的关键信息,对于重点意向的客户也可以做重点说明,约好拜访的时间。例如,营销人员如果想获得在印刷机械行业的潜在客户,可以参加"国际包装、印刷机械展览会"。在那里,营销人员可以看到我国乃至世界上最著名的印刷机械制造商。只需要去看一个展览会,就会得到这个行业的几乎最有价值的潜在客户。经常去参观某个行业的展览会,甚至会发现每次都能看到那些准客户,这对以后向客户营销是非常有利的。交易会寻找法效率较高,能在最短时间接触到最多的准客户,参加交易会的人都对该行业有兴趣,营销人员可以充分展示产品性能。

营销人员应该在每年的年末将未来一年相关行业的展览会进行罗列并标注,届时提醒自己要抽时间去参观。

2.1.3.10 网络搜寻法

网络搜寻法是指营销人员运用各种现代信息技术与互联网通信平台搜索客户的方法。它是信息时代的一种非常重要的寻找客户的方法。近些年来,随着互联网技术的不断发展与完善,各种形式的电子商务和网络营销也开始盛行起来,市场交易双方都在利用互联网搜索。互联网的普及使得在网上搜索潜在客户变得十分方便,营销人员借助互联网的强大搜索引擎可以搜寻到大量的潜在客户。通过互联网,营销人员可以获得以下信息:

(1) 准客户的基本联系方式,当不知道部门负责人的信息时,需要电话销售配合。
(2) 准客户公司的介绍,可以了解公司目前的规模和实力。
(3) 准客户公司的产品,可以了解产品的技术参数、应用技术等。
(4) 一些行业的专业网站会提供该行业的企业名录。一般会按照区域进行划分,也会提供一些比较详细的信息。例如,慧聪国际、阿里巴巴这些网站往往会由于进行行业的分析研究而提供比较多的信息。

网络搜寻客户具有以下几个优点:成本低,效率高,方便供需双方互动;"推""拉"兼备;可以在更大范围内寻找客户;可以让产品说明声情并茂,吸引客户的注意力。

2.1.3.11 电话寻找法

电话寻找法是指营销人员在掌握了准客户的名称和电话号码后,用打电话的方式与准客户联系而寻找准客户的方法。电话最能突破时间与空间的限制,是最经济、最有效率的接触客户的工具。营销人员如果能规定自己每天至少打五个电话给潜在客户,这样计算,一年下来能增加上千个与潜在客户接触的机会。

营销人员应选择好打电话的时间。要尽量避开使用电话的高峰期,以免给客户带来不便,同时要讲究打电话的礼仪和技巧,以达到良好的沟通目的。

【案例2-3】

乔·吉拉德的推销术

汽车推销大王乔·吉拉德在把汽车卖给顾客数星期后,就从客户登记卡中找出对方的电话号码,开始着手与对方联系:"以前买的车子情况如何?"

白天打电话,接听的多半是购买者的太太,她大多会回答:"车子情况很好。"吉拉德接着说:"假使车子振动厉害或有什么问题的话,请送回我这儿来修理。"并且请她提醒她的丈夫,在保修期内送来检修是免费的。

同时,吉拉德也会问对方,是不是知道有谁要买车子?若是对方说有位亲戚或朋友想将旧车换新的话,他便请对方告知这位亲戚或朋友的电话号码和姓名,并请对方拨个电话替他稍微介绍一下。且让对方知道如果介绍的生意能够成功,对方可得到25美元的酬劳。最后,吉拉德没有忘记对对方的帮助再三致谢。

吉拉德认为,即使是质量上乘的产品,在装配过程中也会发生莫名其妙的小差错,虽经出厂检验也难免有疏漏,这些毛病在维修部修起来并不难,但对顾客来说就增添了许多麻烦。把车子卖给顾客后,对新车是否有毛病的处理态度和做法如何,将会影响顾客向别人描述时的角度和重点。他可能会说:"我买了一辆雪佛兰新车,刚购回来就出毛病了!"但在你主动询问对方对车子的评价,及时发现毛病并给予免费维修好时,顾客就会对别人说:"吉拉德这个人挺够意思,时时为我的利益着想,虽然车子出了点毛病,但他一发现就马上给我免费修好了。"

案例思考

1. 吉拉德是用什么方式来寻找准顾客的?
2. 吉拉德急着给顾客打电话询问车子的状况,是否会引起对方对所购产品质量的怀疑?假如出现这种情况,你认为应怎样处理?

任务2.2 接近潜在客户

开发新客户的关键在于将"潜在客户"提升为"客户"。提高开发成功率的方法有多种,如邮寄广告资料、登门拜访、邮寄私人信函、邀请其参观展览会、在特别的日子里寄送庆贺卡或慰问的信件等。

在提高开发成功率的各种方法中,一条重要的原则是"加强沟通与拜访",在"拜访计划"中列入针对潜在客户的拜访内容。为了更好地进行拜访推销,销售人员应制定"月拜访计划表",对于要拜访的对象,可以将他们分为两类:老客户和潜在客户。对于老客户,可按其重要程度分为若干等级,对重点客户的拜访次数可以多一些,对非重点客户少一些;针对潜在客户的开发,也必须列入拜访计划内,并注意事先搜集相关信息和资料。

2.2.1 电话接近客户

2.2.1.1 打电话前的四项准备工作

1. 收集客户的资料

在给客户打电话之前,要尽量多地去了解客户。只有准确地了解了客户的需求,才能有的放矢,赢得客户的关注。收集客户的有关资料是全面了解客户的必要准备工作。收集客户资料可以通过多种途径来进行,前面已经叙述过。

2. 了解客户可能的需求

了解客户可能有哪些需求,目的是明确你可能给客户提供哪些产品和服务。在了解客户需求时,要综合考虑客户的行业以及在这个行业中所处的位置。

3. 找出关键的人物

负责客户相关业务的关键人物至少有两位:一位是部门的主管人员,是使用者,他提出采购的要求;另外一位是客户的采购经理,他做最后的决策,最终决定是否接受你的产品或服务,以及可能接受的具体条款。

4. 理解客户的长远目标

客户之所以接受你的产品或服务,是因为他觉得你可以提供一流的产品和服务来有效地帮助他达到自己的目标。因此,销售方和客户之间是互惠的关系,销售人员要建立一种与客户互惠合作的理念,这样可以充分获取客户的信任,使合作得以顺利进行。

5. 打电话接近客户的通话过程

打电话前的准备工作很重要,但是更重要的是电话中与客户沟通的技巧。一般在通过电话试图获取与客户面谈机会时,要遵循以下三个步骤:

(1) 说明身份。以最快的速度说明自己的身份,让客户了解你的姓名、所属的公司,以及能提供什么产品及服务。

(2) 克服异议。打电话往往会遇到客户说马上要开会,不方便继续通话的说法,这其实是客户的一种异议方式。对于客户的此类异议,最好的处理方法是要求客户给自己一两分钟的时间或要求自己提问两个问题。在绝大多数的情况下,客户都会满足这样的请求。销售人员可以利用这个机会想方设法地引发客户的兴趣。在遇到客户异议时,切记不可绝望地马上挂掉电话,因为立即挂掉电话的方式往往标志着接近客户的失败。

(3) 说明目的及约请面谈。在说明目的时,一定要明确地讲明两个要点:① 要向客户明确自己已充分地了解了客户现在的需求,自己有能力满足客户的需求;② 要向客户提出面谈要求,最好主动提出面谈的时间,这种方式既省时省力,同时又可以避免模糊的信息。

【案例 2-4】

电话情景模拟。请你阅读以下电话通话记录,并回答相关的问题。

营销人员:您好,请问何主任在吗?

何主任:我是。

营销人员:何主任,您好。我是 TCI 公司的销售代表××。相信您一定听说过我们公司的 TCI 牌电脑。

何主任:哦,我知道。

营销人员:我听说贵单位最近要更新一部分电脑,我可以在星期三上午 10 点拜访您,和您就这个主题面谈一下吗?

何主任:嗯,你先把你们公司的产品介绍和报价寄过来,我们研究一下,再与你联络。

营销人员:好的,我可以了解一下您对电脑设备的需求情况吗?

何主任:我一会儿要去开会。

营销人员:那好,我抓紧时间,只有两个简单的问题,这样我给您寄的资料会更有针对性。

何主任:好吧。

营销人员:我们公司的产品有台式电脑、笔记本电脑等各种系列产品,不知道您对哪类产品更感兴趣?

何主任:你先把笔记本电脑的资料寄过来吧。

营销人员:那您是想给什么职位的人购买呢?

何主任:有些领导的笔记本电脑需要更新了,不过我们还没有做最后决定呢。

营销人员:好的,我马上将笔记本电脑的资料快递给您,今天下午就会送到。

案例思考

请你按照电话接近客户的通话过程的步骤,总结通话步骤。

2.2.1.2 电话拜访应避免的行为

在利用电话获取面谈机会时,目的明确、语言简练准确是十分重要的原则。以下两个做法往往会导致拜访的失败。

1. 讨论商业细节

商业细节应在与客户面谈时讨论,在电话中要避免与客户讨论细节问题。如果客户提出了比如产品报价之类的细节问题,必须回答的,也要尽量简练。

2. 向关键人物询问琐碎的信息

向关键人物询问琐碎信息时往往容易引起对方的反感,导致拜访失败。例如,需要向对方邮寄一些资料时,向关键负责人问一些地址、电话等琐碎信息的做法是不明智的。如果确实需要此类信息,可以通过其他方式得到,如通过客户的前台。

小结:获得与客户的面谈机会是取得客户订单的关键。

首先通过打电话与客户建立联系,进而获得面谈的机会是很重要的。在打电话之前,充足的准备工作必不可少。准备工作要达到对客户尽可能详细的了解,了解客户的基本情况、需求以及负责客户需求和采购的关键人物。在打电话时,简洁明确,这是基本的原则。打电话过程中应说明自己的身份、目的、约请面谈,以及克服异议。打电话的目的在于获得面谈机会。如果在电话中讨论一些细节以及询问对方的私人信息,往往会导致拜访失败。

【案例 2-5】

见面前的准备工作

王经理将《都市时报》的一名客户分配给小李负责。《都市时报》是西南地区最有影响的报社之一,对于公司来讲,是一家新客户。为了确保赢得这一客户,小李必须事先做一些周密的准备工作。小李首先登录到《都市时报》的网页上,了解报社的组织结构、经营理念、通信地址和电话,然后把这些资料记录到客户资料中。接着又给另一家报社信息中心的主任打了一个电话,了解到《都市时报》的计算机、编辑排版和记者采编等系统。然后,向行业界的朋友打听了关于《都市时报》的相关资料,并了解到《都市时报》信息中心的张主任经常与厂家联系,负责计算机的采购。

案例思考

小李在拜访客户前做了哪些准备工作？请举例说明。

2.2.2 当面拜访客户的基本过程

拜访客户的四要素：明确拜访对象、拜访的目标、为达到目标所准备的"故事"、拜访需要的工具。

2.2.2.1 寻找客户

(1) 市场调查：根据产品和开发目的，确定调研范围。
(2) 筛选客户。
(3) 牢牢把握 80∶20 法则。
(4) 选择你最合适的客户。

2.2.2.2 访前准备

(1) 客户分析，客户档案（基本情况、职业、消费习惯），购买、使用、拜访记录。
(2) 设定拜访目标（SMART）。
(3) 拜访策略。
(4) 资料准备。
(5) 着装及心理准备。

知识链接

SMART 是以下五个英文单词的第一个字母的组合：Specific（具体的）、Measurable（可衡量的）、Attainable（可达到的）、Relevant（相关的）、Time-based（时间段）。

2.2.2.3 销售准备

① 心理准备。② 熟悉公司情况，做好全力以赴的准备。③ 熟悉产品情况，明确目标，做好计划。④ 了解客户情况，培养高度的进取心。⑤ 了解市场情况，培养坚韧不拔的意志。⑥ 培养高度的自信心。⑦ 培养高度的纪律性。

2.2.2.4 接触阶段

1. 开场白

讲话时应注意：易懂，简洁，新意，少重复，少说"我"，多说"您""贵公司"，巧妙选择问候语很关键。

2. 方式

分为开门见山式、赞美式、好奇式、热情式（寒暄）和请求式。

接触阶段的注意事项：① 珍惜最初的 6 秒钟。首次见面，一般人 6 秒钟之内会有初步印象。② 目光的应用。了解目光的礼节，注意目光的焦点。③ 良好开端。和谐、正面，创造主题,进入需要,充足的时间。④ 可能面对的麻烦。主要有冗长的说明、沉默的场面、负面言辞、目的不明确、时间仓促。⑤ 探询阶段。探查询问,向对方提出问题。探询的目的在于收集信息、发现需求、控制拜访、改善沟通。

3. 快速接近客户的方法

推销员直接面对客户,那么如何更有效地接近客户呢?下面介绍几种常用方法:① 馈赠接近法。它是指通过赠送礼物来接近客户的方法,此法比较容易博得客户的欢心,取得他们的好感,从而拉近推销员与客户的关系,而且客户也比较乐于合作。② 赞美接近法。它是指利用客户的虚荣心,以称赞的语言夺得客户的好感,从而接近客户的方法。需要注意的是,推销人员称赞客户时要真诚、恰如其分,切忌虚情假意,否则会引起客户的反感。③ 服务接近法。它是指通过为客户提供有效且符合需要的服务(如维修服务、信息服务、免费试用服务、咨询服务等)来博得客户的好感,赢得客户的信任,从而接近客户的方法。④ 求教接近法。它是指利用对方好为人师的特点,通过请客户帮忙解答问题,从而接近客户。但是要提对方擅长的问题,而不要拷问对方。在求教后要及时、自然地将话题导入有利于促成交易的谈话中。

2.2.2.5 呈现阶段

① 明确客户需求。② 呈现拜访目的。③ 专业导入 FFAB。不断迎合客户需求。在导入 FFAB 之前,应分析客户需求比重。排列产品的销售重点,然后再展开 FFAB。在展开 FFAB 时,应简要地说出产品的特点及功能,避免使用难懂的术语。通过引述其优点及客户都能接受的一般性利益,以对客户本身有利的优点做总结。在这里,营销人员应记住,客户始终是因你所提供的产品和服务能给他们带来利益,而不是因对你的产品和服务感兴趣而购买。

知识链接

FFAB 是以下四个英文单词第一个字母的组合。
Feature:产品或解决方法的特点。
Function:因特点而带来的功能。
Advantage:这些功能的优点。
Benefits:这些优点带来的利益。

2.2.2.6 处理异议

处理客户异议的基本要点如下:① 客户的异议是什么;② 异议的背后是什么;③ 及时处理异议;④ 把握需求。

面对客户疑问,使用加减乘除的方法处理异议:① 当客户提出异议时,要运用减法,求同存异;② 当在客户面前做总结时,要运用加法,将客户未完全认同的内容附加进去;③ 当客户杀价时,要运用除法,强调客户应留给企业合理利润;④ 当营销人员自己做成本分析时,要用乘法,算算给自己留的余地有多大。

2.2.2.7 成交阶段

① 趁热打铁;② 多用限制性问句;③ 把意向及时变成合同;④ 要对必要条款进行确认,要求承诺与缔结业务关系的程序包括重提客户利益,提议下一步骤,询问是否接受。

2.2.2.8 跟进阶段

了解客户反馈、处理异议、沟通感情、建立友谊、兑现利益、取得订单。

2.2.3 潜在客户开发检核

开发客户是系统、长期的工作,为了保证开发活动有序、有效地开展,需要对客户开发活动定期进行检查,以便及时调整思路,保证目标得以实现。潜在客户开发检核的内容包括以下四个方面。

2.2.3.1 寻找潜在客户的资料准备

(1) 是否已做好行销地图?
(2) 对商圈的收入水准、风格、习惯、意识是否已正确把握?
(3) 是否将潜在客户进行市场细分?
(4) 是否已经做好客户资料卡?
(5) 是否已经将过去成交而目前不发生交易关系的客户名单整理出来?

2.2.3.2 明确客户开发的目标

(1) 是否给营销人员明确的开发目标?
(2) 是否每次活动都制定预定时间表?
(3) 是否规定营销人员每天的拜访数量?
(4) 是否给每个营销人员分配重点开发地区或客户群?
(5) 是否准备好避免被挡驾或被拒绝入内的话语?

2.2.3.3 潜在客户的开发渠道

(1) 是否建立了信息搜集网络?
(2) 是否利用各种场合争取订单?
(3) 是否充分借用了有力人士的介绍或口碑?
(4) 是否知道对方的关键决定人?
(5) 是否交叉运用了"信函"和"登门拜访"的推销方式?
(6) 是否将自己厂家的产品介绍给自己的亲朋好友?

2.2.3.4 开发客户的方法

(1) 是否对潜在客户进行深度开发?
(2) 是否费尽心机地去培养主要客户?
(3) 是否灵活运用了所有的促销品?

(4) 开发难度较大的客户群时,有没有对营销人员进行特别训练或指导?
(5) 是否根据不同产品建立了不同的开发方法?

任务2.3　潜在客户的开发

【案例2-6】

一个方案,让客户点头

谢某是A企业锁定的理想客户。面对小张的无功而返,企业派出了另一位经验丰富的业务员小李,并且下了硬指标。小李接到任务后,并没有像小张一样急于拜访客户。因为他知道小张已经失败了一次,如果再草率前去,不但给客户开发带来难度,恐怕还会引起谢某的反感,导致客户开发失败。他先侧面对谢某公司做了全面了解,然后就开始在市场上进行详细调研,形成了一份完备的方案。拿着这份方案,小李信心十足地去拜访谢某。

谢某起初看到小李并不十分热情,只是淡淡地应付了几句,小李见状,开门见山向谢某介绍了自己的市场推广方案。从谢某所在市场的基本情况,如人口数量、市场规模、消费水平、市场结构等,到竞品情况,如价格、政策、主要销售区域、存在的问题以及销量分析等,再到阐述A企业和产品的定位,以及与竞品相比的优劣势所在,不免让谢某觉得这个业务员水平不一般。最后,小李还为谢某操作A企业的产品提供了一些具体建议,包括详细的价格设置、通路设置、消费群体和主要消费场所锁定、操作要点及步骤、企业投入与扶持、谢某需要投入的资源和投入产出比等。谢某看着小李这份完整而详尽的市场推广方案,听着他头头是道的讲解,频频点头。最后,谢某高兴地表示马上与A企业签订合作协议,并邀请小李担任他的经营顾问。

案例思考
同样的企业,同样的产品与资源,同样的开发对象,小张的客户开发为什么会失败?

2.3.1　潜在客户评估

大量的潜在客户并不能转变为目标客户。获得潜在客户名单仅仅是营销人员销售过程的开始阶段,因此,需要对潜在客户进行及时、客观的评估,以便从众多的潜在客户名单中筛选出目标客户。掌握潜在客户评估的一些常用方法,可以帮助营销人员事半功倍地完成销售任务。

在挑选、评估潜在客户之前,营销人员需要先搞清三个问题:一是你是否能够满足潜在客户的需求;二是在你满足其需求之后,这些潜在客户是否具有提供适当回报的能力;三是你所在公司是否具有或能够培养出比其他公司更能满足这些潜在客户需求的能力。

2.3.1.1　帕累托法则

帕累托法则,即80∶20法则,这是意大利经济学家帕累托于1897年发现的一个极其重要的社会学法则。该法则具有广泛的社会实用性,如20%的富有人群拥有整个社会80%的财富,20%的客户为公司带来80%的利润。帕累托法则要求营销人员分清主次,锁定重要的潜在客户。

【案例2-7】

银行账户与80/20原则

一家银行最近对其客户进行了一次全面的研究。研究结果反映了一个典型的80/20原则的例子:大约19%的客户产生了90%的利润,另外的81%的客户主要特点是,他们大多数支票账户的平均结余都不到250美元,但他们却写了许多支票。结果,银行在这种客户身上损失了很多钱。内部办理手续的成本远远多于利用储蓄资金获得的收入。

2.3.1.2 MAN法则

MAN法则对于引导营销人员如何去发现潜在客户的支付能力、决策权力以及需要至关重要。营销人员可以从三个方面去判断某个人或组织是否为潜在客户:一是该潜在客户是否有购买资力M(Money),也就是有没有购买力或筹措资金的能力;二是该潜在客户是否有购买决策权A(Authority),即你所极力说服的对象是否有购买决定权;三是该潜在客户是否有购买需要N(Need),在这里还包括需求、创造需求。普通的营销人员总是去满足需求、适应需求,而优秀的营销人员则是去发现需求、创造需求。

2.3.2 潜在客户的分类

优秀的营销人员懂得如何管理好潜在的客户资源,他们既不会在永远无望的可能客户身上浪费时间,也不会放过任何一个捕捉重要客户的机会。营销实践表明,营销人员对潜在客户的管理主要从紧迫性和重要性两个方面入手。

2.3.2.1 按客户需求的紧迫性分类

紧迫性描述潜在客户在多少时间范围内做出对公司的产品或服务的购买决定。通常情况如下:① 在1个月内能做出购买决定的潜在客户,称为渴望型客户;② 在2个月内能做出购买决定的潜在客户,称为有望型客户;③ 在3个月内能做出购买决定的客户,则称为观望型客户。

优秀的营销人员会根据客户的不同类型,安排出不同的拜访频次和拜访深度。

2.3.2.2 按客户的重要性分类

重要性描述潜在客户可能购买产品或服务的数量的多少。虽然每个潜在客户对营销人员来说都是非常重要的,但根据80:20法则,优秀的营销人员更应该关注能带来80%利润的20%的关键客户。

根据公司的业务情况,将客户分为三类。

1. 关键客户

这类客户需要营销人员投入更多的时间和精力增加访问频次,增加访问深度。

2. 重要客户

对于这类客户营销人员,应该安排合适的访问频次和内容。

3. 一般客户

对于这类客户营销人员,维持正常的访问频次与内容即可。

关键客户:每周打一次电话,每月拜访一次。重要客户:每月打一次电话,每季拜访一次。一般客户:每季打一次电话,每半年拜访一次。

【案例 2-8】

万科的客户分类体系(5 类客户群体)

● 富贵之家(9%)

人群特征:家庭成员高学历,高收入,高社会地位。

生活形态:忙碌,经常加班,希望有空闲时间,休闲活动层次高。

房屋价值:事业成功的标志,社会标签。

房屋需求:完备的健身娱乐场所,良好的停车设施,高水平的物业管理,大规模的山水园林,高层次的邻居,房屋面积大,价格高。

● 社会新锐(29%)

人群特征:年轻,学历较高,收入仅次于富贵之家,没有孩子的家庭较多,或孩子年龄较小。

生活形态:思想观念多元,休闲娱乐丰富且新潮,注重生活品质。

房屋价值:社会标签,个性,彰显品位,聚会场所。

房屋需求:户型好,接近娱乐场所。

● 望子成龙(31%)

人群特征:收入水平一般,以孩子为生活核心。

生活形态:一般进行一些对孩子的成长有利的运动,如打乒乓球、网球、踢足球等,而牺牲了成人的业余活动和兴趣爱好,有强烈的家庭观念。

房屋价值:对房屋有心理依赖,房屋能够为孩子提供健康成长的地方,也在物质和精神上给他们一种安定的感觉。

房屋需求:小区文化氛围浓,房屋通风和采光对家人健康有利,靠近父母,方便照顾孩子。

● 健康养老(6%)

人群特征:家庭结构趋向老龄化,或接老人同住。

生活形态:一般进行老年人喜欢的安静运动,较少远距离出行。

房屋价值:安享晚年或照顾老人的地方,健康和老人休闲较为注重。

房屋需求:大型的娱乐锻炼场所,能步行到超市,附近有医疗机构。

● 务实之家(25%)

人群特征:收入不是很高,对价格非常敏感。

生活形态:生活节省,一般进行近距离的休闲或宅在家里。

房屋价值:最大的投资支出,生活的保障。
房屋需求:注重房屋质量,小区安全,通风采光好,物业费低廉,对更高层次的属性要求少。

2.3.3 客户开发的步骤

客户开发是营销成功的决定性因素,因此尽力争取每一个开发客户的机会显得尤为重要。设定目标市场,企业的目标是使投资回报最大化,要完成这一目标的途径只能是发掘那些最可能大量购买企业产品或服务的客户。

2.3.3.1 客户分析

客户分析的环节对于挖掘潜在客户具有很高的价值,也是将潜在客户转化为企业用户的关键一环,但仅仅做到这一点还是不够的。通过客户分类,我们将会得到一个较大的潜在客户群体,但是这个群体中每个个体最终成为消费者的可能性是不同的。因此,只有有效地筛选客户,挑选出其中最有可能成为现实购买者的客户进行重点营销,才能做到以最小的投入获得最大的产出。

可以将客户分为不同的类型,对不同类型的客户采取不同的营销手段。比如,作为客户的供货商:

A 类客户是唯一选择型的客户,无论什么产品都从我们这里购买。
B 类客户是优先选择型,只要我们能够满足他们的需求就选择从我们这里进货。
C 类客户是可以选择型,一般从其他经销商处进货,偶尔从我们这里购买。

当然,也可以从另外的角度分析客户,比如,根据客户和经销商的采购潜力,客户可以被分成大型、中型和小型客户。根据用户对企业贡献的大小来区分客户,A 类是一年购买金额在 100 万元以上的客户;B 类是购买金额在 50 万元以上的客户;C 类客户是偶尔购买的客户等。

2.3.3.2 做出计划

当营销人员手上有了潜在客户名单后,他就可以依据客户的可能购买期及重要性计划出他每天、每月的拜访活动计划。

有些客户并不是经常愿意见营销人员的,他们会向营销人员摆出种种不愿见面或购买的理由。但一个营销人员的销售生涯中遇到的只会是有限的拒绝理由。既然只是有限的拒绝理由,那营销人员就可以做好充分的准备应对,并设计好自己的回答方式。同时,拒绝从根本上讲并不是完全的拒绝。换个角度想,其实是潜在客户提出了解更多信息的要求。

2.3.3.3 把握客户心理

发掘潜在客户有两种不同的含义:第一种是该客户实际上是企业现有的用户,但目前不是新产品的销售对象;第二种是将数据库中不是本企业的客户、目前通过其他渠道购买产品的客户分离出来。对于第一种情况,客户和企业有较多了解,存在一定的信任度。因此,做好客户心理分析,有的放矢,往往可以使这部分客户变成新客户。对于第二种情况,就要开展所有必要的营销手段,使其最终成为企业的客户。

81% 的成功营销人员认为"掌握了用户的心理,就掌握了整个交易"。因此,在向潜在客户推销产品的时候,掌握他们的心理十分关键。如何掌握客户的心理,常有以下几种方法。

1. 把握客户对推荐产品的购买欲望

通过试探性的提问,逐步了解客户对推荐产品的印象和感觉,从而了解客户对该产品的需求程度和购买欲望,进而选择通过怎样的手段改变用户原有的印象。

【案例 2-9】

一位刚参加工作的姑娘,在王府井的东方新天地看中了一件漂亮的连衣裙。这件连衣裙的标价是 3 888 元,看到这个标价,姑娘犹豫了起来。3 888 元对于任何一位普通消费者来说都不是一个小数目。正当姑娘犹豫不决的时候,营业员走了过来,对姑娘说:"你的眼力真好,今天早上某著名电影明星刚从我这拿走一件跟你这件一模一样的。"听完营业员的话,姑娘痛痛快快地掏钱买了。

这位营业员的高明之处就在于她并没有向姑娘介绍这件连衣裙的做工、款式、颜色、质地等方面的优势,而是准确抓住了姑娘好攀比、喜欢流行的心理特点,她用电影明星为招牌,轻轻松松地说服了姑娘。

2. 调动用户的好奇心

大多数的客户具有好奇的心理,比如,你向客户介绍某个产品的时候,先介绍甲产品性能如何先进,再着力介绍乙产品,并在介绍过程中隐含说明与甲产品的性能差距,最终使用户决定购买甲产品。

3. 尽量使客户精力集中

与客户沟通的时候,由于客户对营销人员存在着固有的戒心,往往造成销售失败。因此,在与新客户交流的时候,使对方忘掉你是营销人员,以市场专家和应用专家的身份与对方交流,这样才能达到理想的效果。

你的产品最终带给客户的利益点是能节省他们的成本开支或增加他们的某些利润,那么一开始接触客户时,我们可以直接问:"李经理,如果我们的产品能帮助你每月提升近万元的利润或节省近万元的费用,请问你有兴趣花几分钟的时间来了解一下我们的产品吗?"

2.3.3.4 争取客户的信赖

沟通是营销人员开发客户的关键,沟通是比技能更为重要的能力。你可能会为你所掌握的专业知识与操作技能而感到自豪,但是,你的业绩并不完全取决于你的技术专长,还在于你的人际交往与沟通的能力。你必须成为一名技能型的沟通者,不但要将专业知识融会贯通,而且更重要的是会运用恰当的语言和行为,与客户进行有效的沟通,唯此才能更加胜任你的工作。

1. 选择适当的时机

沟通要选择恰当的时机,这样才有助于洽谈的顺利进行。根据谈话对象的偏好选择合适的时间、地点,营造良好的气氛,就会让沟通的整个过程显得顺畅而自然。如果客户是属于内向、严谨型的,最好选择一个比较安静的、无人打扰的场合,采取一对一的会谈方式;如果客户属于外向开朗型,他会比较乐意与你交谈,那么在谈话的场所、时间的选择上会相对宽松。此外,怎样开始谈话,也应视客户的不同个性而定。在向客户提供咨询时,要创造一种彼此信任、和谐的气氛。有效的咨询不仅能解答客户的疑问和解除他们的后顾之忧,而且会加深与客户之间的感情,使工作的开展更为有效。

2. 语言的运用

大部分的沟通都是通过语言来进行的。生动、简洁、富有感染力的语言,会给谈话者留下良好的印象,但是对语言的把握需要长期的学习与实践沟通。沟通时需要注意以下方面:

(1) 简洁明了,切忌复杂化。以简洁明了的方式传递信息,才能为客户所了解,使沟通有效,万万不可传递过分复杂的信息,这样会使客户厌烦。

(2) 注意说话的语气。谈话中使用的语气,是情绪的直接流露。任何急躁、不安、缺乏自信的语气都会对沟通产生负面影响;反之,平和、亲切又充满自信的语气会使客户产生安全感与信赖感。

(3) 肯定客户的观点。一次成功的沟通,并不一定就能达成一致,但是必须学会在沟通中肯定客户的某些观点。

(4) 不要轻易承诺。营销人员要避免在客户面前失信,就必须遵守诺言。无谓的乱许诺,只会让你因无法兑现诺言,而失去客户的信任。

(5) 避免争论。"永远不要与客户发生冲突"是很多服务业的信条,切记不要与客户产生争执。

(6) 学会感激。学会致谢对于沟通非常必要,礼貌致谢不仅会融洽谈话气氛,同时也显示了你的良好修养。

3. 认真倾听

与客户沟通是双向的互动过程,而非单项的信息传递,所以必须学会倾听。倾听可以弥补不足,减少错误。

4. 有效反馈

在与客户交流的过程中,进行恰当的反馈有助于沟通。沟通的目的是为了获得信息,是为了知道客户想什么,要做什么。通过反馈内容可以获取有价值的信息。研究客户的反馈,不仅可以及时了解客户是否得到并正确理解公司发出的信息,而且可以及时发现工作中的问题或是失误,以及客户的需求变动趋势,以此作为改进服务的有利依据。

不管在何种场合,营销人员都需要全面尊重客户,尤其在开发客户时更要系统性表现"五尊重""一克服"。一是尊重客户的自尊心,二是尊重客户的观念,三是尊重客户的现状,四是尊重客户的行为,五是尊重客户的感受。克服自己的不良行为,如对第三方客户的评价、粗俗不健康的表达方式等。

2.3.3.5 选择恰当的媒介

1. 电话

掌握打电话的技巧是十分重要的。你的口气和态度,都会对客户产生有利或者不利的影响。

2. 信函

对于不同的客户,要采取不同的写信风格,并根据收信人的受教育程度和职业选择他易于接受的恰当的信函语言。

3. 演示

演示是比较通用的一种商务形式。由于演示基本上是一种单向的交流,所以整个过程要尽可能地引起客户的注意与兴趣。不仅要运用口头语言,而且要借助于肢体语言以期达到良好的效果。

4. 互联网

互联网作为发展最为迅速的通信手段,已经在很大程度上改变了传统的联络方式,特别是对于比较年轻的客户,许多人已经将互联网作为最常用的联系方式之一。互联网的优点是快捷、便利、成本很低,所以,它不失为一种比较理想的沟通媒介。可以利用电子邮件与客户建立比较频繁的联系,如定期进行新产品介绍、专业交流,甚至只是一封简单的问候邮件,都会让客户感到你对他的重视。

课后思考与讨论

1. 如何理解潜在客户的内涵?
2. 寻找潜在客户的方法有哪些?
3. 怎样接近潜在客户?
4. 开发潜在客户的流程和方法有哪些?

课后案例分析

国航的客户识别

张先生是国内某大型民营企业的CEO,他乘坐中国国际航空公司的航班前往纽约。虽然机票价格从过去的3.5万元人民币涨到7.5万元人民币,但他认为这次"昂贵"的头等舱体验物有所值:国航用专用奥迪车来接他到首都国际机场,像往常一样走过快速VIP安检通道,坐在头等舱里,新式、宽敞的座椅让他感觉舒服极了,座椅可伸展至180度,成为一张真正的"空中睡床"。乘务员还为他提供了新配备的睡衣;舱内可模仿日出、日落的灯光,让他觉得很人性化;飞行过程中,他从几十部电影中选择了两部自己喜欢的;餐食是他在登机前就预订好的北京烤鸭、法国红酒。这次,张先生觉得漫长的13小时航行居然轻松度过。到纽约后,国航又派奥迪车将他从机场送到了目的地。

从2006年7月开始到年底,国航斥资6.88亿元进行"两舱"(头等舱、公务舱)改造的15架飞机陆续投入中美、中欧航线,越来越多的乘客都享受到了张先生式的贵宾服务。

国航这次改造头等舱、公务舱,单个座椅投入资金分别是60万元和40万元。配合"两舱"的硬件改造,国航还在餐食、酒饮、杂志、电影等配套方面进行了精心的提升。如今,凡乘坐国航新"两舱"的头等舱乘客均由国航派出的奥迪车接送,公务舱客人由帕萨特接送。所有航班的乘务员由计算机按照年龄、所掌握的语言、职位等合理搭配。

随着"两舱"改造的完成,国航的两舱票价也上升了一倍左右。但像张先生这样的商务人士对国航的满意度并没有随着票价的升高而降低。"只要服务好,价格贵点可以接受,而且这条航线上外国航空公司的头等舱价格更贵。"张先生说。

仅仅两个月，国航的"两舱"改造效果已经开始显现。据国航统计，其北京—纽约、北京—法兰克福航线，来自新"两舱"的收入分别占整个飞机收入的48%和30%。"目前，我们的两舱还没有坐满，一旦坐满，其占总收入的比例可能更大。"中国国际航空公司市场部总经理充满自信地说。目前，这两条航线的"两舱"客座率在70%左右。

国航"两舱"改造可谓是一次成功的客户关系管理，达到了客户满意度和利润提高的效果。国航关注客户关系管理至少五年时间，涉及常旅客管理、直销客户管理、渠道管理等各层面。他们并没有购买客户关系管理系统，对这些客户群的数据管理甚至用的不是一套软件和一个团队。在他们看来，"所谓客户关系管理，就是找到高价值客户、获得高价值客户，培养客户的忠诚度和提高客户的价值。"

国航在1994年就开始实施国内第一个常旅客计划——知音卡。截至2006年年初，其发放的知音卡已超过350万张。对于如何提高会员的贡献度，国航也经过一番摸索。最初，国航只是单纯地根据飞行里程来判定会员的贡献度，飞行里程多贡献就大。但是，他们通过会员信息分析，发现很多会员几年才有一次飞行行为，尽管这次飞行距离很远，但对国航的贡献度反而不如那些经常乘坐国内航班的客户。于是，国航改变策略，对会员的飞行里程和频率都做统计，并按新标准将会员分为四级：普通卡会员、银卡会员、金卡会员及白金卡会员，级别越高的会员获得的奖励也越多。目前，国航VIP会员（包括白金卡、金卡、银卡）共有6万多人，这部分高端客户以每年10%以上的速度增长着。据悉，他们每年贡献给国航的收入达六七十亿元。

对于负责常旅客工作的管理人员来说，其现在并不看重6万多会员的数量，看重的是这些会员中有多少在"活动"，有多少在"睡眠"。国航将VIP会员划分为"活动"和"睡眠"两类状态，那些在一定时间内没有航空活动的会员被认为处于"睡眠"状态。对国航来说，只有"活动"的会员才是有价值的会员。

2006年下半年，国航在2005年电话回访150名VIP会员的基础上，采取更多举措，将6万多VIP会员按照联系地址划分到国航位于全球的6大分公司142个营业部。各营业部和分公司的老总将知道其所管辖的区域有多少白金卡、金卡、银卡会员，并且要主动电话问候这些VIP会员，了解他们新的需求。国航将这次活动叫作"亲切关怀"，以鼓励和刺激会员增加每年的飞行次数。

"对高收益、高价值旅客，投入更多的成本和精力；对低价值的客户则通过电话、网络等低成本手段提供更便捷的服务"是国航全面客户关系管理的准则。

通过几年来对各层面客户的细分，国航除了正确识别出VIP客户群，还在直销客户管理、渠道管理环节中，尝试挖掘出高价值客户。例如，国航实施了协议大客户计划以让国航更直接地获得企业、政府机构中的公商务群体。为此，国航将售票终端搬进这些组织的办公室，为高端旅客群体进行一对一服务。由于省去了中间环节，客户的满意度大大提高，国航也因此获得了稳定的销售收入。

问题思考：

1. 国航为什么对会员进行分类管理？
2. 通过该案例，请总结出国航在客户识别与开发方面的成功经验。

实践训练

接近潜在客户能力训练

实训目的	考查学生对寻找、接近和开发潜在客户的方法的理解情况
实训内容	以学校周边的商圈为基地,选择某一产品,针对该产品的特点,寻找和接近该产品的潜在客户,以提升接近潜在客户的技能
实训要求	1. 分组,每组5~6人,各小组的任务执行由组长负责 2. 通过对产品特点和客户特点的分析,观察、询问等方法,拟订一份接近潜在顾客的行动计划 3. 对和顾客的交谈过程进行录音
实训步骤	1. 设计接近潜在顾客的行动方案 2. 接近客户并进行录音 3. 小组课堂汇报并播放录音 4. 小组间点评
成果评价	设计接近潜在客户的行动计划

能力测评

专业能力自评

	能/否	任务名称
通过本项目的学习,你是否能完成相关任务?		理解潜在客户的内涵
		理解接近潜在客户的方法
		掌握开发潜在客户的方法
通过本项目的知识学习,你还能做什么?		

注:"能/否"栏中填"能"或"否"

核心能力自评

	核心能力	是否提高
通过本项目的学习,你的相关能力是否提高?	能够识别潜在客户	
	能够成功接近潜在客户	
	能够开发潜在客户	
通过本项目的学习,你还在哪些方面有所提高?		

注:"是否提高"栏中可填写"明显提高""有所提高""没有提高"

项目3　客户信息管理

 知识目标

1. 理解客户信息收集的重要性。
2. 掌握客户信息档案的主要内容。
3. 掌握客户信息收集方法。
4. 客户信息整理分析。
5. 掌握客户信息分析报告撰写方法。

 **技能目标**

1. 设计客户信息收集的方案。
2. 掌握客户信息分析的基本方法。
3. 分析客户信息,对客户进行有效管理。

 知识结构图

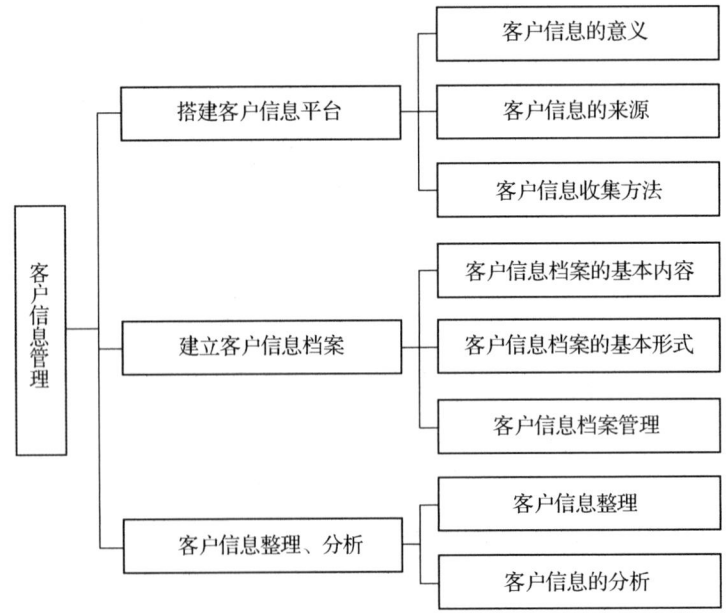

 **导入案例**

德邦的信息收集和发布收到好效果

江苏德邦化学工业集团有限公司(原连云港化肥厂),于1998年建立了MIS系统(管理信息系统),其核心为财务管理局域网,公司还建立了自己的网站(www.jsdebang.com),除了网上信息的搜集外,通过网站将公司最新的动态及时在网上发布,同时还在主要贸易网站发布求购信息、招聘信息,等等,这些都收到了很好的效果。

以财务管理为核心的局域网,联结销售部门、供应部门、仓储部门,针对企业销售、供应、库存等情况建立数据库。在数据库中,从供应商到用户都建立了完善的客户档案,工作人员可以随时查询供应商的发货情况、欠款、价格变化情况,还可以分析用户对产品的需求,分析需求趋势,预测产品的需求量,从而调整生产。在系统中,可以对各种数据建立简单的历史变化曲线,使得管理人员可以在曲线中发现一些规律,及时调整策略。例如,在1999年下半年,公司根据纯碱销售的变化规律以及其他有利因素,果断地提高了纯碱销售价格。随后几个月内,其他的碱厂也纷纷提高出厂价,纯碱市场至此全面启动。这个事实让公司更加深切地体会到信息管理为公司决策带来的好处。

在信息搜集和发布方面,公司于1996年就开始在网上进行信息的搜集和发布。公司建立的网上信息搜集系统,可以自动在网上搜集公司需要的信息,并汇总成报告形式,反馈给公司高层领导,为公司领导决策提供参考。例如,2002年6月,工作人员在网上频繁发现国内煤炭市场升温的信息,作为公司生产的主要原料,煤炭价格的上涨将直接影响生产成本,针对这一情况,在对煤炭市场进行了实地调查后,公司预先储备了足够的煤炭,避免了煤炭价格上涨给公司生产带来的影响。

资料来源:江苏德邦化学工业集团有限公司.企业信息化是现代企业管理的必然选择——企业信息化应用总结.中国国家企业网,http://www.chinabbc.com.cn/.

案例思考

1. 德邦公司通过网站,除了为顾客提供方便快捷的服务外,还从网上信息的采集中得到了什么好处?

2. 系统自动在网上搜集公司需要的信息,反馈给公司高层领导,这对公司领导决策起到了什么作用?

任务3.1 搭建客户信息平台

随着信息科技化的飞速发展,整个社会已经进入信息爆炸的时代,各类网站、App都成为大家获取信息的日常界面,大众生活进入全面信息化数据时代。作为客户关系管理的重要环节,客户信息收集越来越被企业放在重要位置,如果企业要做"事前诸葛亮",要与客户建立良好的关系,就必须充分掌握客户信息及动态,做到"动静皆知",这样才能够随时为客户提供优质服务。任何一个企业都是在一些特定的客户基础之上发展而来的,这些客户具有与企业产品及服务较好的切合性,把握好他们的相关信息及动态是企业制定任何经营决策的前提,否则任何的决策或者行动都将面临更大的隐藏市场风险,对企业的客户关系管理也是极大的冒险。所以,企业必须全面、准确、及时地掌握客户的信息,为长远发展采取行动打下坚实基础。

客户信息是指客户喜好、客户细分、客户需求、客户联系方式等一些关于客户的基本资料。客户信息收集是指运用科学有效的方法收集与客户有关的信息的行动。一方面是信息本身的导向作用,直接决定了其价值所在;另一方面是指信息的收集方式,这决定了信息的真实性与准确性,也就是我们常说的效度(即有效性,它是指测量工具或手段能够准确测出所需测量的事物的程度)。

3.1.1 客户信息的意义

3.1.1.1 企业决策产生的基础

客户信息是企业的重要资源。从企业客户资料中,企业不但能够发现给企业带来收入的客户在哪里,客户的最大商业价值是多少,客户商业价值的消耗和再生是如何产生的,还能够通过对客户数据的发展变化来识别客户资源的占有量、流失、消亡和再生。这直接为企业的经营方向、营销策略以及管理方式提供了针对性的指导,是企业决策产生的最根本基础。

3.1.1.2 客户分类管理的依据

企业只有全面地收集客户信息,特别是他们与企业的交易信息,才能够知道自己有哪些客户,才能知道他们分别有多少价值,才能识别哪些是优质客户、哪些是劣质客户,才能识别哪些是贡献大的客户、哪些是贡献小的客户,才能根据客户提供给企业的价值大小和贡献的不同,对客户进行分级管理。

例如,美国联邦快递公司根据客户的信息和历史交易信息来判断每位客户的赢利能力,把客户分为"活跃""一般""沉默"三种,并且为三种不同价值的客户提供不同的服务。

3.1.1.3 与客户有效沟通的指导

大众营销、大众传媒、大众服务都不能实现有针对性地与客户沟通,实际上还扩大了企业与客户之间的距离。随着市场竞争的日趋激烈,客户情报越来越显得珍贵,拥有准确、完整的客户信息,既有利于了解客户、接近客户、说服客户,也有利于实现与客户的有效沟通。

例如,中原油田销售公司设计了统一的"客户基本信息"表格分发给各个加油站,内容包括司机的姓名、性别、出生年月、身份证号、家庭住址、联系电话、个人爱好、车型、车牌号、单位、承运类型、车载标准、动力燃料、油箱容量、主要行车线路、经过本站时间,并有累计加油获奖记录。通过这些信息,中原油田销售公司建立了客户数据库,加油站每天从计算机中挑出当天生日的客户,向其赠送蛋糕等生日礼物,架起了加油站与客户之间的友谊桥梁。

如果企业能够掌握详细的客户信息,就可以做到"因人而异"地进行"一对一"的沟通,就可以根据每个客户的不同特点,有针对性地实施营销活动,如发函、打电话或上门拜访,从而避免大规模的高额广告投入,使企业的营销成本降到最低点,而成功率却到达最高点。一般来说,大面积地邮寄宣传品的反馈率只能达到 2%～4%,但是,在了解客户"底细"的基础上经过筛选,有针对性地邮寄宣传品,反馈率就可以达到 25%～30%。

3.1.1.4 实现客户满意的基础

在竞争激烈的市场上,企业要满足现有客户和潜在客户及目标客户的需求、期待、偏好,就必须掌握客户的需求特征、交易习惯、行为偏好和经营状况等信息,从而制定和调整营销策略。

如果企业能够掌握详尽的客户信息,就可以在把握客户需求特征和行为偏好的基础上,有针对性地为客户提供个性化的产品及服务,满足客户的特殊需求,从而提高客户的满意度,这对实现良好的客户关系,保持客户忠诚具有十分重要的意义。

如果企业能够及时发现客户的订货持续减少的信息,就可以赶在竞争对手之前采取必要的预防措施,及时跟进,加强与客户的沟通,并采取有效的行动,就可以防止客户的流失。

如果企业能够及时掌握客户对产品或服务的抱怨信息,理清客户的深层需求,就可以立即派出得力的服务人员妥善处理及跟进,从而消除客户的不满,提升企业的品牌。

如果企业知道客户的某些重要时点,如生日、结婚纪念日等,就可以在这个时间送上适当的礼物、折扣券、贺卡或者其他形式的纪念品,或了解到客户正在经历的困扰时,及时地送上疗愈贴士,为客户带来意外的惊喜,帮助客户真正实现满意的服务享受,从而实现客户对企业的依赖感。

【案例 3-1】

联想:每年节资六亿

联想通过多年企业信息化的实践总结出一张图,即以客户为驱动的、协同上下游合作伙伴、资源一体化的信息化全景图。在这张图中,联想企业信息化各系统之间并不是各自独立分离的,他们是集成的、一体化的。

联想把客户的需求分解成使用需求、购买需求和服务需求。客户通过网页、电话、面对面等方式将需求传递给联想,进入联想的客户关系系统、产品研发系统、供应链系统。这三个系统驱动资源计划系统合理调动企业人、财、物资源,分别满足客户在服务、产品和供应三方面的需求。企业各级管理者通过构架在网络办公基础上的管理驾驶舱,实时掌控企业各环节的运作状况和管理绩效,准确地做出决策和判断。

几年来大规模的信息化建设,使联想的各项成本明显降低、经营效益显著提高,有力地促进了企业竞争力的提高。在这张图后面,可以用一组数据来说明信息化给联想带来的可喜变化。

库存周转由 1995 年的 72 天降到 2000 年的 22 天。以 2000 年库存平均余额 9.63 亿元计,节省资金 21 亿元;资金成本以 6% 计,相当于一年降低成本 1.26 亿元。

积压损失由 1995 年的 2% 到 2000 年的 0.19%。以 2000 年营业额 200 亿元计,相当于一年节省成本 3.62 亿元。应收账款周转天数由 1995 年的 28 天降到 2000 年的 14 天。以 2000 年的应收账款平均余额 7.82 亿元计,相当于节省资金 7.82 亿元,成本降低 0.47 亿元。

应收账款坏账占总收入的比例由 1995 年的 0.3% 降到 2000 年的 0.05%。以 2000 年营业额 200 亿元计,相当于成本降低 0.5 亿元。

网络办公所产生的效益也十分可观。通过网上资源预订,使差旅费、办公用品费用降低 10%左右。

以上各项每年总计降低成本 6 亿多元。

公司总体费用率由 1995 年的 20%降低到 2000 年的 9%。网络办公、财务管理、供应链管理和电子商务共计节省人员 350 人。以 5 000 名员工计,相当于劳动生产率提高 7%。

联想电脑销量从 1997 年到 2000 年平均每年递增 78.2%(中国电脑市场平均增长率为 33.5%),市场份额从 1997 年的 10.7%增长到 2000 年的 28.9%,今年上半年已经达到 30%。从 1997 年到 2000 年,公司销售收入平均每年递增 50.4%;利润平均每年递增 61.3%。

随着公司信息系统的进一步完善和拓展,联想将在管理上完全同国际接轨,以现代化管理为根基来面对 WTO,面对更加严峻的考验。

资料来源:《人民邮电报》。

案例思考

1. 联想集团的信息化为其带来每年 6 亿元的节约,主要是在哪些方面产生的?
2. 除了上述的节约以外,你认为该公司在职能管理方面能不能带来节约?管理成本会发生怎样的变化?
3. 结合本案例试分析信息管理在组织管理中的作用。

3.1.2 客户信息来源

3.1.2.1 以信息获取的主体为依据

根据信息获取的主体不同,客户信息来源分为企业内部信息和企业外部信息,具体如图 3-1 所示。

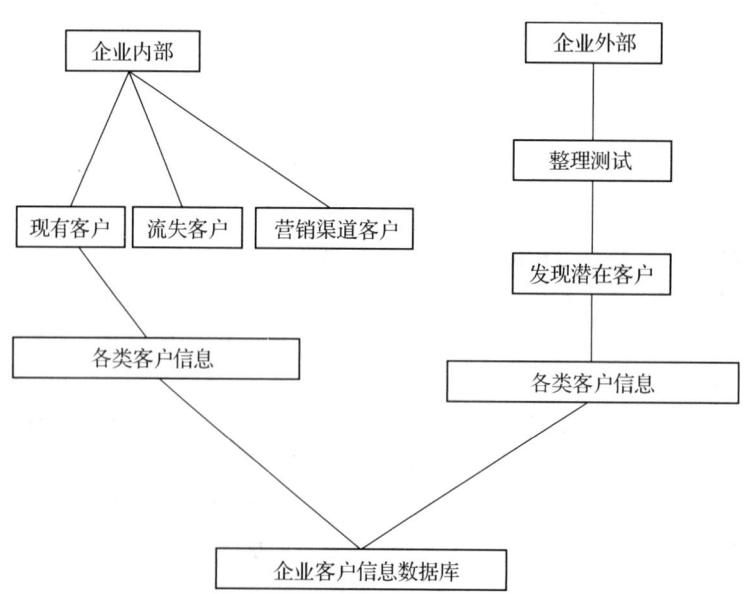

图 3-1 企业客户信息获取渠道

尽管企业希望获得尽可能多的客户信息,以便为决策提供全面的指导,但是一般情况下,客户信息主要来自以下4种客户:① 现有客户。② 潜在客户。③ 流失客户。④ 经销商市场客户。

3.1.2.2 以获取信息的具体过程为依据

以获取信息的具体过程为依据,企业客户信息来源分为以下几种。

1. 在调查中获取客户信息

即营销人员通过面谈、问卷调查、电话调查等方法得到第一手的客户资料,也可以通过仪器观察、记录被调查客户的行为而获取信息。

例如,美国尼尔森公司就曾通过计算机系统,在全国各地1 250个家庭的电视机里装上电子监视器,每90秒钟扫描一次电视机,只要收看3分钟以上的节目,就会被监视器记录下来,这样就可以得到家庭、个人收视偏好的信息。

优秀的营销人员往往善于收集、整理、保存和利用各种有效的客户信息。例如,在拜访客户时,除了日常的信息搜集外,还会思考:这个客户与其他客户有什么相同,有什么不同? 并对重点客户进行长期的信息跟踪。

2. 在营销活动中获取客户信息

例如,广告发布后,潜在客户或目标客户与企业联系——或者打电话,或者剪下优惠券寄回,或者参观企业的展室等,一旦有所回应,企业就可以把他们的信息添加到客户数据库中。

又如,开展特价品或竞赛活动,由潜在客户填上信息后寄回,以换取免费赠品、特价品或奖品。一般来说,通过活动反馈回来的客户信息非常有针对性。

此外,启动频繁营销方案,或者实行会员制度,或者成立客户联谊会、俱乐部等,也可以收集到有效的客户信息。

3. 在服务过程中获取客户信息

对客户的服务过程也是企业深入了解客户、联系客户、收集客户信息的最佳时机。在服务过程中,客户通常能够直接并且毫无避讳地讲述自己对产品的看法和期望,对服务的评价和要求,对竞争对手的认识,以及其他客户的意愿和销售机会,其信息量之大、准确性之高是在其他条件下难以实现的。此外,服务记录、客户服务部的热线电话记录以及其他客户服务系统也能够收集到客户信息。

4. 在销售终端收集客户信息

销售终端是直接接触最终客户的前沿阵地,通过面对面接触可以收集到客户的第一手资料。商场通过客户采购商品的档次、品牌、数量、消费金额、采购时间、采购次数等,可以大致判断客户的消费模式、生活方式、消费水平以及对价格和促销的敏感程度等。这些信息不仅对商场管理和促销具有重要价值,因为可据此确定进货的种类和档次以及促销的时机、方式和频率,而且对生产厂家也具有非常重要的价值,通过这些信息,生产厂家可以知道什么样的人喜欢什么颜色的衣服、何时购买、在什么价格范围内购买,这样生产厂家就可以针对特定客户来设计产品,并制定价格策略和促销策略。

5. 通过博览会、展销会、洽谈会等获取客户信息

由于博览会、展销会、洽谈会针对性强且客户群体集中,因此可以成为迅速收集客户信息、达成购买意向的场所。

6. 从客户投诉中收集客户信息

客户投诉也是企业了解客户信息的重要渠道,企业可将客户的投诉意见进行分析整理,同时建立客户投诉的档案资料,从而为改进服务、开发新产品提供基础数据资料。

7. 网站和呼叫中心是收集客户信息的新渠道

随着电子商务的开展,客户越来越多地转向网站了解企业的产品或服务,或即时完成订单等操作,因此,企业可以通过客户访问网站进行注册的方式,建立客户档案资料。客户拨打客服电话,呼叫中心可以自动将客户的来电记录在计算机数据库内。另外,在客户订货时,通过询问客户的一些基本送货信息,也可以初步建立起客户信息数据库,然后逐步补充。由于网站和呼叫中心收集客户信息的成本较低,所以通过网站、呼叫中心收集客户信息越来越受到企业的重视,已经成为企业收集客户信息的重要渠道。

除以上这些直接渠道外,企业还可以通过一些间接渠道获得企业信息,具体如下:

(1) 各种媒介。国内外各种权威性报纸、杂志、图书和国内外各大通讯社、互联网、电视台发布的有关信息,往往都会涉及客户的信息。

(2) 工商行政管理部门及驻外机构。工商行政管理部门一般掌握客户的注册情况、资金情况、经营范围、经营历史等,是可靠的信息来源。对国外客户,可委托我国驻各国大使馆、领事馆的商务参赞帮助了解,也可以通过我国一些大公司的驻外业务机构帮助了解客户的资信情况、经营范围、经营能力等。

(3) 国内外金融机构及其分支机构。一般来说,客户均与各种金融机构有业务往来,通过金融机构调查客户的信息尤其是资金状况是比较准确的。

(4) 国内外咨询公司及市场研究公司。此类公司具有业务范围较广、速度较快、信息准确的优势,可以充分利用这个渠道对指定的客户进行全面调查,获取客户的相关信息。

(5) 从已建立客户数据库的公司租用或购买。小公司由于实力有限或其他因素的限制,无力自己去收集客户信息,对此可通过向已经建立客户数据库的公司租用或购买来获取客户的信息,这往往比自己去收集客户信息的费用要低得多。

(6) 其他渠道。例如,从战略合作伙伴或者老客户,以及行业协会、商会等处也可以获取相关的客户信息,还可以与同行业的一个不具有竞争威胁的企业交换客户信息。

【案例3-2】

哈维·麦凯是世界一流的人脉关系专家,美国《福星》杂志称他是无所不能的"万能先生",同时也是营业额高达7 000万美元的麦凯信封公司董事长兼总经理。他是怎么吸引顾客的呢?

第一,充分搜集有关顾客的资料。他请专员翻阅当地的报纸、杂志或干脆委托专门的机构替他搜集相关的资料。因为他知道,如果能够掌握一些关于客户家乡的常识,就能和他们滔滔不绝地聊上一个礼拜。

哈维·麦凯有一天到纽约一家名列财星500大的公司拜访,他注意到墙上挂着该公司总裁和哈维·麦凯的一个客户的合影——那是为奖励他的客户第一篇有关失业问题的专题论文,总裁亲自颁奖时的合影留念。哈维·麦凯知道这位客户是研究失业问题的专家,一星期后,他寄给客户一本有关失业问题研究的专著。

第二,为顾客建立档案。在哈维·麦凯的计算机里,有所有客户的个人信息资料,包括客户的出生日期、家庭住址、行业,等等,而在他们的生日前夕,总会收到哈维·麦凯的贺卡。除此之外,哈维·麦凯还会在客户生日当天,派专人前往道贺,或者请客户吃午饭,一起庆祝。

第三,关心和服务好客户的家人。哈维·麦凯是这方面的专家。有一次,他无意间听到一位客户正在电话要求12岁的女儿参加体操比赛。哈维抓住机会,立刻介入了这件事情,他马上学习了有关体操比赛的知识,和这位客户的女儿做了分享,然后又跑去看这位小女孩的体操比赛。结果当天就收到了一批订单。

第四,研究客户的个人爱好。如果客户喜欢体育活动,哈维就会为客户准备他喜爱的比赛或表演节目的门票。这样就轻松地打破了彼此间的隔阂。哈维曾经连续三年未间断地拜访芝加哥一位女性采购经纪人,但她从不给哈维任何机会,后来哈维发现她是个摔跤迷,于是他投其所好。有一天,哈维跑到她办公室,对她说:"我有办法弄到摔跤大王乔治比赛的票,而且还是紧靠前边的座位,您看是我们一起去,还是我让出去,你再去另约别人?"看得出来,这对她来说,真是内心一大挣扎。接受呢,聪明的她,当然明白哈维送票的动机;不接受呢,又怎么舍得如此好的机会?最后她终于接受了哈维的票,但坚持票钱她出。

最后,她接受了哈维的请求,给其公司下了10万张信封的订单。

案例思考

哈维在工作中是如何获得信息的?这给他的工作带来什么帮助?

3.1.3 客户信息收集方法

3.1.3.1 人员走访法

1. 人员走访法定义

人员走访即面对面地与客户进行接洽沟通,了解客户的情况并记录所需要的数据的信息收集方法。例如,要了解市场对于新产品的态度,可以通过派人走访经销商进行访问了解新产品的市场占有率及顾客反应来获得数据信息。因为是面对面的接洽,可以准确定位访问对象并直接询问所需信息,在现实场景中全面了解到访问者的真实反应,因此被认为是最可靠的手段,也是客户调查赖以获取详细、准确资料的重要方法。

2. 人员走访法的优点

(1) 灵活性较强,不受任何条件限制。可以根据业务人员的时间安排,灵活展开。

(2) 可以自由选择样本,容易控制。可以根据市场反应选定走访对象,容易把握到重点对象,获取关键信息。

(3) 可与观察法搭配实施,现场面对面的洽谈可以全方位地观察到被访者的真切反应,全面真实地获取信息数据。

(4) 可与客户建立融洽关系,让客户感受到来自企业的关注,给客户留下受到关怀的良好印象。

(5) 当场的引导与提问,可以掌握客户存在的问题并进行及时解决,信息的回收率较高。

3. 人员走访法的缺点

(1) 耗时。训练调查员耗时、查访样本耗时、访问耗时。要获得最具有价值的信息就需要调查员具有极高的访谈沟通技巧,训练调查员成为此方法成功实施的必需环节,同时现场的交谈时间不易控制,容易消耗大量时间。

(2)必须详细计划,严密控制进度。人员走访是面对面的洽谈,提问内容、提问方式、语言表达、礼仪规范、地域交谈环境都是影响因子,需要专业的技术及技巧和大量的时间、人力投入,制订详细的计划才能保证过程的有效性。

(3)调查员素质要求高。调查人员的素质体现在对于专业技术的运用、交谈技巧、对环境的适应性等多个方面,直接决定了是否能够获得走访对象的配合、是否能够就具体问题得到真切的答案。

(4)成本高。随着地区及走访样本的规模扩大,走访的时间、路程及访谈对象数量增加,消耗的成本及精力也相应增加,一定程度上会影响到信息收集效果。

(5)增加受访者的心理压力。就相应的问题,调查人员在场与不在场是会产生不同的心理反应的,在场容易给被访者带来明显的心理压力,从而使得被访者难以从容应对,而导致信息的失真或者不全。

4. 人员走访法的运用要点

(1)前期资料收集需完备。调查者与被调查者进行直接洽谈前应对被调查者的相关背景有充分的了解,做好这项工作可以促进调查人员及时有效地进入调查主题,而不至于引起被调查者的反感。

(2)访问应有一定深度。面对面的访谈较其他方法能更全面地收集到被调查者的真实想法,应抓住机会用合适的方式探索具有一定深度的问题,为资料的分析打下坚实基础。

(3)走访人员培训须全面。面对面的访谈对于行为的合宜性提出了较高要求,培训必不可少。

3.1.3.2 电话调查法

1. 电话调查法的定义

电话调查法即根据抽样要求,对调查对象以电话访问的形式向被调查者进行访谈,从而获取信息数据的方法。

2. 电话调查法的优点

(1)速度快、费用低,不受时空限制,且在现在电话普及率较高、资费方式较多样的现实环境条件下能够较好地实现迅速联系上调查对象的目的,为调查奠定了坚实的物质基础。

(2)覆盖面广。因不受空间限制性,可以在最短的时间内与不同空间的对象建立联系,从而使得调查可以全面覆盖。这也是电话调查广泛运用的重要原因。

(3)减少被访者的心理压力,消除社会因素影响。尤其是对于部分因故难以见面或者不适合见面会谈的被访者,电话访谈可以起到有效作用。

3. 电话调查法的缺点

(1)仅限于电话设备完备的区域,部分通信条件落后地区受到限制。

(2)无法观察到被访者对于提问的面部表情及反应,也较难给予被访者较具体的有效引导,只能凭口头说明进行对话,无法有效断定信息的详尽程度。

(3)对于被访者的回答很难做出准确的真实性判断。

4. 电话调查法的运用要点

(1)应对调查员进行谈话技巧培训。电话访谈无法把控现场环境,这对于有效地获得信息提出了挑战,对调查员进行有效的访谈培训必不可少。

(2) 不适用于通信条件落后、沟通地域差异较大的群体。例如,部分农村地区老年人听不懂外地语言或普通话,或者通信条件不好的地区是不适宜用这种方式的。

(3) 不适用于进行深度调查。因电话调查涉及设备、通信等费用,一般被访者会存在经济考量,对长时间调查存在一定的心理抗拒。

3.1.3.3 邮件调查法

1. 邮件调查法的定义

邮件调查即通过邮件的方式,将事先设计好的调查问卷发送给被调查对象,由其填写完整后寄回进行信息收集的调查方法。

2. 邮件调查法的优点

(1) 调查范围广,调查可以有一定的深度。邮件调查一般以调查问卷为主,给被调查者较充裕的时间进行作答,可以用一定深度的开放性问题进行调查。

(2) 调查费用低。以各类邮件方式进行操作,信息传达费用较低。

(3) 覆盖范围广,可以有效保证调查的样本规模。

(4) 匿名性好,减少被调查者的防备心理。不需要公开自己的个人信息,被调查者可以放心应答,相对而言容易取得配合。

3. 邮件调查法的缺点

(1) 回收率低,可能因为被调查对象对调查主题不感兴趣、问卷设计不合理、调查对象时间无法配合等原因导致无法填写问卷,过程控制度极低。

(2) 调查耗时长。因无法对过程进行有效控制,往往容易出现被调查者填写时间不一致而导致整体拖延的情况,实效性较难保证。

(3) 问卷回答可靠性较差,因无法及时有效地对被调查者进行指导,可能产生对调查的相关问题的误解,也可能出现请人代答等现象。

4. 邮件调查法的应用要点

(1) 以问卷调查为主,坚持简洁、条理清晰、便于作答原则。

(2) 对被调查者填写给予书面指导及说明,以避免误解。

(3) 提供奖励以提高问卷的回答率。

(4) 及时对被调查者的回复给予回馈。

3.1.3.4 现场观察法

1. 现场观察法的定义

现场观察法即要求调查人员到现场凭自己的感官系统或者借助辅助器材,在不对客户产生干扰的情况下,直接或者间接地观察客户正在发生的市场行为或状况,从中获取有关信息的方法。例如,商场采用人流测量仪检测人流高峰时期状况。

2. 现场观察法的优点

(1) 直观可靠。通过直接观察,能够了解和掌握调查对象一手的数据,可以直观可靠地得到客户信息。

(2) 直接记录调查的事实和被调查者在现场的行为,为信息分析提供有力参考。

(3) 调查员不会受到与被调查者意愿或者回答问题能力等相关问题的困扰。

(4) 简单、易行、灵活,可以随时随地进行。

3. 现场观察法的缺点

(1) 时间长,费用高。

(2) 观察到的信息主要是被调查者的行为反应,很难测知其内在心理及思想动机状况,深度不够。

(3) 对观察人员素质要求高。必须有一定的专业知识,有一定的涵养,并且有丰富的经验,才能有效识别被调查者所表达的信息内容。

4. 现场观察法的运用要点

(1) 不给被调查者造成任何的干扰,保证环境的自然。

(2) 多种记录方式并用,以保证信息收集的全面性。

(3) 选择具有丰富经验的调查员参与调查,以保证结果分析的专业性。

3.1.3.5 焦点团体法

1. 焦点团体法的定义

焦点团体法即集体访谈法,采用小组座谈的形式,围绕中心议题进行讨论进而收集所需信息的方法。较其他方法而言具有面对面洽谈及一次性收集信息较多的特点,能够在同一时间内收到不同角度的信息,为深入调查及分析打下基础,有利于找出现象背后的原因。

2. 焦点团体法的优点

(1) 便于搜集初步资料。焦点团体法的操作形式是多人会谈,仅有主题无固定答案,被调查者可以各抒己见,可以充分地收集到被调查者对于主题的初步想法。形式的轻松灵活性也较好地降低了被调查者的心理压力。

(2) 实施时间短,伸缩性大。实施焦点团体调查的大部分时间用于召集调查对象及准备主题,能够较好地设计参与者的不同领域性差异,使得信息收集更全面。

(3) 思考空间大,全面性强。焦点团体法下参与的被调查者较其他方法下受到的限制较少,多人相互交流的空间一定程度上为回答提供了鼓励,在环境上容易营造安全感,获得真实而广泛的信息。主持人还可以根据现场交流情况进行有效控制,把握信息收集的全面性。

(4) 费用低廉。焦点团体法比较注重信息的"质"而非"量",实际参与规模一般控制在一定范围内,费用支出可控性强。

3. 焦点团体法的缺点

(1) 讨论局面的控制及维持具有一定难度。为保证信息的全面性,一般焦点访谈法的参与者存在一定的差异性,对于同一主题的不同见解可能引发相互间的不认同,或出现偏题现象。主持人必须知道主题的深刻内涵,知道如何去引导大家的发言,并保证不偏题或者参与者相互之间不产生负面影响,这对于其是极大挑战。

(2) 不宜收集定量资料。焦点访谈法一般是以主题讨论为主,被调查者依据主题发表见解,以阐述观点为主,较难收集到数据。

(3) 气氛难以把控。小规模的焦点访谈法以被调查者的自愿参与为主,但是并不代表他们相互认同彼此,记录仪或调查场所的特殊性又容易使得参与者感到拘束。这对于信息的收集带来一定的妨碍。

(4) 代表性差。因焦点访谈法的参与调查者极其有限,所代表的群体也仅是部分,样本的代表性差。

4. 焦点访谈法的运用要点

(1) 进行周密的计划。主题的选取,调查对象的选择及确定,场地的确定,主持人的培训,讨论环节的设置,都需要进行周密的设计,以便能够有效地开展调查。

(2) 提供奖励。设置一些特定环节或者活动鼓励大家积极参与到讨论之中。

(3) 多种方式并行。在讨论中可采用现场记录仪、书面作答、口述等多种形式。

(4) 会议主持人应做到把控全局,鼓励成员相互尊重,对于成员的回答及时进行阐述和总结,给予肯定。

【案例3-3】

焦点小组访谈提纲——对大学生的手机使用调查

一、解释焦点小组访谈法及其规则(10分钟)

(1) 解释焦点小组访谈法。
(2) 没有正确答案——只要说出你自己的观点即可。
(3) 要倾听别人的发言。
(4) 我的一些同事在镜子后做观察,他们对你们的观点非常感兴趣。
(5) 自动录音或录像。因为我想全神贯注地听你们的发言,所以没有办法做笔记。
(6) 请一个一个地发言,否则我担心会漏掉一些重要的观点。
(7) 不要向我提问,因为我所知道的和我的想法并不重要,你们的想法和感受才是重要的。
(8) 如果你对我们将要讨论的一些话题了解得不多,不要觉得难过,没关系,重要的是让我们知道这一点,不要怕与别人不同。我们不要求所有人都持有同样的观点。
(9) 我们要讨论一系列话题,所以会不时地将讨论推进到下一个话题,请不要把这当成是冒犯。
(10) 还有问题吗?

二、手机的历史(15分钟)

我对于你们对手机的态度和使用情况很感兴趣。

(1) 你使用的是什么品牌的手机?为什么选择此品牌?
(2) 你使用的是什么操作系统的手机?你觉得该系统的优点是什么?
(3) 如果换个新手机,你会用什么品牌、什么操作系统?
(4) 在日常生活中,你的手机主要用来干什么?
(5) 你认为大学生选择和购买手机的主要标准是什么?
(6) 你目前对手机及其使用的态度是什么?当你拥有一部手机后,你的态度是否会改变,如何改变?

三、手机的广告设计(20分钟)

现在我将向你们出示几种手机的广告,每一种广告代表不同的产品,我想知道你们对同广告的反应。我每出示一种广告,希望你们写下对它的第一反应,我想知道你们的第一反应。用一分钟时间写下你们的反应。之后,我们再详细讨论每一种广告设计。

1. 出示第一种广告

(1) 记录自己的第一反应。

(2) 讨论。

① 你对这种广告的第一反应是什么？该广告有什么你特别喜欢的地方？

② 你会停下来仔细观看吗？你会被它吸引吗,为什么？它有什么让你感兴趣的地方？

③ 你是如何看待这种广告宣传模式的？它能够得到你的认同吗？

2. 出示第二种广告

对第二种广告重复以上过程。

3. 出示第三种广告

对第三种广告重复以上过程。

4. 出示所有广告

(1) 这些广告中哪一种最可能吸引你的注意？使你停下来仔细观看的原因是什么？

(2) 哪一种最不可能吸引你的注意,为什么？

(3) 你认为哪种广告更适合手机？

(4) 在你所知道的手机广告中记忆最深刻的广告是什么,为什么？

四、手机的品牌效应(20分钟)

现在我想让你们看看几种品牌的手机。同第一次讨论一样,我先出示一种品牌的手机,你们记下自己的第一反应,然后对每种品牌的手机进行讨论。请使用事先发的表格记录你们的反应。

1. 出示第一种品牌的手机

(1) 记录自己的第一反应。

(2) 讨论。

① 你的第一反应是什么？

② 你了解此品牌的手机吗？了解到什么程度？

③ 你会考虑使用此品牌的手机吗,为什么？

2. 出示第二种品牌的手机

对第二种品牌的手机重复以上过程。

3. 出示第三种品牌的手机

对第三种品牌的手机重复以上过程。

4. 出示所有品牌的手机

(1) 你心中的最佳品牌是什么,为什么？

(2) 你认为品牌是选择手机的最大影响因素吗,为什么？

五、手机的设计(20分钟)

最后,我想让你们看一看手机的设计样式。同前两次讨论一样,我先出示每种设计,你们记下自己的第一反应,然后讨论每种设计。请使用事先发的表格记录你们的反应。

1. 出示第一种设计

(1) 记录自己的第一反应。

(2) 讨论。

① 你的第一反应是什么？设计中你特别喜欢的是什么？不喜欢的是什么？是否有让你在使用时觉得称心的设计？

② 设计中有哪些地方令你在使用时感到不舒服？

2. 出示第二种设计

对第二种设计重复以上过程。

3. 出示第三种设计

对第三种设计重复以上过程。

4. 出示所有的设计

(1) 这些设计样式中你最喜欢哪一种？如果使用你会选择哪一种？

(2) 哪种手机的设计你不接受，为什么？

感谢你的参与！

资料来源：焦点小组访谈提纲——对大学生的手机使用调查．豆丁网 http://www.docin.com/p668712467.html。

案例思考

1. 在本案例中，你认为能否在10分钟内将焦点小组访谈法及其规则解释清楚，为什么？

2. "手机的广告设计"这一环节是否存在需要改进的问题？如果有，应如何改进？

3. 请对该访谈大纲进行总体评价。

3.1.3.6 实验调查法

1. 实验调查法的定义

实验调查法又称为实验观察法，主要是通过实验设计和观测实验结果而获取有关的信息。从影响调查结果的多个变量因素中选取一个或者两个因素，将它们置于同一条件下进行小规模实验，然后对实验观察的资料进行处理与分析，去研究结果是否值得大规模推广。实验调查法的最大特点是把调查对象置于可控的条件下展开实验观察，将实验变量或所测因素的效果从多因素的作用中分离出来，并给予检定。

2. 实验调查法的优点

(1) 调查结果具有较强的客观性和实用性。实验调查法根据实际的环境进行模拟观察，保持了原生环境的客观性，保证了其结果的可推广性。

(2) 实验调查法可以主动进行条件设置的调整，可以有针对性地观察到某些现象或者因素之间的相互影响关系。

(3) 可以用于探索在特定环境中的不明确市场关系或行动方案。例如，针对新产品的不同市场群体反应态度调查，可在同一环境中分别抽取不同的群体进行观察，了解他们对于产品的感受，进而制定准确有效的营销方案。

3. 实验调查法的缺点

(1) 时间长，费用高。实验调查法需要对情景真实化还原，一般需要多次观察才能做出结论，投入的费用及时间成本较高。

(2) 对调查的实施方要求较高。实验调查法要实现较高质量的调查实用性，前提在于对被调查内容的影响变量有深刻的认识，能够明确确定可控变量与不可控变量，结果往往需要定性与定量的综合分析,对调查员的专业技术要求高。

4. 实验调查法的运用要点

(1) 须明确调查对象所具有的变量特性,明确调查目的。

(2) 制定预备方案,对过程中可能出现的意外因素进行有效处理。

随着科技不断进步,人们交流联系方式的不断更新,客户信息收集的方法也呈现出多种形式,但主要的精髓在于调查对象的抽样选取具有代表性,调查过程有序、真实、全面,这直接决定所取得的信息能够得出有效的分析结论,并为企业的决策提出具体指导。

任务3.2　建立客户信息档案

【案例3-4】

A酒店是苏州市一家三星级酒店,酒店开始营业以来,酒店一直秉承"抓住回头客是酒店营销的黄金法则"。因此,为了抓住回头客,获得顾客的忠诚,帮助酒店取得更好的经营业绩,该酒店采取了一系列的策略,如给客户打很优惠的折扣;给客人发放VIP卡;由总经理对顾客亲自致谢;等等。虽然如此,但酒店的经营业绩还是表现平平,同时酒店的老客户改投他店的事例也很多。为了改善酒店目前的经营现状,公司决定建立完善的客户信息库,以此来帮助酒店了解每位顾客的需求特点,开展针对性的营销活动,获得顾客的忠诚,提升酒店的业绩。

案例思考

A酒店需要收集客户的哪些信息?如何有效地利用这些信息?

3.2.1　客户信息档案的基本内容

3.2.1.1　个人客户信息

个人客户信息应当包括以下几个方面的内容。

(1) 基本信息:姓名、户籍、籍贯、血型、身高、体重、出生日期、性格特征、身份证号码、家庭住址、电话、传真、手机号码、电子邮箱、所在单位的名称、职务、单位地址、电话、传真等。

(2) 消费情况:消费的金额、消费的频率、每次消费的额度、消费的档次、消费的偏好、购买渠道与购买方式的偏好、消费的高峰时点、消费的低峰时点、最近一次的消费时间等。

(3) 工作情况:工作经历、单位名称、地点、职务、年收入、在目前单位的职务、对目前单位的态度、对事业的态度、长期事业目标是什么、中期事业目标是什么、最得意的个人成就是什么等。

(4) 家庭情况:婚姻状况、结婚纪念日、如何庆祝结婚纪念日、配偶姓名、生日及血型、教育情况、兴趣专长及嗜好、有无子女、子女的姓名、年龄、生日、教育程度、对婚姻的看法、对子女教育的看法等。

(5) 生活情况:过去的医疗病史、目前的健康状况、是否喝酒(种类、数量)、对喝酒的看法、是否吸烟(种类、数量)、对吸烟的看法、喜欢的饮食类型、对生活的态度、休闲习惯、喜欢的运动项目、喜欢的媒体、个人生活的目标等。

（6）教育情况：教育经历及时间、最高学历、专业、研究方向、在校期间的社会实践活动、获奖经历等。

（7）个性情况：曾参加过什么社团或者俱乐部、目前所在的社团或俱乐部、是否热衷政治活动、宗教信仰或态度、喜欢的书的类型、忌讳的物品或者行为、重视的事情、待人处事风格、他人对自己的评价、自己对自己的认知等。

（8）人际情况：亲友状况、相处现状、有重要影响的人、交流的主要方式、认可情况等。

例如，房地产企业在收集客户信息时，通常关注客户目前拥有房地产的数量、品牌、购买时间等，而这些在结合家庭人口、职业、年龄和收入等数据进行分析后，往往能够得出该客户是否具有购买需求、预计购买的时间和数量、消费的档次等结论。

3.2.1.2 企业客户信息

企业客户的信息内容应当由以下几个方面构成。

（1）基本信息：企业的名称、地址、电话、创立时间、组织方式、经营类别、资产等。

（2）客户特征：规模、服务区域、经营观念、经营方向、经营特点、企业形象、声誉等。

（3）业务状况：销售能力、销售业绩、发展潜力与优势、存在的问题及未来的对策等。

（4）交易状况：订单记录、交易条件、信用状况及出现过的信用问题、与客户的关系及合作态度、客户对企业及竞争对手的产品服务评价、客户建议与意见等。

（5）负责人信息：所有者、经营管理者、法人代表及其姓名、年龄、学历、个性、兴趣、爱好、家庭、能力、素质等。

3.2.2 客户信息档案的基本形式

在通过各种渠道收集到客户信息后，需要对客户信息进行建档，即建立客户档案。而在现实生活中，客户档案的具体呈现形式主要为如下三种。

3.2.2.1 客户名册

客户名册，又称为客户花名册，是有关公司客户情况的综合记录。客户花名册一般由客户登记卡和客户一览表组成，如表3-1所示。

表3-1 客户名册

序号	公司名称	联系人	职务	联系方式	公司地址	所属行业	客户类型	客户等级

客户登记卡主要记载客户的基本信息。

客户一览表则是根据登记卡信息简明地综合列出客户名称、地址、消费情况等内容的资料库。

客户名册的主要优点是简便易行,容易保管和查找,能够清晰地反映客户的基本情况,对于管理决策十分有益。但是因记录内容较简单,缺乏综合性、客观性和动态性,对于深层次的分析帮助较小。

3.2.2.2 客户资料卡

客户资料卡通常分为潜在客户调查卡、现有客户调查卡和流失客户调查卡三类。

潜在客户调查卡是一种用于对潜在客户进行调查的资料卡。其主要内容应包括客户个人的基础性资料,如客户的个人信息、消费喜好,交易的时间、地点及方式等。对此,可以采用灵活的方式邀请客户进行填写。

现有客户调查卡则用于对进行交易的客户进行信息登记及管理。一旦客户开始进行第一笔交易,就需要客户填写信息资料卡。目前很多商家采用网上注册登记的形式进行,顾客填写个人信息后即可成为会员,这样企业也获得了客户的信息。

如果一个客户中止了购买行为,就要将其划分为流失客户,并增加停止交易的原因的跟踪记录。

企业客户资料卡如表3-2所示,个人客户资料卡如表3-3所示。

表3-2 企业客户资料卡

企业名称			电话		传真		
所在地址			邮编		E-mail		
企业决策领导	姓名		出生年月		家庭住址		
	性别		籍贯		电话		
	职务		性格		嗜好		
主要管理人员	姓名	年龄	学历	部门	职务	嗜好	与决策层关系	备注
经营范围								
主要竞争对手	公司名称		地址		性质	负责人	经营范围	
本公司产品竞争对手	货源		地址		价格	进货量	所占比例	

续 表

	客户	行业	责任业务员	政策	用量	技术要求	竞争对手
销售情况							

表 3-3 个人客户资料卡

姓名		性别		出生年月	
籍贯		民族		手机号码	
出生地		学历		所学专业	
毕业院校				毕业时间	
工作单位				职位	
爱好				E-mail	
信仰				喜欢的颜色	
喜欢的书籍				偶像	
家庭住址				家庭电话	
家庭成员					
姓名	关系	出生年月	单位	职务	电话
个人简历					

客户资料卡是一种很重要的工具,它可以区别现有客户和潜在客户,便于寄发广告信函。利用客户信息资料卡了解客户的消费习惯及喜好,可以订立比较节省时间的、有效率的、具体的访问计划;可以清楚地了解客户的交易情况及交易结果,可以为以后的营销行动提供有价值的资料。根据客户资料卡还可以对客户进行区分,对信用度高的大客户可以进行有针对性的跟进。

3.2.2.3 客户信息管理系统(CRM)

客户信息管理系统是利用信息科学技术,实现市场营销、销售、服务等活动自动化,使企业能够更高效地为客户提供满意、周到的服务,以提高客户满意度、忠诚度等为目的的一种管理经营方式。

客户信息档案该如何运用,在什么场合下使用,有哪些注意事项,下面将详细分析。

1. 马上运用(填写好顾客档案后)

步骤一:送别顾客时你应直接称呼顾客的姓或名,让顾客感觉你已经记住了他。

步骤二:根据档案中一些记录的情况,相应地给顾客一些善意的提醒,表示你已经关心他的情况了。

当即运用、当即见效,顾客在离开时已经对你留下好印象了。

马上运用顾客档案,是你与顾客之间建立良好关系的开端。

2. 与顾客再见面时运用

从顾客一进门你向他打招呼起,到顾客离开你向他道别的整个过程,都应该充分运用顾客档案中所记录的顾客资料。

步骤一:准确无误地称呼顾客(姓或名),使顾客立即感觉自己受到了尊重。

步骤二:主动提起顾客买过的产品,表示你对他印象深刻。

步骤三:询问顾客的使用情况,让顾客知道你对他是相当关注的。

3. 处理顾客抱怨时运用

步骤一:不要慌,先表示你的同情心,安抚顾客的情绪。

步骤二:询问状况、找原因,根据档案中的记录,分析原因。

步骤三:建议和鼓励,给予一些改善的建议,并鼓励顾客坚持使用。

4. 电话送关怀

每月定期查看顾客档案,至少给每个顾客打一次"关怀电话"。

"关怀电话"内容一:顾客的生日、职业和生活状况。

步骤一:先送上问候,尤其是生日/节日的问候。

步骤二:关怀与分享。

"关怀电话"内容二:顾客购买、使用产品的情况。

步骤一:了解是否坚持使用。

步骤二:了解使用方法是否正确。

步骤三:提醒生活细节。

"关怀电话"内容三:告知顾客最新的店铺信息。

步骤一:告知有权优先试用新产品。

步骤二:让顾客了解活动信息。

步骤三:告知顾客最新促销计划。

5. 在顾客活动中运用

在顾客活动的各个阶段,善于利用顾客档案,可以达到事半功倍的效果。

挑选/邀约阶段:根据活动的主题、性质、规模等从顾客档案中挑选目标顾客。

活动阶段:将顾客新的动向,都及时记录在顾客档案中,如顾客新购买的产品,新的需求,新的变化,带来新的朋友等。

跟进阶段:活动结束后对参加活动的新、老、潜在顾客分别跟进。

3.2.3 客户信息档案管理

客户信息档案管理是对客户信息的收集、整理及分析,并准确传递给营销人员,客户信息传输流程为:客户—信息收集方—业务员传递—档案管理员—信息分析员反馈—业务员(企业领导)—企业服务人员—客户。要发挥客户档案的有效价值,需要坚持动态管理、重点管理、灵活处理及专人负责的四大档案管理原则。

具体步骤如下:

建立客户档案卡,实行编号登记制,客户档案卡应该设计简明、美观,便于填写、保管和查阅,同时给客户留下美好的感官印象。

编制客户访问日计划表,由营销人员随时携带,在进行客户访问时,随时填写,按时上报,并据此建立综合而清晰的客户档案。

制定营销员上报客户信息制度(包括日常汇报、紧急汇报和定期汇报),制定营销员客户信息报告规程。

客户分类。应当对客户进行科学的分类,以提高销售效率,促进销售工作顺利展开。客户分类的主要内容应当包括客户性质、客户等级、客户顺序、客户构成等。也可以根据客户情况整理为重要、特殊、一般客户三个档次。

客户构成分析的主要内容包括销售构成分析、商品构成分析、地区构成分析、客户信用分析等。

应当在客户信用等级的基础上,确定对不同客户的交易条件、信用限度和交易业务信用处理办法。

动态管理。把客户档案在已有资料的基础上进行随时更新,随时了解客户的经营动态、市场变化、负责人的变动等。定期开展客户档案全面修订及核查工作。

专人专门管理。要求客户管理人员的忠诚度要高,要在企业中具有一定的实践工作经验,有一定的调查分析能力,一般由基本能较全面掌握企业各方面信息的专人负责管理。

建立查寻制度。由业务经理、客户服务人员及经理级别以上人员定期对客户档案资料进行查寻,检查档案的完备及更新情况,并对存在的问题进行指导。

下面是某企业客户信息管理制度,供参考。

第1章 总 则

第1条 为防止客户信息泄露,确保信息完整和安全,科学、高效地保管和利用客户信息,特制定本制度。

第2条 本制度适用于客户信息相关人员的工作。

第3条 客户的分类如下:

1. 一般客户:与企业有业务往来的经销单位及个人。
2. 特殊客户:与企业有合作关系的律师、财务顾问、广告、公关、银行、保险等个人及机构。

第2章 客户信息归档

第4条 客户开发专员每发展、接触一个新客户,均应及时在客户信息专员处建立客户档案,客户档案应标准化、规范化。

第5条 客户服务部负责企业所有客户信息、客户信息报表的汇总、整理。

第6条 为方便查找,应为客户档案设置索引。

第7条 客户档案按客户服务部的要求分类摆放,按从左至右、自上而下的顺序排列。

第8条 客户信息的载体(包括纸张、磁盘等)应选用质量好、便于长期保管的材料。信息书写应选用耐久性强、不易褪色的材料,如碳素墨水或蓝黑墨水,避免使用圆珠笔、铅笔等。

第3章 客户信息统计报表

第9条 客户服务部信息管理人员对客户信息进行分析、整理,编制客户信息统计报表。

第10条 其他部门若因工作需要,要求客户服务部提供有关客户信息资料的定期统计报表,须经客户服务部经理的审查同意,并经总经理批准。

第11条 客户信息统计报表如有个别项需要修改时,应报总经理批准,由客户服务部备案,不必再办理审批手续。

第12条 客户服务部编制的各种客户信息资料定期统计报表必须根据实际业务工作需要,统一印刷、保管及发放。

第13条 为确保客户信息统计报表中数据资料的正确性,客户信息主管、客户服务部经理应对上报或分发的报表进行认真审查,审查后方可报发。

第4章 客户档案的检查

第14条 每半年对客户档案的保管状况进行一次全面检查,做好检查记录。

第15条 发现客户档案字迹变色或材料破损要及时修复。

第16条 定期检查客户档案的保管环境,防潮、防霉等工作一定要做好。

第5章 客户信息的使用

第17条 建立客户档案查阅权限制度,未经许可,任何人不得随意查阅客户档案。

第18条 查阅客户档案的具体规定如下:

1. 由申请查阅者提交查阅申请,在申请中写明查阅的对象、目的、理由、查阅人概况等情况。
2. 由申请查阅者所在单位(部门)盖章,负责人签字。
3. 由客户服务部对查阅申请进行审核,若理由充分、手续齐全,则予以批准。
4. 非本企业人员查阅客户档案,必须持介绍信或工作证进行登记和审核,查阅密级文件须经客户服务部经理批准。

第19条 客户资料外借的具体规定如下:

1. 任何处室和个人不得以任何借口分散保管客户资料和将客户资料据为己有。
2. 借阅者提交借阅申请,内容与查阅申请相似。
3. 借阅申请由借阅者所在单位(部门)盖章,负责人签字。
4. 信息管理专员对借阅申请进行审核、批准。
5. 借阅者把借阅的资料的名称、份数、借阅时间、理由等在客户资料外借登记册上填写清楚,并签字确认,客户资料借阅时间不得超过三天。

第20条 借阅者归还客户资料时,及时在客户资料外借登记册上注销。

第6章 客户信息的保密

第21条 客户服务部各级管理人员和信息管理人员要相互配合,自觉遵守客户信息保密制度。

第22条 凡属"机密""绝密"的客户资料,登记造册时,必须在检索工具备注栏写上"机密""绝密"字样,必须单独存放、专人管理,其他人员未经许可不得查阅。

第23条 各类重要的文件、资料必须采取以下保密措施：
1. 非经总经理或客户信息主管批准，不得复制和摘抄。
2. 其收发、传递和外出携带由指定人员负责，并采取必要的安全措施。

第24条 企业相关人员在对外交往与合作中如果需要提供客户资料时，应事先获得客户信息主管和客户服务部经理的批准。

第25条 对保管期满，失去保存价值的客户资料要按规定销毁，不得当作废纸出售。

第26条 客户信息管理遵循"三不准"规定，其具体内容如下：
1. 不准在私人交往中泄露客户信息。
2. 不准在公共场所谈论客户信息。
3. 不准在普通电话、明码电报和私人通信中泄露客户信息。

第27条 企业工作人员发现客户信息已经泄露或者可能泄露时，应当立即采取补救措施，并及时报告客户信息主管及客户服务部经理。相关人员接到报告后，应立即处理。

第7章 附 则

第28条 本制度由客户服务部负责解释、修订和补充。

第29条 本制度呈报总经理审批后，自颁布之日起执行。

任务3.3 客户信息整理、分析

在选取了具有代表性的客户并对其进行了合适有效的调查后，应对采集到的信息进行有效的整理，对粗糙的、无效的信息数据进行识别，去粗存精，去伪存真，为分析结果的有效性与准确性提供可靠依据，为企业制定高效的行动方案提供指导。

3.3.1 客户信息整理

3.3.1.1 客户信息整理的意义

企业通过各种途径和形式收集到的客户信息，包括客户的个人信息、产品或服务信息、客户对产品或服务反应信息等，内容丰富、数据量庞大，对这些信息进行有效整理成为必不可少的工作。所谓资料整理，是指运用科学的方法，将调查所得的原始资料按调查目的进行审核汇总与初步加工，使之系统化和条理化，并以集中简明的方式反映调查对象总体情况的过程。其意义主要体现在：

首先，它是对调查资料的全面检查。搜集资料过程出现虚假、差错、短缺、余冗等现象时，需要对资料进行科学的整理与审核，捡漏补缺，去假存真，去粗取精，保证资料的真实、准确和完整。

其次，它是进一步分析研究资料的基础。对分散、零碎的资料进行加工整理，使之系统化、条理化，在此基础上，对资料的分析研究才成为可能。

再次，它是保存资料的客观要求。对资料进行整理后能使原始资料具有真实性和可靠性,使原始资料具有长期保存和利用的价值。

3.3.1.2 资料整理的原则

(1) 真实性。这是资料整理必须遵循的最基本原则。
(2) 准确性。事实要准确,数据要准确,事实材料不能含糊不清、模棱两可、互相矛盾。
(3) 完整性。反映某一社会现象的资料必须尽可能全面、如实地反映该现象的全貌,不能残缺不全。
(4) 统一性。各个调查指标要有统一的理解和解释,对调查指标的计算方法和计算单位也要统一。
(5) 简明性。整理后的资料要以简单、明确、集中的形式反映出来。

3.3.1.3 资料整理的一般步骤

(1) 资料的审核。即审查资料的真实性、准确性和完整性,发现问题,及时解决。

真实性主要包括这样两方面的要求:第一,调查资料来源的客观性问题;第二,调查资料本身的真实性问题。

资料的准确性的审核要着重检查那些含糊不清的、笼统的以及相互矛盾的资料。

资料完整性的审核主要包括两方面要求:一是调查资料总体的完整性,即检查是否按设计过程进行等;二是每份调查资料的完整性。

(2) 资料的编码。如果整理后的资料要用电子计算机进行数据处理,则在资料的整理工作中还须对资料进行编码,即将问卷或调查表中的信息转化成计算机能识别的数字符号。

(3) 资料的分组。根据调查的目的和任务及分析研究对象的需要,确定分组标志,对原始资料进行分组整理与统计。它的最基本的原则就是要把不同性质的事物区别开来,把性质相同的事物联系起来,从而使我们能够认识事物和现象的本质特征以及它们的内部结构。分组的原则:要根据调查研究的目的和任务选择分组标志;要选择能够反映被研究对象本质的标志;应多角度地选择分组标志;本质特征,但不唯一。

(4) 资料的汇总。将分散资料以集中的形式显示出来。全部数据汇总,或在分组基础上汇总。资料的汇总分为总体汇总和分组汇总两类汇总方法。前者是为了了解总体情况和总体发展趋势的;后者是为了了解总体内部的结构和差异的。

(5) 制作统计表和统计图。调查所收集的资料,经过分组、汇总整理之后,可以用不同的形式加以表现,如统计表、统计图等。

3.3.2 客户信息的分析

客户信息的分析主要是对整理好的信息进行专业性研究,通过统计、对比、分类、聚合等方法对客户具有的不同特征进行归纳和总结,以了解客户的需求,为制定有效的营销方案提供指导。

3.3.2.1 客户构成分析

客户构成分析即对客户对象根据不同的分类方式进行分析,来了解整个客户群的状况。在这其中,客户的分类标准成为重要指标。客户分类可以让企业从一个较高的层次来分析整个数据库中的客户信息,同时,客户分类也便于企业用不同的方式对待处于不同细分群的客户,这就是企业进行客户分类的目的所在。客户分类的结果指明了四个问题:客户是谁;客户是什么样的;客户与客户之间是如何不同的;客户与客户之间将被如何区别对待。客户信息分类如表 3-4 所示。

表 3-4 客户信息分类

分类方式	分类结果
客户性质	政府机构(国家采购为主)、特殊公司(与本企业有特殊业务等)、普通公司、顾客个人和交易伙伴等
交易过程	曾经有过交易业务的客户、正在进行交易的客户、即将进行交易的客户
时间序列	老客户、新客户、潜在客户
交易数量和市场地位	主力客户(交易时间长、交易量大等)、一般客户、零散客户
地区	华北区、华东区、华中区、华南区、东北区、西北区、西南区等
行业	如生产防弹背心的企业客户可以分为军警系统的用户、金融系统的用户、邮政储蓄系统的用户等
产品	如生产饮料的企业客户可以分为碳酸饮料客户、茶饮料客户、水饮料客户、果汁饮料客户等

3.3.2.2 客户经营情况分析

我们可以通过市场角度、财务角度和综合绩效评价等方面对企业的经营进行分析,从而揭示企业经营中的问题,以及提供创造价值途径。主要分析以下几个方面。

1. **企业筹资分析**

(1) 企业筹资成本分析。企业筹资成本是指企业因获取和使用资金而付出的代价或费用,它包括筹资费用和资金使用费用两部分。

$$企业筹资总成本 = 企业筹资费用 + 资金使用费用$$

$$单位资金成本 = \frac{资金使用费用}{筹资金额 - 筹资费用}$$

企业筹资成本或单位资金成本(资金成本率)能够综合说明企业资金筹集的效益状况,通常资金成本率越低,说明企业筹资效益越好;反之,资金成本率越高,则说明筹资效益越差。

$$综合资金成本 = \sum \frac{某筹资方式成本 \times 该筹资方式筹资额}{各筹资方式筹资总额}$$

(2) 企业筹资结构分析。通过筹资结构分析,可以促使企业筹资结构优化,改善企业财务状况,提高企业承担财务风险的能力,降低企业的筹资成本。

➢ 企业负债筹资结构分析:

$$全部负债构成率 = \frac{全部负债}{全部资产} \times 100\%$$

一般认为该指标为 50% 比较正常,超过 100% 为企业破产的警戒线。

$$流动负债构成率 = \frac{流动负债}{全部负债} \times 100\%$$

一般来说,在全部负债构成率正常的情况下,流动负债构成率不应太高,否则企业短期偿债能力可能会受到影响。

$$长期负债构成率 = \frac{长期负债}{全部负债} \times 100\%$$

一般来说,在全部负债构成率合理的情况下,长期负债构成率较高,对企业生产经营是有利的,因为可以缓解企业短期负债的压力。对企业负债筹资结构进行分析,不仅可从静态角度分析各项负债结构的合理程度,而且还可以从动态的角度比较各项负债结构情况或变动趋势。

➢ 企业所有者权益筹资结构分析:

$$所有者权益构成率 = \frac{所有者权益}{全部资金(或资产)} \times 100\%$$

资本的多少反映企业所有者权益的大小,决定了企业资金实力的强弱。因此,一般来说,企业所有者权益构成率越高,说明企业的财务风险越小,资金实力越强。

➢ 企业筹资结构优化分析:

$$综合资金成本 = \sum \left(某筹资方式成本 \times \frac{该方式筹资额}{各方式筹资总额} \right)$$
$$= 负债成本 \times 负债构成率 + 权益筹资成本 \times 资本构成率$$

要进行筹资结构优化,首先要尽量降低负债成本和权益筹资成本;其次,要加大筹资成本低的筹资方式的比重,降低筹资成本高的筹资方式的比重。

2. 企业投资分析

分析指标:投资产值率、投资盈利率、投资回收期。

3. 企业生产经营成果分析

企业销售成果分析,主要分析全部产品销售完成情况、销售合同执行情况和市场占有率。

在这其中有两个关键分析元素即广告投入产出分析和市场占有率分析,具体方式如下:

➢ 广告投入产出分析。广告投入产出分析是评价广告投入收益率的指标,其计算公式为:

$$广告投入产出比 = 订单销售额 \div 广告投入$$

➢ 市场占有率分析。市场占有率是企业能力的一种体现,企业只有拥有了市场才有获得更多收益的机会。

市场占有率指标可以按销售数量统计,也可以按销售收入统计,这两个指标综合评定了企业在市场中销售产品的能力和获取利润的能力。分析可以在两个方向上展开,一是横向分析,二是纵向分析。横向分析是对同一期间各企业市场占有率的数据进行对比,用以确定某企业在本年度的市场地位。纵向分析是对同一企业不同年度市场占有率的数据进行对比,由此可以看到企业历年来市场占有率的变化,这也从侧面反映了企业成长的历程。

4. 企业成本分析

成本结构变化分析。企业经营的本质是获取利润,获取利润的途径是扩大销售或降低成本。企业成本由多项费用要素构成,了解各费用要素在总体成本中所占的比例,分析成本结构,从比例较高的那些费用支出项入手,是控制费用的有效方法。明确各项费用在销售收入中的比例,可以清晰地指明工作方向。

$$费用比例 = 费用 \div 销售收入$$

如果将各费用比例相加,再与1相比,则可以看出总费用占销售比例的多少。如果超过1,则说明支出大于收入,企业亏损,并可以直观地看出亏损的程度。

提示：

经营费由经常性费用组成,即扣除开发费用之外的所有经营性支出,按下式计算：

$$经营费 = 设备维修费 + 场地租金 + 转产费 + 其他费用$$

如果将企业各年成本费用变化情况进行综合分析,就可以通过比例变化透视企业的经营状况。

企业经营的成果可以从利润表中看到,但财务反映的损益情况是公司经营的综合情况,并没有反映具体业务、具体合同、具体产品、具体项目等明细项目的盈利情况。盈利分析就是对企业销售的所有产品和服务分项进行盈利细化核算,核算的基本公式为：

$$单产品盈利 = 某产品销售收入 - 该产品直接成本 - 分摊给该产品的费用$$

这是一项非常重要的分析,它可以告诉企业经营者哪些产品是赚钱的,哪些产品是不赚钱的。在这个公式中,分摊费用是指不能够直接认定到产品(服务)上的间接费用,如广告费、管理费、维修费、租金、开发费等,都不能直接认定到某一个产品(服务)上,需要在当年的产品中进行分摊。分摊费用的方法有许多种,传统的方法有按收入比例、成本比例等进行分摊,这些传统的方法多是一些不精确的方法,很难谈到合理。本课程中的费用分摊是按照产品数量进行的分摊,即：

$$某类产品分摊的费用 = 分摊费用 \div 各类产品销售数量总和 \times 某类产品销售的数量$$

按照这样的计算方法得出各类产品的分摊费用,根据盈利分析公式,计算出各类产品的贡献利润,再用利润率来表示对整个公司的利润贡献度,即：

$$\begin{aligned}某类产品的利润率 &= \frac{某类产品的贡献利润}{该类产品的销售收入} \\ &= \frac{某类产品的销售收入 - 直接成本 - 分摊给该类产品的分摊费用}{该类产品的销售收入}\end{aligned}$$

尽管分摊的方法有一定的偏差,但分析的结果可以说明哪些产品是赚钱的产品,值得企业大力发展的,哪些产品赚得少或根本不赚钱。企业的经营者可以对这些产品进行更加仔细的分析,以确定企业发展的方向。

5. 财务分析

不同企业经营成果的差异是由决策引起的,而决策需要以准确、集成的数据为支撑。财务是企业全局信息的集合地,是数据的主要提供者。财务提供的分析数据可以通过各种决策指导企业各项业务的开展。

(1) 收益性分析。收益性表明企业是否具有盈利的能力。收益性从以下四个指标入手进行定量分析：毛利率、销售利润率、总资产收益率、净资产收益率。

➢ 毛利率。毛利率是经常使用的一个指标。在 ERP 沙盘模拟课程中，它的计算公式为：

$$毛利率 = (销售收入 - 直接成本) \div 销售收入$$

从理论上讲，毛利率说明了每 1 元销售收入所产生的利润。更进一步思考，毛利率是获利的初步指标，但利润表反映的是企业所有产品的整体毛利率，不能反映每个产品对整体毛利的贡献，因此还应该按产品计算毛利率。

➢ 销售利润率。销售利润率是毛利率的延伸，是毛利减掉综合费用后的剩余。在 ERP 沙盘模拟课程中，它的计算公式为：

$$销售利润率 = 折旧前利润 \div 销售收入 = (毛利 - 综合费用) \div 销售收入$$

本指标代表了主营业务的实际利润，反映企业主业经营的好坏。两个企业可能在毛利率一样的情况下，最终的销售利润率不同，原因就是三项费用不同的结果。

➢ 总资产收益率。总资产收益率是反映企业资产的盈利能力的指标，它包含了财务杠杆概念的指标，它的计算公式为：

$$总资产收益率 = 息税前利润 \div 资产合计$$

➢ 净资产收益率。净资产收益率反映投资者投入资金的最终获利能力，它的计算公式为：

$$净资产收益率 = 净利润 \div 所有者权益合计$$

这项指标是投资者最关心的指标之一，也是公司的总经理向公司董事会年终交卷时关注的指标。但它涉及企业对负债的运用。根据负债的多少可以将经营者分为激进型、保守型。

负债与净资产收益率的关系是显而易见的。在总资产收益率相同时，负债的比率对净资产收益率有着放大和缩小的作用。

(2) 成长性。成长性表示企业是否具有成长的潜力，即持续盈利能力。成长性指标由三个反映企业经营成果增长变化的指标组成：销售收入成长率、利润成长率和净资产成长率。

➢ 销售收入成长率。这是衡量产品销售收入增长的比率指标，以衡量经营业绩的提高程度，指标值越高越好。计算公式为：

$$销售收入成长率 = (本期销售收入 - 上期销售收入) \div 上期销售收入$$

➢ 利润成长率。这是衡量利润增长的比率指标，以衡量经营效果的提高程度，越高越好。计算公式为：

$$利润成长率 = [本期(利息前)利润 - 上期(利息前)利润] \div 上期(利息前)利润$$

➢ 净资产成长率。这是衡量净资产增长的比率指标，以衡量股东权益提高的程度。对于投资者来说，这个指标是非常重要的，它反映了净资产的增长速度，其公式为：

$$净资产成长率 = (本期净资产 - 上期净资产) \div 上期净资产$$

(3) 安定性。这是衡量企业财务状况是否稳定，会不会有财务危机的指标，由 4 个指标构成，分别是流动比率、速动比率、固定资产长期适配率和资产负债率。

➢ 流动比率。流动比率的计算公式为：

$$流动比率 = 流动资产 \div 流动负债$$

这个指标体现企业偿还短期债务的能力。流动资产越多，短期债务越少，则流动比率越大，企业的短期偿债能力越强。一般情况下，运营周期、流动资产中的应收账款数额和存货的周转速度是影响流动比率的主要因素。

➢ 速动比率。速动比率比流动比率更能体现企业偿还短期债务的能力。其公式为：

$$速动比率 = 速动资产 \div 流动负债 = (流动资产 - 在制品 - 产成品 - 原材料) \div 流动负债$$

从公式中可以看出，在流动资产中，尚包括变现速度较慢且可能已贬值的存货，因此将流动资产扣除存货再与流动负债对比，以衡量企业的短期偿债能力。一般低于1的速动比率通常被认为是短期偿债能力偏低。影响速动比率可信性的重要因素是应收账款的变现能力，账面上的应收账款不一定都能变现，也不一定非常可靠。

➢ 固定资产长期适配率。固定资产长期适配率的计算公式为：

$$固定资产长期适配率 = 固定资产 \div (长期负债 + 所有者权益)$$

这个指标应该小于1，说明固定资产的购建应该使用还债压力较小的长期贷款和股东权益，这是因为固定资产建设周期长，且固化的资产不能马上变现。如果用短期贷款来购建固定资产，由于短期内不能实现产品销售而带来现金回笼，势必造成还款压力。

➢ 资产负债率。这是反映债权人提供的资本占全部资本的比例，该指标也被称为负债经营比率。其公式为：

$$资产负债率 = 负债 \div 资产$$

负债比率越大，企业面临的财务风险越大，获取利润的能力也越强。如果企业资金不足，依靠欠债维持，导致资产负债率特别高，就应该特别注意偿债风险了。资产负债率在60%～70%，比较合理、稳健；当达到85%及以上时，应视为发出预警信号，企业应引起足够的注意。

资产负债率指标不是绝对指标，需要根据企业本身的条件和市场情况判定。

（4）活动性。活动性是从企业资产的管理能力方面对企业的经营业绩进行评价，主要包括4个指标：应收账款周转率、存货周转率、固定资产周转率和总资产周转率。

➢ 应收账款周转率（周转次数）。应收账款周转率是在指定的分析期间应收账款转为现金的平均次数，指标越高越好。其公式为：

$$应收账款周转率（周转次数）= 当期销售净额 \div 当期平均应收账款$$
$$= 当期销售净额 \div [(期初应收账款 + 期末应收账款) \div 2]$$

应收账款周转率越高，说明其收回越快；反之，说明营运资金过多呆滞在应收账款上，影响正常资金周转及偿债能力。周转率可以以年为单位计算，也可以以季、月、周为单位计算。

➢ 存货周转率。这是反映存货周转快慢的指标，它的计算公式为：

$$存货周转率 = 当期销售成本 \div 当期平均存货$$
$$= 当期销售成本 \div [(期初存货余额 + 期末存货余额) \div 2]$$

从指标本身来说,销售成本越大,说明因为销售而转出的产品越多。销售利润率一定,赚的利润就越多。库存越小,周转率越大。这个指标可以反映企业采购、库存、生产、销售的衔接程度。衔接得好,原材料适合生产的需要,没有过量的原料,产成品(商品)适合销售的需要,没有积压。

➤ 固定资产周转率。固定资产周转率的计算公式为：

固定资产周转率＝当期销售净额÷当期平均固定资产
　　　　　　＝当期销售净额÷[(期初固定资产余额＋期末固定资产余额)÷2]

➤ 总资产周转率。总资产周转率指标用于衡量企业运用资产赚取利润的能力。经常和反映盈利能力的指标一起使用,全面评价企业的盈利能力。其公式为：

总资产周转率＝当期销售收入÷当期平均总资产
　　　　　　＝当期销售收入÷[(期初资产总额＋期末资产总额)÷2]

该项指标反映总资产的周转速度,周转越快,说明销售能力越强。企业可以采用薄利多销的方法,加速资产周转,带来利润绝对额的增加。

(5) 经营业绩的综合评价。经营业绩的综合评价主要目的是与行业或特定的对手相比,发现自己的差距,以便在日后的经营中加以改进。在模拟训练中,一般参加训练的多个公司是同一个行业,所进行的分析可以理解为同行业中的对比分析,以发现自己公司与行业的平均水平之间的差别。

3.3.2.3 客户信用分析

本文在客户信用分析中采用客户信用分析 5C 标准,包括客户的品格、能力、资本、担保品和环境状况。

品格指行为和作风,是企业形象最为本质的反映。

能力包括经营者能力和企业能力。

资本主要考查企业的财务状况。

担保品为信用媒体。

环境状况又称经济要素,大到政治、经济、环境、市场变化、季节更替等因素,小到行业趋势、工作方法、竞争等因素。

根据现实客户的实际情况,企业客户信用分析具体内容如下：

(1) 成立日期和注册日期。成立日期是第一次申领营业执照的日期。一般来说,时间越长相对信用越好。注册日期是指最近变更副本内容的日期。

(2) 企业名称。企业名称一般由四部分依次组成:行政区划＋字号＋行业特点＋组织形式或者字号＋(行政区划)＋行业特点＋组织形式,如杭州中萃食品有限公司。

企业名称中的行政区划是本企业所在地县级以上行政区划的名称或地名。具备下列条件的企业法人,可以将名称中的行政区划放在字号之后,组织形式之前:① 使用控股企业名称中的字号;② 使用外国(地区)出资企业字号的外商独资企业,可以在名称中间使用"(中国)"字样。

如没有冠以企业所在地行政区划,可能有以下几种情况：

——该企业为历史悠久、字号驰名的企业或外商投资企业,如可口可乐公司。

——企业名称中使用"中国""中华"或冠以"国际"字词,一般为全国性公司、国务院或其授权的机关批准的大型进出口企业、国务院或其授权的机关批准的大型企业集团或国家工商管理局规定的其他企业,如诺基亚(中国)投资有限公司。

如果一个企业的名称中使用"总"字样,表明该企业一定有 3 个以上的分支机构;企业的名称中缀以"分公司""分厂""分店"等字词,说明该企业是不能独立承担民事责任的分支机构,且企业名称中要冠以其所从属企业名称;合同中出现的客户的名称应是客户注册登记中的名称,两者要完全相符;公司地址通常是指公司负责人、职员日常办公和承接业务的地点,在与国外公司交易过程中,要重视其提供的公司地址,避免该地址是寄送地址。

(3) 注册资本。它是公司制企业章程规定的全体股东或发起人认缴的出资额或认购的股本总额,并在公司登记机关依法登记。

注册资本可以一次或分次缴足到位,但首次出资额不得低于 20%,其余部分在公司成立日起两年内缴足(投资公司可以在 5 年内缴足);可以用货币、实物、无形资产出资,但货币出资额不得低于 30%,其余 70% 可以是无形资产或者实物资产。

在审核企业注册资本信息时应注意:该企业是否擅自更改注册资金数额;介绍材料里写的注册资金是否与实际的情况相符;企业资金是否如期按规定到位。

(4) 经营范围。经营范围是指国家允许企业生产和经营的商品类别、品种及服务项目,反映企业业务活动的内容和生产经营方向,是企业业务活动范围的法律界限,体现企业民事权利能力和行为能力的核心内容。在此信息中应注意:一般企业不能经营国家专项规定的产品;股份有限公司一般无自营进出口权;经营范围太广泛的小企业信用可能有问题。

(5) 经营状况。企业经营状况主要表现为:主营产品或服务种类是否突出;原材料的采购情况、生产情况;产品的品质、价格是否合格;供应商配合度、付款条件和往来方式;企业的销售渠道、销售方式、促销情况;收款情况及惯例;执行的税收政策。

企业的人力资源管理应掌握以下几种信息:

——公司及主要子公司的从业人员人数(注意大量裁员情况);

——高管、专业技术人员的流动性;

——从业人员的薪金、福利待遇;

——员工的培训情况。

以下表 3-5 至表 3-7 为客户信用度分析表,表 3-8 为客户信用审核表示例。

表 3-5 客户信用度分析表(公司)

○业界动向	
□1. 生意往来企业的业界动向是好是坏	
□2. 现今国际环境、状况下的动向如何	
□3. 金融环境如何	
□4. 业界未来的展望是光明还是黑暗	
□5. 业界的长期展望如何	
○经营素质	
□1. 生意往来企业的经营是法人还是个人(同族)	

续 表

□2. 其资本、资金如何	
□3. 同行的评价如何	
□4. 总公司、关系企业、主要银行的信赖度如何	
□5. 劳资关系如何	
○评语	
□1. 是否有不当交易的谣传	
□2. 是否有政治性不明朗的谣传	
□3. 与问题多的外部团体的联系如何	
□4. 是否有计算上不公正的谣传	
□5. 税务是否正当	
○市场	
□1. 主力商品的利益率是多少	
□2. 销售战略实施是否困难	
□3. 批发商或零售商品是否安全	
□4. 对新产品开发、技术开发是否热心	
□5. 库存管理、交货措施是否万全	
○财务状况	
□1. 过去的平均利益如何	
□2. 公司的资产怎样	
□3. 贷款是否适当	
□4. 过剩投资是否安全	
□5. 是否有不良的债权	
评价	

表3-6 客户信用分析表(管理人员)

○负责人的素质	
□1. 负责人的人品是否可信赖	
□2. 负责人领导能力如何	
□3. 负责人的健康、体力如何	
□4. 负责人的年龄是多少	
□5. 经营理念是否坚定	
○负责人的个人条件	
□1. 负责人的家庭是否圆满	

续 表

□2. 是否有花边新闻	
□3. 酒品是否很坏	
□4. 是否爱好赌博	
□5. 是否有很多兴趣、嗜好	
○负责人的评语	
□1. 在商场上的声誉如何	
□2. 是否受职员敬爱	
□3. 是否有不明朗的政治关系	
□4. 是否与特别的暧昧团体有关联	
□5. 是否有犯罪的丑闻	
○负责人的经营能力	
□1. 负责人的经营手腕如何	
□2. 业绩如何	
□3. 指导部属是否卓越	
□4. 是否费心地培育后继人才	
□5. 顾客或主要银行的评语如何	
○负责人的资产	
□1. 负责人的个人资产与其经营规模是否呈正比	
□2. 个人贷款是否过多	
□3. 是否有个人的事业	
□4. 凡事是否都不编列预算随意支出	
□5. 抵押状况如何	
评价	

表 3-7 客户信用度分析表（职员）

○士气	
□1. 全员的士气很高昂	
□2. 全员有干劲	
□3. 很多诚实、亲切的人	
□4. 很多职员都有谦虚的品性	
□5. 职员间很和睦	
○向上心	
□1. 经常教育、训练职员	

续 表

□2. 贯彻公司商品的知识	
□3. 热心于产品开发	
□4. 热心于设备的革新	
□5. 热心于技术的革新	
○评语	
□1. 没有派系对峙的传闻	
□2. 没有花边新闻的丑闻	
□3. 没有职员受贿赂的丑闻	
□4. 没有劳资对立的谣传	
□5. 没有职员间对立的谣传	
○工作态度	
□1. 勤勉	
□2. 服装整洁	
□3. 工作岗位的整理、整顿做得很彻底	
□4. 机敏的工作态度	
□5. 有效率、机能的	
○薪资等	
□1. 薪金在一般水平	
□2. 没有不公平的薪俸制度	
□3. 没有延误发薪的传闻	
□4. 适切地使用营业费	
□5. 职员的储蓄率很高	
评价	

表 3-8 客户信用审核表

审核项目		明 显	轻 微	无
经营状况	销售量突然大幅度下降			
	虽然进行大规模的投资,但新的项目却没有起色			
	库存量长期居高不下,无任何消化迹象			
	实际业绩与营运计划差距太大			
	订单数量和销售量与计划目标有很大差异			
	业务量锐减			

续　表

审核项目		明　显	轻　微	无
办公气氛	气氛沉闷			
	不信任及不满情绪递增			
	员工辞职现象严重			
	人事调动现象明显			
	大小会议日趋频繁			
	财务经理经常不在办公室			
倒闭迹象	出现要求支票持票人宽延支票期限现象			
	由现金交易突然改为票据往来			
	开具空头票据			
	开始处置库存商品			
	有抛售不动产的活动			
	大量解雇员工			
	员工工资无法按时发放			
	领导层更换频繁			
经营者言行举止	满腹牢骚			
	过分夸耀			
	表情多变			
	突然增强对下属的疑心			
	明显地呈现出焦虑不安的状态			
	行踪不定			
	有欺诈行为			

【案例3-5】

中石化广州分公司利用信用管理规避风险的做法

2002年年初，拥有2 000多名员工的中石化广州分公司，账目上逾期一年以上的应收账款，高达2 300多万元。在深刻总结以往盲目赊销的教训后，公司认识到现代市场经济本质上是一种信用经济。随着中国加入WTO，成品油的终端零售、批发市场逐渐开放，赊销已成为所有成品油供应商扩大市场份额的现实选择。在这种选择中，企业必须不断地扩展信用销售，即"理性赊销"。同时，企业防范信用交易风险不能只寄希望于客户，而更应该引入"信用管理"理念，控制交易环节的信用风险，建立规范化、制度化的赊销程序，以增强企业防御风险能力，加强应收账款管理，减少企业呆坏账损失，在扩大销售与控制风险之间求得最佳平衡和实现盈利最大化。

(1) 建立完整的信用管理与控制体系。

2002年3月,公司聘请国内颇具权威的新华信商业信息咨询有限公司有关专家,对公司信用管理的制度和政策、客户信用授权流程、应收账款管理等项目,进行了会诊。诊断发现,由于公司没有完整的客户信用档案,没有对赊销客户进行分类管理,致使风险预警能力不足;由于应收账款、赊销管理、合同管理之间的协调严重不足,致使营销信用管理漏洞百出;由于应收账款管理不明晰,致使公司平均收账期呈明显上升趋势,赊销比率的均值增加了100%。

针对上述问题,公司确立了实施信用管理的基本思路和制度框架,并于2002年7月正式出台了公司《信用管理办法》。

公司成立了专门的信用管理委员会和信用管理部。"信管委"为公司信用管理的最高决策机构,"信管部"是信用管理的执行部门。与此同时,公司还明确了各有关部门的职能和职责。

(2) 准确而细致的客户信息管理

公司建立了信用管理的机构和规章制度,又抓紧建立客户信用信息动态数据库,按信用级别、授信额度、赊销期限等分类进行管理。

油站站长、经营部业务员必须实地考察、了解客户的企业性质、生产规模、设备及人员配置等基本情况,并填写"赊销评分表",递交"赊销申请表",且须附上客户的营业执照、税务登记证、法人授权证明书、个体经营者身份证复印件等资料。

信息管理员审核经营单位所递交的资料时,更要通过网络了解客户实体是否存在、客户历史沿革和组织机构、有否偷漏税及诉讼等不良记录等;利用已建立的客户信用信息数据库,了解客户有否延迟付款、与公司发生纠纷、在公司多个经营单位赊销等;利用《客户信用评估报告》提供的行业信息掌握相关行业的发展状况、平均水平和前景的主要财务指标,为评价同行业的其他客户提供借鉴;还要定期向经营部门通报付款有不良记录、法律纠纷等客户的"黑名单"。

信管部通过查询客户档案得知广州某农机公司的经营即将期满,于是及时告知与之交易的公司经营部、营销人员密切关注客户经营状况,核实客户是否延续工商登记。结果避免了以往因没有密切监控客户而导致大量清欠款项发生后"找不到人""企业失踪""欠款单位破产、停业"而无法追收的现象。

某经营部上报广州某运输公司车队35万元、50天赊销期限的申请,并附上该车队权属的大型货运车证照复印件。信管部人员从客户档案了解到,该客户曾因拖欠加油站1万多元货款而被起诉,于是及时通知营销人员,避免了新的赊销风险。

至2003年2月底,公司全辖区共有4 054个客户记录在案,其中核心客户160户,重要客户583户,普通客户1 240户,小型客户2 071户。除少数外地客户外,大部分都能通过广州信用网掌握其工商登记情况。

3.3.2.4 客户对公司的利润贡献分析

顾客资产回报率(Customer Return Assets, CRA)是分析企业从顾客哪里获利多少的有效方法之一。该方法仅从每个客户的毛利中减去直接顾客成本,包括销售费用、服务费用和送货费用等,而不考虑企业的研究开发、设备投资等费用,求出一个顾客资产回报率。不同客户的资产回报率是不同的,它可以用来了解客户之间差距产生的原因。在众多的影响客户资产回报率的因素中,越来越多的企业开始注意到企业积极性及经营能力的影响力,并以此作为评价的重要参考指标。

1. 积极性

客户的积极性是企业营销环节的重要保证。客户具有合作的积极性,才有动力与企业开展有效合作,积极参与企业的销售活动,提供具有建设意义的建议,并积极配合企业在销售及管理方面的各项政策,为长远发展的互利共赢打下坚实基础。客户的积极性体现在对企业信息及活动的积极关注及参与,积极拓展市场,按时支付资金,从人员到物资方面全力配合。

2. 经营能力

衡量客户经营能力状况,主要参考以下指标:

——经营手段的灵活性。客户能够根据市场环境的变化采用新颖有效的营销模式,开发企业活力,并保证企业的顺畅运转,实现高效企业效益。

——分销能力的大小。客户拥有的分销商数量,以及市场的覆盖率。

——资金是否雄厚,这是衡量企业经营能力的关键指标。

——手中畅销品牌的数量,品牌的数量对企业的销售范围及消费群起到重要影响作用,可以衡量企业的客户群及消费状况,从而为衡量企业实力提供有效依据。

——仓储能力和车辆、人员的多少。

课后思考与讨论

1. 企业获得客户信息的渠道有哪些?
2. 信息收集方法有哪些?
3. 如何进行信息资料整理?
4. 客户信息分析包括哪些内容?

课后案例分析

迪克连锁超市客户信息管理

迪克连锁的营销经理十分了解顾客想要买些什么。这一点连同超市所提供的优质服务的良好声誉,是迪克连锁超市对付低价位竞争对手及类别杀手的主要防御手段。迪克超市采用数据优势软件(Data Vantage)——一种由康涅狄格州的关系营销集团(RMG)所开发的软件产品,对扫描设备里的数据加以梳理,即可预测出其顾客什么时候会再次购买某些特定产品。接下来,该系统就会"恰如其时地"推出特惠价格。

客户数据信息软件运行规则:在迪克超市每周消费25美元以上的顾客每隔一周就会收到一份定制的购物清单。这张清单是由顾客以往的采购记录及厂家所提供的商品现价、交易政策或折扣共同派生出来的。顾客购物时可随身携带此清单,也可以将其放在家中。当顾客到收银台结账时,收银员就会扫描一下印有条形码的购物清单或者顾客常用的优惠俱乐部会员卡。无论哪种方式,购物单上的任何特价商品都会被自动予以兑现,而且这位顾客在该店的购物记录就会被刷新,生成下一份购物清单。

"这对于我们和生产厂家都很有利,因为你能根据顾客的需求定制促销方案。由此你就可以做出一个与顾客商业价值呈正比的方案。"迪克连锁超市的营销经理说。

"顾客们认为这太棒了,因为购物清单准确地反映了他们要购买的商品。如果顾客有养狗或养猫的,我们就会给他提供狗粮或猫粮优惠;如果顾客有小孩,他们就可以得到孩童产品优惠,如尿布及婴幼儿食品;常买很多蔬菜的顾客会得到许多蔬菜类产品的优惠。"营销经理说,"如果他们不只在一家超市购物,他们就会错过我们根据其购物记录而专门提供的一些特价优惠,因为很显然我们无法得知他们在其他地方买了些什么。但是,如果他们所购商品中的大部分源于我们商店,他们通常可以得到相当的价值回报。我们比较忠诚的顾客常会随同购物清单一起得到价值为30到40美元的折价券。我们的目标就是回报那些把他们大部分的日常消费都花在我们这儿的顾客。"

让迪克超市成了为数不多的成功一对一营销实践者的原因:营销人员利用从其顾客处所得到的信息向顾客们提供了竞争对手无法轻易仿效的激励,因为这些激励是根据每个顾客独自的爱好及购物周期而专门设计的。一位顾客在迪克超市购物越多,超市为其专门定制的优惠也就越多,这样就越发激励顾客保持忠诚。

案例来源:网络资源,百度相关营销案例改编。

问题思考:
1. 迪克连锁超市制定成功营销方案的原因是什么?
2. 客户信息资料的重要作用有哪些?

实践训练

客户信息收集

实训目的	考查学生是否掌握客户信息收集的方法,学会对客户信息资料进行分类整理
实训内容	随着电子商务的迅速发展,连锁零售实体行业受到了巨大挑战,市场销售额占比连年下降。为有效扭转这一局面,武汉市A公司拟在各大社区开展客户信息收集工作,目的在于了解社区居民的需求,为下一步开展营销指明方向
实训要求	1. 分组,每组5~6人 2. 作为A公司的信息收集员,以小组为单位选择1~2个居民小区进行信息收集 3. 撰写一份完整的分析报告
实训步骤	1. 对小区进行走访,收集客户信息 2. 撰写分析报告 3. 小组进行课堂汇报
成果评价	以书面分析报告的形式呈现

能力测评

专业能力自评

	任务名称	是/否
通过本项目的学习，你是否能完成相关任务？	理解客户信息的作用	
	掌握客户信息收集方法	
	撰写客户信息分析报告	
通过本项目的知识学习，你还能做什么？		

注："能/否"栏中填"能"或"否"

核心能力自评

	核心能力	是否提高
通过本项目的学习，你的相关能力是否提高？	设计合理的客户信息收集方案	
	建立客户信息资源库	
	能够分析客户信息资料	
通过本项目的学习，你还在哪些方面有所提高？		

注："是否提高"栏中可填写"明显提高""有所提高""没有提高"

项目 4　客户满意管理

知识目标

1. 掌握客户满意与客户满意度的基本概念。
2. 了解客户满意对于企业的意义。
3. 了解影响客户满意的因素。
4. 掌握如何处理客户的不满。
5. 掌握如何应对客户的投诉。

技能目标

1. 能够分析客户的满意程度。
2. 能够熟练应对客户的投诉并及时处理。

知识结构图

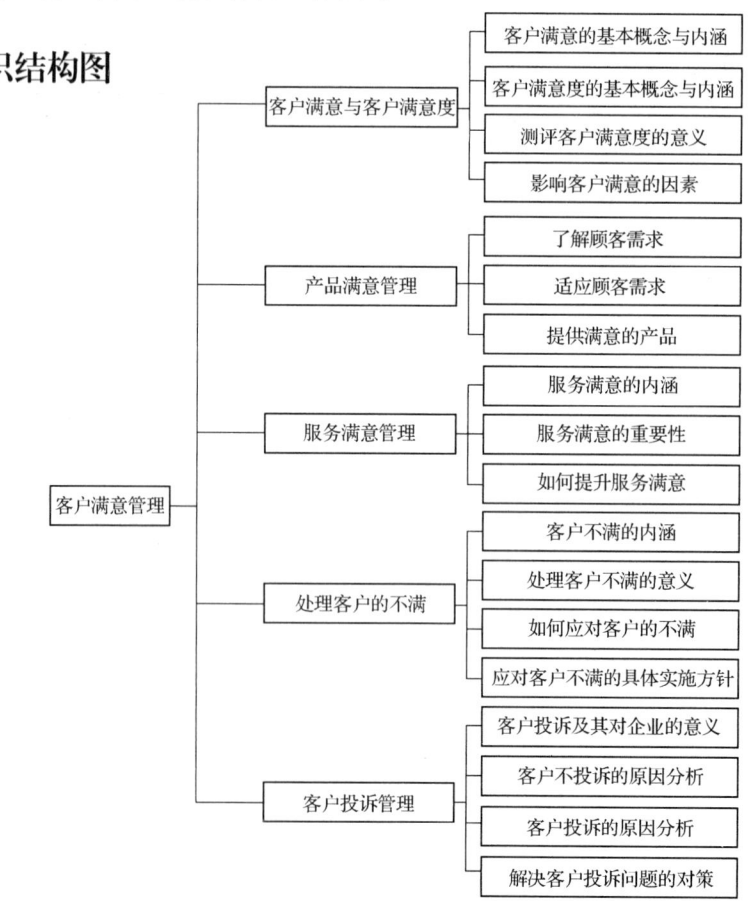

 **导入案例**

赢得客户的满意

晚上10:30左右,一位客人走进餐厅,说:"还能在这儿吃点夜宵吗?累了不想再往外跑了。""可以,您想吃点什么?我去给您准备。"服务员对客人说。客人一听,开心地说:"太好了,谢谢你,小姑娘,我们一起三个人,随意上点就行。"

已经这么晚了,复杂点的饭菜餐厅也没法做了,晚上吃多了也不利于消化。想到这儿,服务员对客人说:"10点多了,过会儿就该休息了,给您上点易消化的可以吗?每人吃上一碗面,外加几个可口的小菜,你看可以吗?""可以,太好了,热乎乎的面,想想是又馋又饿。"客人满意地说,接着他说:"还以为这么晚了得不让我们吃了,想是来试试不成再出去呢。""怎么可能不让您吃,您来了我们就得尽力做到满意。"服务员回应着客人。

十分钟过后,饭菜上齐。服务员从客人的交谈中得知,这三位客人是来济南看病人的,不知道去医院怎么走,他们是开车过来的。于是,服务员详细地给客人讲了去医院的路线,还简单地画了张小图给客人,并且画上了回酒店的路线。

服务员耐心细致的服务得到了客人的好评,客人临走时直夸宾馆服务热情、周到,服务员的素质高,还说:"下次来啊,我住你们酒店。"

案例思考

服务员的什么行为赢得了客户的满意?

任务4.1 客户满意与客户满意度

客户满意(Customer Satisfaction,CS),是人的一种感觉水平,它来源于对产品或者服务所设想的绩效或产出与人们的期望所进行的比较。20世纪80年代中后期开始形成这一经营理念,它的基本内容是:企业的整个经营活动要以客户满意度为指针,要从客户的角度、用客户的观点而不是企业自身的利益和观点来分析客户的需求,尽可能全面尊重和维护客户的利益。

4.1.1 客户满意的基本概念与内涵

菲利普·科特勒认为,顾客满意是指"一个人通过对一个产品的可感知效果与他的期望值相比较后,所形成的愉悦或失望的感觉状态"。亨利·阿塞尔认为,当商品的实际消费效果达到消费者的预期时,就导致了满意;否则,会导致顾客不满意。

从上面的定义可以看出,满意水平是可感知效果和期望值之间的差异函数。如果效果低于期望,顾客就会不满意;如果可感知效果与期望相匹配,顾客就满意;如果可感知效果超过期望,顾客就会高度满意、高兴或欣喜。

一般而言,顾客满意是顾客对企业和员工提供的产品和服务的直接性综合评价,是顾客对企业、产品、服务和员工的认可。顾客根据他们的价值判断来评价产品和服务,因此,菲利普·科特勒认为,"满意是一种人的感觉状态的水平,它来源于对一件产品所设想的绩效或产出与人们的期望所进行的比较"。从企业的角度来说,顾客服务的目标并不仅仅止于使顾客满意,使顾客感到满意只是营销管理的第一步。美国维持化学品公司总裁威廉姆·泰勒认为:"我们的兴趣不仅仅在于让顾客获得满意感,我们要挖掘那些被顾客认为能增进我们之间关系的有价值的东西。"在企业与顾客建立长期的伙伴关系的过程中,企业向顾客提供超过其期望的"顾客价值",使顾客在每一次的购买过程和购后体验中都能获得满意。每一次的满意都会增强顾客对企业的信任,从而使企业能够获得长期的盈利与发展。

对于企业来说,如果对企业的产品和服务感到满意,顾客也会将他们的消费感受通过口碑传播给其他的顾客,扩大产品的知名度,提高企业的形象,为企业的长远发展不断地注入新的动力。但现实的问题是,企业往往将顾客满意等于信任,甚至是"顾客忠诚"。事实上,顾客满意只是顾客信任的前提,顾客信任才是结果;顾客满意是对某一产品、某项服务的肯定评价,即使顾客对某企业满意也只是基于他们所接受的产品和服务令他满意。如果某一次的产品和服务不完善,他对该企业也就不满意了,也就是说,它是一个感性评价指标。顾客信任是顾客对该品牌产品以及拥有该品牌企业的信任感,他们可以理性地面对品牌企业的成功与不利。美国贝恩公司的调查显示,在声称对产品和企业满意甚至十分满意的顾客中,有65%～85%的顾客会转向其他产品,只有30%～40%的顾客会再次购买相同的产品或相同产品的同一型号。

一般来说,顾客满意包括产品满意、服务满意和社会满意三个层次。

"产品满意"是指企业产品带给顾客的满足状态,包括产品的内在质量、价格、设计、包装、时效等方面的满意。产品的质量满意是构成顾客满意的基础因素。

"服务满意"是指产品售前、售中、售后以及产品生命周期的不同阶段采取的服务措施令顾客满意。这主要是在服务过程的每一个环节上都能设身处地地为顾客着想,做到有利于顾客、方便顾客。

"社会满意"是指顾客在对企业产品和服务的消费过程中所体验到的对社会利益的维护,主要指顾客整体社会满意,它要求企业的经营活动要有利于社会文明进步。

4.1.2 客户满意度的基本概念和内涵

客户满意度(Consumer Satisfactional Research,CSR),也叫客户满意指数。这是一个相对的概念,是客户期望值与客户体验的匹配程度。换言之,就是客户通过对一种产品可感知的效果与其期望值相比较后得出的指数。

进行客户满意度研究,旨在通过连续性的定量研究,获得消费者对特定服务的满意度、消费缺陷、再次购买率与推荐率等指标的评价,找出内、外部客户的核心问题,发现最快捷、有效的途径,实现最大化价值。

客户个人对于服务的需求和自己以往享受服务的经历再加上自己周围的对于某个企业服务的口碑构成了客户对于服务的期望值。作为企业,在为客户提供服务的时候,也在不断地去了解客户对于服务的期望值是什么,而后根据自己对于客户期望值的理解去为客户提供服务。然而,在现实中企业对于客户期望值的理解和所提供的服务与客户自己对于服务的期望值存在着某种差距,可能的情况有五种:客户对于服务的期望值与企业管理层对于客户期望值的认知之间的差距;企业对于客户所做出的服务承诺与企业实际为客户所提供的服务质量的差距;企业对客户服务质量标准的要求和服务人员实际所提供的服务质量之间的差距;企业管理层对于客户期望值的认知与企业的客户服务质量标准之间的差距;客户对于企业所提供的服务感受与客户自己对于服务的期望值之间的差距,而这种差距的大小是可以衡量的,这就是客户服务的满意度。

全美最权威的客户服务研究机构美国论坛公司投入数百名调查研究人员,用近10年的时间对全美零售业、信用卡、银行、制造、保险、服务维修等14个行业的近万名客户服务人员和这些行业的客户进行了细致深入的调查研究,发现一个可以有效衡量客户服务质量的RATER指数。RATER指数是五个英文单词的缩写,分别代表Reliability(信赖度)、Assurance(专业度)、Tangibles(有形度)、Empathy(同理度)、Responsiveness(反应度)。而客户对于企业的满意程度直接取决于RATER指数的高低。

4.1.2.1 信赖度

信赖度是指一个企业是否能够始终如一地履行自己对客户所做出的承诺,当这个企业真正做到这一点的时候,就会拥有良好的口碑,赢得客户的信赖。

4.1.2.2 专业度

专业度是指企业的服务人员所具备的专业知识、技能和职业素质,包括提供优质服务的能力、对客户的礼貌和尊敬、与客户有效沟通的技巧。

4.1.2.3 有形度

有形度是指有形的服务设施、环境、服务人员的仪表以及服务对客户的帮助和关怀的有形表现。服务本身是一种无形的产品,但是整洁的服务环境、餐厅里为幼儿提供的专用座椅、麦当劳里带领小朋友载歌载舞的服务小姐等,都能使服务这一无形产品变得有形起来。

4.1.2.4 同理度

同理度是指服务人员能够随时设身处地地为客户着想,真正地同情理解客户的处境、了解客户的需求。

4.1.2.5 反应度

反应度是指服务人员对于客户的需求给予及时回应并能迅速提供服务的愿望。当服务出现问题时,马上回应、迅速解决能够给服务质量带来积极的影响。客户需要的是积极主动的服务态度。

经过美国论坛公司的深入调查研究发现,对于服务质量这五个要素重要性的认知,客户的观点和企业的观点有所不同:客户认为这五个服务要素中信赖度和反应度是最重要的。这说明客户更希望企业或服务人员能够完全履行自己的承诺并及时地为其解决问题。而企业则认为这五个服务要素中有形度是最重要的。这正表明企业管理层对于客户期望值之间存在着差距。

至此,我们可以看出客户服务的满意度与客户对服务的期望值是紧密相连的。企业需要站在客户的角度不断地通过服务质量的五大要素来衡量自己所提供的服务,只有企业所提供的服务超出客户的期望值时,企业才能获得持久的竞争优势。客户满意度,是指组织的所有产品对客户一系列需求的实现程度。

4.1.3 测评客户满意度的意义

客户满意度调查近年来在国内外得到了普遍重视,特别是服务性行业的客户满意度调查已经成为企业发现问题、改进服务的重要手段之一。

国内的满意度调查是在最近几年才迅速发展起来的,但已经引起越来越多企业的重视。尤其是金融业、电信业,由于客户群庞大,实现一对一的服务几乎不可能,所以通过满意度调查了解客户的需求、企业存在的问题以及与竞争对手之间的差异,从而有针对性地改进服务工作,显得尤为重要。测评客户满意度的作用是:

(1) 掌握满意度现状。帮助客户把有限的资源集中到客户最看重的方面,从而达到建立和提升顾客忠诚并保留顾客的目的。

(2) 分品牌和客户群调研,为分层、分流和差异化服务提供依据,了解并衡量客户需求。

(3) 找出服务短板,分析顾客价值,实现有限资源优先配给最有价值的顾客。

(4) 研究服务标准、服务流程及服务传递与客户期望之间的差距,找到客户关注点和服务短板,提出相应改善建议。

【案例 4-1】

卖桃不易

顾客1:你这桃是甜的还是酸的?
摊主:甜的,不甜不要钱,买多少?
顾客1:不要了,我最近就想吃酸的。
顾客2:你这桃是甜的还是酸的?
摊主:有甜的也有酸的,您要哪一种?
顾客2:脆吗?
摊主:非常脆,不脆不要钱。
顾客2:那不要了。我牙不好,不敢吃脆的,就想买软一些的。
顾客3:你这桃是甜的还是酸的?
摊主:我这些桃有甜的也有酸的,有脆的也有软的,总之您想要的都有,买几斤?
顾客3:那你这桃里有虫子吗?
摊主:绝对没有,都打过药了,一条虫子都没有,放心买吧。
顾客3:那不能买了,连虫子都不吃的桃一定不好吃,可能农药还超标。
顾客4:你这桃是甜的还是酸的?
摊主:有甜的有酸的,有脆的有软的,有虫子的有,没虫子的也有,这条街的桃这儿最全了。
顾客4:好,多少钱一公斤?
摊主:不贵,三元一公斤,您买多少?
顾客4:这么便宜呀,街头那家卖六元呢,还是不买了,有道是便宜没好货。

顾客5：你这桃怎么卖的？

摊主：有甜的有酸的，有脆的有软的，有虫子的有，没虫子的也有，贵的六元一公斤，便宜的三元一公斤，您想买什么样的？

顾客5：你卖个桃还这么复杂，我还是回去问问我老婆再说吧。

4.1.4 影响客户满意的因素

顾客满意是一个人通过对一个产品的可感知的效果（或结果）与他的期望值相比较后，所形成的愉悦或失望的感觉状态。消费者的满意或不满意的感觉及其程度受到以下四个方面因素的影响。

4.1.4.1 产品和服务让渡价值的高低

消费者对产品或服务的满意会受到产品或服务的让渡价值高低的重大影响。如果消费者得到的让渡价值高于他的期望值，他就倾向于满意，差额越大越满意；反之，如果消费者得到的让渡价值低于他的期望值，他就倾向于不满意，差额越大就越不满意。

4.1.4.2 消费者的情感

消费者的情感同样可以影响其对产品和服务的满意的感知。这些情感可能是稳定的，事先存在的，比如情绪状态和对生活的态度等。非常愉快的时刻、健康的身心和积极的思考方式，都会对所体验的服务的感觉有正面的影响；反之，当消费者正处在一种恶劣的情绪当中，消沉的情感将被他带入对服务的反应，并导致他对任何小小的问题都不放过或感觉失望。

消费过程本身引起的一些特定情感也会影响消费者对服务的满意。例如，中高档轿车的销售过程中，消费者在看车、试车和与销售代表沟通过程中所表现出来对成功事业、较高的地位或是较好的生活水平的满足感，是一种正向的情感。这种正向情感是销售成功的润滑剂。从让渡价值的角度来看，这类消费者对形象价值的认定水平比一般消费者要高出许多，才会有这样的结果。

4.1.4.3 对服务成功或失败的归因

这里的服务包括与有形产品结合的售前、售中和售后服务。当消费者被一种结果（服务比预期好得太多或坏得太多）而震惊时，他们总是试图寻找原因，而他们对原因的评定能够影响其满意度。例如，一辆车虽然修复，但是没有能在消费者期望的时间内修好，消费者认为的原因（这有时和实际的原因是不一致的）将会影响到他的满意度。

如果消费者认为原因是维修站没有尽力，因为这笔生意赚钱不多，那么他就会不满意甚至很不满意；如果消费者认为原因是自己没有将车况描述清楚，而且新车配件确实紧张的话，他的不满程度就会轻一些，甚至认为维修站是完全可以原谅的。相反，对于一次超乎想象的好的服务，如果顾客将原因归为"维修站的分内事"或"现在的服务质量普遍提高了"，那么这项好服务并不会对提升这位顾客的满意度有什么贡献；如果顾客将原因归为"他们因为特别重视我才这样做的"或是"这个品牌是因为特别讲究与顾客的感情才这样做的"，那么这项好服务将大大提升顾客对维修站的满意度，并进而将这种高度满意扩张到对品牌的信任。

4.1.4.4 对平等或公正的感知

消费者的满意还会受到对平等或公正的感知的影响。消费者会问自己：我与其他的消费者相比是不是被平等对待了？别的消费者得到比我更好的待遇、更合理的价格、更优质的服务了吗？我为这项服务或产品花的钱合理吗？以我所花费的金钱和精力，我所得到的比人家多还是少？公正的感觉是消费者对产品和服务满意感知的重要因素之一。同样的道理适用于内部员工满意。例如，在 1992 年，西尔斯汽车中心受到来自 44 个州的受骗消费者的指控，因为该汽车中心对他们的汽车进行了不必要的维修。由于西尔斯雇员的报酬来自维修车辆的数量，这就导致了对消费者收取了实际上并不必要的费用。西尔斯公司为平息控诉而花费的 2 700 万美元以及其他额外的商业损失，皆是因为其消费者对所遭受的不公正待遇的强烈不满。

任务 4.2　产品满意管理

产品满意是指企业产品带给顾客的满足状态，包括产品的内在质量、价格、设计、包装、时效等方面的满意。产品的质量满意是构成顾客满意的基础因素。

产品满意是顾客满意的前提，顾客和企业的关系首先体现在产品细节上，要做到产品满意必须做好以下方面的工作。

4.2.1　了解顾客需求

客户的需求往往是多方面的、不确定的，需要去分析和引导。客户的需求是指通过买卖双方的长期沟通，对客户购买产品的欲望、用途、功能、款式进行逐步发掘，将客户心里模糊的认识以精确的方式描述并展示出来的过程。

4.2.2　适应顾客需求

为了适应顾客需求，企业不仅要注意观察正在发生的顾客需求变化，并且要先于竞争对手掌握变化，准确掌握变化的情况。

4.2.3　提供满意的产品

（1）对产品功能的满意。包括产品质量、使用性能、品牌的知名度等，一般顾客对产品的质量、价格等最为敏感，严把产品质量关，决不能把不合格的产品流入市场，让顾客买得放心。

（2）对产品品位的满意。产品的设计风格、定位是关键。当顾客走进一家专卖店时，他不是看某一件产品，而是确定他是否走进一家适合自己的专卖店，这时他会迅速地扫视一下专卖店里的陈列，摆放的产品，并决定是否在这家店里停留或进行购买。因此在各区域市场的适应程度（如风格、款式、颜色、面料、尺码等），它在很大程度上决定该区域顾客是否购买该品牌，因此对公司而言必须加强产品开发，多开发与市场定位相符的产品。

任务4.3　服务满意管理

4.3.1　服务满意的内涵

服务满意是指产品售前、售中、售后以及产品生命周期的不同阶段采取的服务措施令顾客满意。这主要是在服务过程的每一个环节上都能设身处地地为顾客着想,做到有利于顾客,方便顾客。

4.3.2　服务满意的重要性

在企业外部环境不确定性(市场、政策、技术、消费者需求个性化、竞争的无边界化等)迅速增加和变革性技术随时可能出现的今天,企业面临的经营环境是:个性化的客户服务;IT技术迅速发展;商品生命周期的缩短;价格竞争;流通渠道的重组;市场的饱和;全球标准等。随着顾客需求得更多、期望更高、知识更多、购买力量集中化、购买行为更复杂,给营销带来的挑战主要是找到更接近顾客的方法和提高顾客感知的服务满意度。营销的经验数据告诉我们:100个满意的顾客会带来25个新顾客,每收到一个顾客的投诉,就意味着还有20个同感的顾客,获得一个新顾客的成本是保持一个满意顾客的成本的5倍;60%的新顾客来自现有顾客的推荐,在不满的顾客中,4%会告诉你他们不满和感到不高兴的理由,96%会掉头就走,91%不会再次光临。顾客的存续率增加5%,利润就会跟着提高70%;在顾客的购买动机影响力因素中,忠诚计划占22%,顾客服务为37%,产品选择为37%,容易退货为40%。营销中的1∶25∶8∶1意味着服务好一个顾客就会影响25位产生购买欲望,其中有8位会产生购买欲望,1位会产生购买行为。80%的利润由20%的顾客产生。84%的人为非计划购买,92%的顾客在店里才决定购买的品牌。

4.3.3　如何提升服务满意

由于服务的无形性、与消费同时产生和消逝,因而质量的高低不仅与服务提供者有关,还与服务接受者的心情、偏好等有关。因此,在提高服务质量过程中,一是要有科学的标准,如窗口的设计与排队等待的限度;如在商场,外部需要不挡客的感觉,显得大方、轻松、小吃不贵、中低档价位,等等;有家的感觉,能够愉快购物,享受服务;货物的摆放应该方便、开架式、触手可及;拥有贴心周到的服务。据科学统计,对于商场面积,顾客的心理最大承受量为17 143 m^2,顾客的生理最大承受量为22 857 m^2,柜台的高度为92~100 cm。在沃尔玛,要求员工在顾客与其接近三米的时候就必须微笑,并且对微笑的程度进行了量化规定。二是使无形服务有形化。通过对服务设施的改善、对服务人员的培训与规范等措施来使无形服务有形化。三是使服务自助化、自动化。随着顾客DIY需求的愈加强烈,通过自动、自助的方式来提高顾客对个性化方面的满意,如自己在商场组装电脑,在移动通信营业厅进行话费查询、打印通话记录。四是对服务过程的透明。最近,麦当劳向社会开放其操作间,增强消费者消费的信心,满足消费者对服务过程的好奇,从而提高了消费者满意度。五是实施服务补救。当在某方面出现顾客对服务不满意时,应迅速查找原因实施服务补救,快速的补救措施不仅可以提高顾客满意,而且还提升了企业的形象。

提高顾客服务的满意度和服务质量,不仅要从传统的 4P 去考虑,还应该在服务人员、服务过程、有形展示等方面去改善,增强消费者的认知和提前让消费者体验。在对顾客服务时,应判断顾客在消费时的心情和消费偏好,同时要衡量自己与竞争对手之间的价值差异,创造服务差异化,提供全方位的顾客解决方案和增值服务。服务多一点,满意多一点,全方位地提高顾客满意度,关注细节,提供增值服务,不仅让顾客满意,更要让顾客在享受服务过程中愉悦。

【案例 4—2】

新浪三维营销助力"品效合一走心沟通"

新浪一直主张的"品效合一走心沟通"的三维营销策略,是在新浪大数据系统建立、多点移动产品布局完善后,面对企业提供的大数据营销、原生营销和跨界整合营销。

新浪延续了在门户时代的用户规模,通过微博、手机新浪网及移动 App 矩阵,继续实现对中国网民的高度覆盖。微博日活跃用户超过 1 亿,月活跃用户达到 2.2 亿以上,数目还在不断增长。通过和支付宝打通,微博实现了用户从看到买的关键一步,在微博有过移动支付行为的用户达 4 650 万以上。手机新浪网是目前中国流量最大的手机 WAP 网站,日活跃用户超 1 亿,用户黏性最高。在 App 布局中,新浪使用了组合拳,包括新浪新闻、日活跃用户超过 2 000 万的天气通、行业 App 排名第一的新浪体育、新浪财经,以及新浪投资的年轻人群视频分享的秒拍等客户端都有着极高的受众覆盖和活跃度。新浪大数据打通并整合了来自新浪门户、微博、移动 App 矩阵、阿里等的第三方数据,从用户属性、社交图谱、行为兴趣、时空场景、消费场景等数据维度还原千人千面,并挖掘定义了购车一族、青春校园、时尚达人等 14 类精准人群包,通过轩辕、龙渊、品效通等产品,为企业提供从广泛人群到特定人群触达,再到特定筛选触达,实现数据对接的全方位的精准广告体系。

去中心化时代,互联网媒体另一个强大的优势是内容。作为以内容著称的媒体平台,新浪不会放过任何大事件营销机会。它早早布局 2016 年的原生营销,从行业热点事件、真人秀台网联动、话题营销、自媒体合作等方面重点布局,为客户定制最佳内容原生体验,2016 年的奥运会和欧洲杯是两个重头戏。新浪重金签约郎平、林丹及 20 多个前奥运冠军、金牌运动队等,布局奥运报道。欧洲杯上,新浪联合全国二十几个城市,举办全国联动的酒吧活动,实现酒吧和新浪直播室、海外三地现场连线,通过手机视频进行直播,让线上线下网友充分互动。

新浪对 3 亿多用户以兴趣分类,通过寻找意见领袖、寻找共同话题、创造兴趣活动,实现多渠道沟通。同时借助全国地方站体系,实现空中在线互动服务,落地跨界 O2O 整合营销,为企业打造走心沟通的营销方式。基于此,新浪推出了针对汽车、跑步、娱乐、体育、美食等人群的整合营销项目,推出了包括重新定义自驾、欢乐购车季、新浪疯跑、安全驾驶训练营、飨宴行动等一系列跨界整合营销资源。

资料来源:葛景栋.新浪三维营销助力"品效合一走心沟通",成功营销,2016(2)。

案例思考

与传统电视、报纸、户外广告等相比,微博采用了哪些营销策略与消费者走心沟通,又是如何提高客户对产品的满意度的?

任务 4.4 处理客户的不满

4.4.1 客户不满的内涵

顾客对产品或服务的不满和责难叫作客户不满。顾客的不满行为是由对产品或服务的不满意而引起的,所以不满行为是不满意的具体的行为反应。顾客对服务或产品的不满即意味着经营者提供的产品或服务没达到他的期望、没满足他的需求。另一方面,也表示顾客仍旧对经营者抱有期待,希望能改善服务水平。其目的就是为了挽回经济上的损失,恢复自我形象。客户不满可分为私人行为和公开行为。私人行为包括回避重新购买或再不购买该品牌、不再光顾该商店、说该品牌或该商店的坏话等;公开的行为包括向商店或制造企业、政府有关机构投诉,要求赔偿。

4.4.2 处理客户不满的意义

过去,对于顾客的不满意,经营者总是认为是顾客在找麻烦,而且只认识到了顾客不满给经营者带来的负面影响。但实际上这种观念是偏颇的。从某种角度来看,顾客的不满实际上是企业改进工作、提高顾客满意度的机会。建立顾客的忠诚是现代企业维持顾客关系的重要手段,面对顾客的不满,应采取积极的态度来处理。对因服务、产品或者沟通等原因所带来的失误进行及时补救,能够帮助企业重新建立信誉,提高顾客满意度,维持顾客的忠诚度。

4.4.2.1 提高企业美誉度

客户不满发生后,尤其是公开的不满行为,企业的知名度会大大提高,企业的社会影响的广度、深度也不同程度地扩展。但不同的处理方式,直接影响着企业的形象和美誉度的发展趋势。在积极的引导下,企业美誉度往往会经过一段时间下降后反而能迅速提高,有的甚至直线上升;而消极的态度,听之任之,予以隐瞒,与公众不合作,企业形象美誉度会随知名度的扩大而迅速下降。

4.4.2.2 提高顾客忠诚度

有研究发现,提出不满的顾客,若问题获得圆满解决,其忠诚度会比从来没遇到问题的顾客要高。因此,顾客的不满并不可怕,可怕的是不能有效地化解不满,最终导致顾客的离去。反而,若没有顾客的不满,倒是有些不对劲。哈佛大学的李维特教授曾说过这样一段话:"与顾客之间的关系走下坡路的一个信号就是顾客不抱怨了。"

美国一家著名的消费者调查公司 TRAP 公司曾进行过一次"在美国的消费者不满处理"的调查,并对调查结果进行了计量分析,以期发现客户不满与再度购买率、品牌忠诚度等参量之间的关系。

从客户不满处理的结果来看,客户不满可能给经营者带来的利益是顾客对经营者就不满处理的结果感到满意从而继续购买经营者的产品或服务而给经营者带来的利益,即因顾客忠诚的提高而获得的利益。

TRAP公司的研究结果表明,对于所购买的产品或服务持不满态度的顾客,提出不满却对经营者处理不满的结果感到满意的顾客,其忠诚度要比那些感到不满意却未采取任何行动的人好得多。具体来说,他们的研究结果显示,在可能损失的1～5美元的低额购买中,提出客户不满却对经营者的处理感到满意的人,其再度购买比例达到70%;而那些感到不满意却没采取任何行动的人,其再度购买的比例只有36.8%。而当可能损失在100美元以上时,提出客户不满却对经营者的处理感到满意的人,再度购买率可达54.3%,而那些感到不满意却没采取任何行动的人再度购买率却只有9.5%。这一研究结果一方面反映了对客户不满的正确处理可以增加顾客的忠诚度,可以保护乃至增加经营者的利益;另一方面也折射出这样一个事实:要减少顾客的不满意,必须妥善地化解顾客的不满。

另有研究表明,一个顾客的不满代表着另有25个没说出口的顾客的心声,对于许多顾客来讲,他们认为与其不满,不如取消或减少与经营者的交易量。这一数字更加显示出了正确、妥善化解客户不满的重要意义,只有尽量地化解顾客的不满,才能维持乃至增加顾客的忠诚度,保持和提高顾客的满意度。

4.4.2.3 客户不满是企业的"治病良药"

企业成功需要顾客的不满。客户不满表面上让企业员工不好受,实际上给企业的经营敲响警钟,在工作的什么地方存在隐患,解除隐患便能赢得更多的顾客。同时保留着忠诚的顾客,他们有着"不打不成交"经历,他们不仅是顾客,还是企业的亲密朋友,善意的监视、批评、表扬,表现出他们特别地关注和关心企业的变化。如此来看,顾客不满不是极好的事吗?对企业来说,应是求之不得的好事。

如果企业换一个角度来思考,实实在在地把客户不满当作一份礼物,那么企业就能充分利用顾客的不满所传达的信息,把企业做大。对企业来讲,顾客的不满唾手可得,但作为来自顾客及市场方面的资讯源,顾客的不满并没有得到充分利用。其实顾客的不满是企业改善服务的基础。企业成功必须真诚地欢迎那些提出不满的顾客,并使顾客乐意将宝贵的意见和建议送上门来。

4.4.3 如何应对客户的不满

光有良好的政策方针并不能改变顾客的不满,积极并准确的行动才是关键。企业必须培养高业务素质和高道德素质的员工,使顾客由不满到满意再到惊喜。

4.4.3.1 以良好的态度应对顾客的不满

处理客户不满首先要有良好的态度。保持良好的态度是处理客户不满的前提,然而要保持良好的态度,说起来容易做起来难,它要求企业员工不但要有坚强的意志还要有牺牲自我的精神去迎合对方,只有这样,才能更好地平息顾客的不满。

4.4.3.2 了解客户不满的背后希望

应对客户不满,首先要做的是了解客户不满背后的希望是什么,这样有助于按照顾客的希望处理,这是解决客户不满的根本。例如,表面上看,顾客向保险代理人不满地说,她们打电话要求保险公司处理一个简单的问题等了好几天都没回应。但深入地看,顾客是在警告代理人,保单到期后,他们会去找另一家保险公司续保。令人遗憾的是许多公司只听到了表面的不满,结果因对顾客的不满处理不当,白白流失了大量的顾客。

4.4.3.3 行动化解顾客的不满情绪

客户不满的目的主要是让员工用实际行动来解决问题,而绝非口头上的承诺。如果顾客知道你会有所行动自然放心,当然光嘴上说绝对不行,接下来你得拿出行动来。在行动时,动作一定要快,这样一来可以让顾客感觉受到了到尊重,二来表示经营者解决问题的诚意,三来可以防止顾客的负面宣传对公司造成重大损失。

4.4.3.4 让不满的顾客惊喜

客户不满是因为经营者提供的产品或服务未能满足顾客的需求,顾客总认为他们受到了利益的损失。因此,客户不满之后,往往会希望得到补偿。即使公司给了他们一点补偿,他们也往往会认为这是他们应当得到的,他们因而也不会感激公司。这时如果顾客得到的补偿超出了他们的期望值,顾客的忠诚度往往会有大幅度提高,而且他们也会到处传诵这件事,公司的美誉度也会随之上升。所以,公司处理客户不满要遵守两点:① 补偿多一点;② 层次高一点。

【案例4-3】

酒店挽回不满客户

4名来自欧洲的MBA学员到位于美国亚利桑那州菲尼克斯的Ritz-Carlton参加服务营销理论研讨会。他们想在即将离开酒店前往机场的那个晚上到酒店的游泳池里轻松地度过几个小时。但是,当他们下午来到游泳池时,被礼貌地告知游泳池已经关闭了,原因是为了准备晚上的一个招待会。这些学员向招待员解释说,晚上他们就将回家,这是他们唯一可以利用的一点时间了。听完他们的解释后,这个招待员让他们稍微等一下。过了一会一个管理人员来到他们身旁解释道,为了准备晚上的酒会,游泳池不得不关闭。但他接着又说,一辆豪华轿车正在大门外等待接待他们,他们的行李将被运到Biltmore酒店,那里的游泳池正在开放,他们可以到那里游泳。至于轿车费用,全部由本店承担。这4名学生感到非常高兴。这家酒店给他们留下了非常深刻的印象,也使他们乐于到处传诵这一段服务佳话。

我们可以想象一下4名学生的心情。

由此可见良好的处理方式不仅赢得了顾客的满意,而且为企业宣传自己、改善自己提供了良好的机遇。

4.4.3.5 顾客态度追踪和客户不满卡管理

企业一方面应鼓励顾客公开提出批评和建议,同时应对那些私下不满的顾客进行追踪调查,积极收集顾客对其产品和服务反映的完整资料,并对其进行分析,及时发现问题并予以纠正。

客户不满卡是用于记录顾客发生不满事件的内容,它记录的通常是关于客户因企业失误而产生不满事件的发生时间、内容、经过及处理结果等。

通过客户不满卡可以知道事情的原委,易于理解顾客立场状况及理由,利用不满卡尽快行动,以满足顾客需求。同时通过对不满卡的分析归类,及时发现严重的和经常出现的不满,对其进行检查监督,不要让其由小变大,进而失去控制,并予以及早注意和处理。同样重要的是要对成功的处理记录进行分析以发现顾客的心理需求和期望。

总之,不满是顾客对自己的期望没得到满足的一种表述。对企业来讲,有顾客提出不满,说明企业还是能被市场关注的。正确对待和解决好顾客提出的难题是企业生存和发展的关键。顾客是市场竞争中的"法官",顾客可以决定企业的生死存亡,所以顾客的意见和脸色就是企业经营的准绳。因为,顾客不满的原因正是企业的问题所在,不解决问题,不被市场关注就等于给企业"判死刑"。如果及时地解决了问题,完善了工作方法,使顾客由不满意转变为满意和惊喜,就不会流失顾客。长久地积累这些顾客,企业便有了忠诚顾客群。

4.4.4 应对客户不满的具体实施方针

顾客最讨厌听到的话通常是:"很抱歉,我无能为力,这是公司的规定。"很多企业没有制定欢迎客户不满的政策。实际上,很多企业根本就没有处理客户不满的政策,尽管书面上制定了政策,但没有考虑到如何在行动上执行这些制度,他们一心想减少企业麻烦,而不是想着让顾客尽情不满,最终让顾客满意。

因此,企业必须制定相应的政策和制度,使客户不满能准确、及时地解决,应以顾客为中心制定有利于不满的政策,而许多企业制定政策和制度的前提是如何让企业运作得更顺利、更有效,这是把企业内部体系放在优先位置来考虑。例如:

(1) 专为顾客而设的服务窗口开放的时间却并不方便顾客。很多顾客服务部门午餐时间都要关门休息,但对忙碌紧张的上班族来说,午餐时间是他们方便退货的时间。

(2) 退货程序要求顾客必须保存原始包装才能退。很多顾客家里都没有充足的空间来堆放多余的箱子,就算有地方,他们也不想在家里放一大堆没用的废物。

(3) 保证程序要求顾客保留原始收据,否则保证书不能生效。

(4) 对最初所购产品不满意的顾客不能享受售后的差价优惠。

(5) 购买家用产品的顾客浪费了很多时间在家里等候送货员或修理人员。企业通知他们:"技术人员会在下午一点到五点之间到你那里。"而这个时间是现在很多家庭成员在企业正常上班时间,如果夫妇俩都在上班,家里会没人,显然这种处理方式对他们来说十分不便。

(6) 尽管顾客对某些烦人的程序怨声载道,但企业依然如故。

由此可见,以企业为中心的政策,无疑为顾客流失和客户不满提供了滋生的土壤。因此,企业制定为顾客服务政策时,应首先考虑到顾客是否愿意并且便于接受,如果是顾客不希望的事,要求变动或自愿选择时,有便利权吗?对所提供的服务不满意时,鼓励不满吗?企业应充分考虑顾客的利益,征求顾客的意见,制定出顾客乐于配合的管理政策。

(1) 协调统一执行。很多顾客都有这样的经历:最初向顾客提供服务的明明是某一个部门,最后却像踢皮球似的被推到另一部门去了。这种情况往往发生在汽车经销商的维修部、医院以及帮顾客运筹资金以便进行大宗采购的公司。这些企业最初向顾客提供的服务可能个人针对性很强,但是一旦到了另一个部门,就很快变得不明确了,服务质量自然大打折扣。

波士顿咨询公司对美国企业进行一项调查发现,企业内部几乎所有的活动(95%~99%)都与顾客无关。他们引用调查情况说,保险公司处理顾客的申请表平均要花22天时间。推算一下处理这些表格所需的时间,其实只需17分钟就行了。那么,另外多花的时间都耗在哪里去了呢?答曰:签字、呈报、开会。对客户不满的处理也是一样,如果企业能够协调好处理客户不满的各个部门的职能范围,高效地处理不满,那么每个人都会成为赢家。

(2) 授权一线员工。现在许多管理者存在一种偏见,即一线员工的品质素质较差,在他们眼里一线工人不可靠,一线员工只能按规范的方式和程序为顾客服务,这种不信任导致管理者不敢向一线员工授权。

授权意味着一线员工不用去重复老一套的接待词,而可以根据情景和顾客的不同灵活地为顾客提供得体服务;授权也意味着一线员工可以立即处理顾客的投诉或不满,而不会因为处理程序复杂导致矛盾激化;授权还可以充分发挥员工的创造性、积极性和主动性,提高顾客服务质量。因此,管理者应适当地授权一线员工,充分发挥他们的潜能去为顾客服务。

(3) 表彰奖励受理。有些企业的奖励制度与受理不满之间有矛盾。例如,某家企业为争夺市场而拼命宣传所提供的服务百分百令顾客满意,但其销售部门却背道而驰。业务人员为了拉一笔生意向顾客夸下海口并承诺,但企业对此很少过问。业务人员一心只想把顾客的钱挣到手,顾客有了问题,企业不问不管,顾客服务人员只好自负。

有些企业急功近利,只顾短期利益,客户不满无法得到妥善地解决。企业甚至对这种行为进行表彰和奖励。例如,某位经理只要能迅速降低该部门的产品退货率,在短期内提高利润,就能获得奖金。路易斯·葛斯特勒出任美国联通公司总裁时,曾经对这一问题发表看法:"这是大多数公司的内部不合理造成的,顾客服务人员既辛苦又要承担费用上的风险,却没有得到一点好处。他们的优秀表现只体现在市场营销尤其是对新产品的开发上,但他们本人始终得不到公司的回报。"

因此,公司要建立相应的表彰机制和员工自主机制,鼓励员工积极处理客户不满,并对优秀的员工给以奖励,使员工能够积极有效地处理客户不满,为建立高效的客户不满体系打下基础。

(4) 传达客户不满。通常一线员工能最先接触到顾客。如果企业不鼓励员工将来自顾客的信息传达给经理,那么大部分的客户不满在一线就石沉大海没有音讯;如果一线员工和经理人之间未能坦诚地交换意见,那么提高服务质量纯粹是一句空话。

企业的高层主管一方面要尽可能地与顾客进行面对面的交流,亲身体会一下顾客的愤怒;另一方面要建立监督机制,对客户不满从一线员工传达到管理层的过程进行监督,看看究竟有多少客户不满传达到了企业高层,这些传达到的不满是否准确。

如果经理人打算花更多的时间直接了解一线员工的情况,不妨深入员工基层走走看看。中国著名的邦马饰品的前总裁山姆·沃尔顿说:"我们最好的点子往往来源于送货员和库存员。"很有可能这些员工的灵感都是受顾客的不满而启发的。沃尔顿说,员工不能仅靠耍耍嘴皮子就对顾客说,他们对顾客有多重视,关键是要落实到行动中去。面对不满连天的顾客,经理人不妨时时提醒自己"以身作则"。

目前,为加快一线员工与高层主管的沟通速度,许多企业将企业内部组织扁平化,减少周折,加快流通。企业内部结构的精简意味着不必花好几天甚至好几周的时间将所出的问题层层上报。当今我们面临的严峻挑战是市场流通不断加快,促使我们不得不加快回复客户不满的速度。

【案例 4-4】

银行柜员安抚客户

某日,一位客户急匆匆地来到服务窗口,掏出一张卡,问柜员前几天他在本网点存到卡里的十几万元钱怎么没有了。柜员先劝他别着急,请他出示身份证,帮他查了一下卡上的存款。原来他在其他网点签订了通知存款自动转存协议,也就是卡内活期账户里扣除了协议签订时的留存额度,满5万元以上全部转到了卡通知存款账户,而客户自己查的只是活期账户,当然看不到定期账户里的余额。当柜员把事情的原委跟客户解释清楚后,客户有些埋怨地说:"当时只是说利息高些,并没有说要转到定期账户里,这笑话闹得也太大了。"尽管知道是给客户签订协议网点没有向客户解释清楚,柜员还是连声赔不是:"这都是我们宣传解释上的过失,给您带来那么多不便。"之后还向客户详细解释了转存协议的规则,并介绍了此协议的便利之处。临走时,柜员还请大堂客户经理把客户送出大门。

任务 4.5 客户投诉管理

4.5.1 客户投诉及其对企业的意义

顾客投诉是每一个企业皆会遇到的问题,它是顾客对企业管理和服务不满的表达方式,也是企业有价值的信息来源,它为企业创造了许多机会。因此,如何利用处理顾客投诉的时机而赢得顾客的信任,把顾客的不满转化为顾客满意,锁定他们对企业和产品的忠诚,获得竞争优势,已成为企业营销实践的重要内容之一。

那么,客户投诉对企业具有哪些意义呢?

4.5.1.1 阻止顾客流失

现代市场竞争的实质就是一场争夺顾客资源的竞争,但由于种种原因,企业提供的产品或服务会不可避免地低于顾客期望,从而造成顾客不满意,因而顾客投诉是不可避免的。向企业投诉的顾客一方面要寻求公平的解决方案,另一方面说明他们并没有对企业绝望,希望再给企业一次机会,正如美国运通公司的一位前执行总裁认为的那样:"一位不满意的顾客是一次机遇。"

相关研究进一步发现,50%~70%的投诉顾客,如果投诉得到解决,他们还会再次与公司做生意,如果投诉得到快速解决,这一比重会上升到92%。因此,顾客投诉为企业提供了恢复顾客满意的最直接的补救机会,鼓励不满顾客投诉并妥善处理,能够阻止顾客流失。

4.5.1.2 减少负面影响

不满意的顾客不但会终止购买企业的产品或服务,而转向企业的竞争对手,还会向他人诉说自己的不满,给企业带来非常不利的口碑传播。据研究发现,一个不满意的顾客会把他们的经历告诉其他至少 9 名顾客,其中 13% 的不满顾客会告诉另外的 20 多个人。研究还表明,公开的攻击会比不公开的攻击获得更多的满足。一位顾客在互联网宣泄自己的不满时写道:"只需要 5 分钟,我能够就向数以千计的顾客讲述自己的遭遇,这就是对厂家最好的报复……"

但是,如果企业能够鼓励顾客在产生不满时,向企业投诉,为他们提供直接宣泄机会,使顾客不满和宣泄处于企业控制之下,就能减少顾客找替代性满足和向他人诉说的机会。许多投诉案例表明,顾客投诉如果能够得到迅速、圆满的解决,顾客的满意度就会大幅度提高,顾客大多会比失误发生之前具有更高的忠诚度,不仅如此,这些满意而归的投诉者,有的会成为企业的义务宣传者,即通过这些顾客良好的口碑鼓动其他顾客也购买企业产品。

4.5.1.3 免费的市场信息

投诉是联系顾客和企业的一条纽带,它能为企业提供许多有益的信息。丹麦的一家咨询公司的主席 Claus Moller 说:"我们相信顾客的抱怨是珍贵的礼物。我们认为顾客不厌其烦地提出抱怨、投诉,是把我们在服务或产品上的疏忽之处告诉我们。如果我们把这些意见和建议汇总成一套行动纲领,就能更好地满足顾客的需求。"研究表明,大量的工业品的新产品构思来源于用户需要,顾客投诉一方面有利于纠正企业营销过程中的问题与失误,另一方面还可能反映企业产品和服务所不能满足的顾客需要,仔细研究这些需要,可以帮助企业开拓新市场。

从这个意义上,顾客投诉实际上是常常被企业忽视的一个非常有价值且免费的市场研究信息来源,顾客的投诉往往比顾客的赞美对企业的帮助更大,因为投诉表明企业还能够比现在做得更好。

4.5.1.4 预警危机

一些研究表明,顾客在每 4 次购买中会有 1 次不满意,而只有 5% 以下的不满意的顾客会投诉。所以如若将公司不满的顾客比喻为一座冰山的话,投诉的顾客则仅是冰山一角,不满顾客这个冰山的体积和形状隐藏在表面上看起来平静的海面之下,只有当公司这艘大船撞上冰山后才会显露出来,如果在碰撞之后企业才想到补救,往往为时已晚。所以,企业要珍惜顾客的投诉,正是这些线索为企业发现自身问题提供了可能。

例如,从收到的投诉中发现产品的严重质量问题,而收回产品的行为表面看来损害了企业的短期效益,但是避免了产品可能给顾客带来的重大伤害以及随之而来的严重的企业—顾客纠纷。事实上,很多的企业正是从投诉中提前发现严重问题,然后进行改善,从而避免了更大的危机。

4.5.2 客户不投诉的原因分析

管理者可能会问,不愉快的顾客为什么不投诉?研究表明,顾客不投诉的原因主要有以

下几个(按发生频率的高低排列):

(1) 不值得花费时间和精力。

(2) 担心没有人会关心他们的问题或有兴趣采取行动。

(3) 不知道到哪里去投诉及怎样投诉。

(4) 有很大比例的投诉者反映他们对投诉的结果不满意。

(5) 有时候它是一种文化或背景的反映。例如,日本有21%的顾客对投诉感到尴尬或不适;在某些欧洲国家,服务提供者和顾客之间有一种强烈的客人—主人关系,告诉服务提供者你对服务的方式不满意会被认为是不礼貌的事。

通过调研发现,来自高收入家庭的消费者比来自低收入家庭的消费者提出投诉的可能性更大,年轻人比老年人提出投诉的可能性更大。投诉者往往具有更丰富的产品知识,也更了解投诉渠道。其他增加投诉可能性的因素包括问题的严重性、产品对顾客的重要性和财务损失。

4.5.3 客户投诉的原因分析

4.5.3.1 企业自身的原因

(1) 产品质量无法满足顾客。良好的产品质量是顾客塑造满意度的直接因素,对于服务这种无形产品也是这样。对于服务的质量评估不但贯穿了顾客从进入到走出服务系统的全部经历过程,还会延伸到顾客对服务所产生的物质实据的使用过程中。例如,一个顾客在超市选购商品,一方面,能不能在超市中以合适的价格顺利地买到质量合格的商品是决定顾客是否满意的主要判断标准;另一方面,即使商品的质量没有问题,但如果在使用的过程中,顾客发现使用该商品得到的效果并不是像他自己想象的那样,他也会对整个超市的服务产生不满,进而产生抱怨。

(2) 服务无法达到顾客的要求。服务是一种经历,在服务系统中的顾客满意与不满意,往往取决于某一个接触的瞬间。例如,服务人员对顾客的询问不理会或回答语气不耐烦、敷衍、出言不逊;结算错误;让顾客等待时间过长;公共环境卫生状态不佳;安全管理不当,店内音响声音过大;服务制度如营业时间、商品退调、售后服务以及各种惩罚规则;等等。这些都是造成顾客不满、产生抱怨的原因。

(3) 对顾客期望值管理失误。服务企业对顾客期望值管理失误导致顾客对于产品或服务的期望值过高。在一般情况下,当顾客的期望值越大时,购买产品的欲望相对就越大。但是当顾客的期望值过高时,就会使得顾客的满意度越小;顾客的期望值越低时,顾客的满意度相对就越大。因此,企业应该适度地管理顾客的期望。当期望管理失误时,就容易导致顾客产生抱怨。

4.5.3.2 顾客的原因

(1) 弥补损失。顾客往往出于两种动机提出投诉,一是为了获得财务赔偿:退款或者免费再次获得该产品及服务作为补偿。二是挽回自尊:当顾客遭遇不满意产品、服务,不仅承受的是金钱损失,还经常伴随遭遇不公平对待,对自尊心、自信心造成伤害。

(2) 性格的差异。不同类型顾客对待"不满意"的态度不尽相同,理智型的顾客遇到不满意的事,不吵不闹,但会据理相争,寸步不让;急躁型的顾客遇到不满意的事必投诉且大吵大闹,不怕把事情搞大,最难对付;忧郁型的顾客遇到不顺心的事,可能无声离去,绝不投诉,但永远不会再来。

4.5.3.3 环境因素

环境因素是指顾客与企业所不能控制的,在短期内难以改变的因素,包括经济、政治法律、社会文化、科学技术等方面。

(1) 文化背景。在不同的文化背景下,人们的思维方式、做事风格有别,因此顾客投诉行为也存在差异。在集体主义文化中,人们的行为遵从社会规范,追求集体成员间的和谐,按照"我们"的方式思考;不喜欢在公众场合表露自己的情感,尤其是负面的;对事物的态度取决于是否使个人获得归属感,是否符合社会规范,能否保持社会和谐并给自己和他人保全面子。因此,他们更倾向于私下抱怨。而在个人主义文化中,人们追求独立和自足,用"我"的方式思考,喜欢通过表现自己的与众不同,表达自己的内心感受,来实现自我尊重。因此,他们更倾向于投诉。由此可见,文化背景对投诉行为的影响是通过影响顾客的观念,如对投诉的态度产生的。

(2) 其他环境因素。除了文化背景和行业特征之外,一个国家或地区的生活水平和市场体系的有效性、政府管制、消费者援助等都会影响顾客的投诉行为。

4.5.4 解决客户投诉问题的对策

解决顾客投诉可以从以下几个方面进行:一是顾客未投诉时,企业应加强自身产品和服务的质量管理,和企业内部文化和机制的建设,确保顾客满意,减少投诉的产生;二是投诉产生的时候,企业应积极处理顾客投诉,尽最大可能让顾客满意;三是投诉发生后,企业在处理投诉时应注意的问题。

4.5.4.1 减少投诉的产生

(1) 销售优良的商品。提供优良而安全的商品给顾客,这是预防顾客投诉的基本条件。这主要包括:① 在经过充分市场调研的基础上,订购、制造优良而且能反映顾客需求的商品。② 确实掌握产品的材料及保存方法,以便在销售中能为顾客提供更多的相关知识。③ 如果商品发生缺陷,一定要更新,杜绝不良商品流到顾客手中,造成顾客不满,引起投诉。

(2) 提供良好的服务。服务人员素质的高低、技能和态度的好坏,是影响企业服务水准的最重要因素。因此,提供优良的服务首先应从服务人员抓起。首先搞好上岗培训,培训可采用"ASK"培训法,即有关服务的技能、知识和态度的培训。其次举办各种业务竞赛活动,促进服务人员整体服务水平的提高。再次注意安全。如果顾客在服务场所发生意外并受伤,不管企业怎样说,责任也是无法推卸的,所以,要注意服务场所的安全工作。

(3) 加强投诉处理的培训。企业服务人员处理顾客投诉的能力与投诉事件是否得以有效解决有非常大的关系。首先,应在企业员工中树立顾客完全满意的观念,对员工进行培训,让他们积极地去了解企业的运转,企业的业务使命、战略整体目标,明确个人对顾客的态度直接影响企业的形象和最终的利润。其次,员工要掌握工作技术技能和沟通技能。熟练的技术技能是提供顾客满意的产品和服务的前提,如果直接与顾客接触的员工技术不过硬,举止笨拙,这就会影响顾客所感知到的产品和服务的质量,降低顾客的满意度。顾客抱怨管理工作需要经常与顾客直接打交道,企业内部也需要不同部门人员共同协作,所以掌握一定的沟通技巧对员工也是非常重要的。企业应有计划地对一部分员工,特别是与顾客经常接触的一线员工进行培训,使之掌握一定的沟通技能。最后,应树立"内部顾客"的观念,企业各部门之间、员工之间要相互协作,上一道工序应把下一道工序当成"内部顾客",一线员工只有得到企业其他人员及部门的支持才能为最终的外部顾客提供优良的产品和服务。

(4) 围绕"顾客完全满意"建设新的企业文化。顾客投诉管理作为企业内部一项活动,它的有效进行通常需要企业内部几乎所有部门的参与,所以强调重视顾客需求,以顾客满意为目标的价值取向必须得到企业所有员工的认同,而这种认同必须建立在"以顾客满意为中心"的企业文化中才能获得。

4.5.4.2 有效处理顾客投诉

任何一个投诉都不是孤立存在的,都可能与企业的结构、流程、研发、销售和服务甚至外部宏观、微观市场环境变化有关。

(1) 为顾客投诉提供便利。企业应该为顾客投诉提供便利条件,鼓励顾客投诉,从而使企业能够重新审视产品、服务、内部资源管理等一系列问题,找出其中的不足,有则改之,无则加勉。① 制定明确的产品和服务标准及补偿措施。企业通过制定产品和服务标准,可以使顾客明确自己购买的产品,接受的服务是否符合标准,是否可以投诉以及投诉后所得到的补偿。企业执行上述标准的过程中,还能在顾客投诉之前对产品和服务的缺陷采取相应补偿措施。② 引导顾客怎么投诉。企业应在有关宣传资料上详细说明顾客投诉的方法。它包括投诉的步骤、向谁投诉、如何提出意见和要求等,以鼓励和引导顾客向企业投诉。③ 方便顾客投诉。企业应尽可能降低顾客投诉的成本,减少其花在投诉上的时间、精力、货币与心理成本,使顾客的投诉变得容易、方便和简捷。④ 企业可以设立免费投诉电话或意见箱,建立激励投诉的制度;还可以专门设立投诉基金,实行有奖投诉。

(2) 建立处理顾客投诉的机制。全力解决顾客投诉的关键是要建立起灵活处理顾客投诉的机制,包括:① 制定和发展雇员雇用标准和培训计划。这些标准和培训计划充分考虑了雇员在碰到公司服务或产品使顾客不满意时应做的善后工作。② 制定善后工作的指导方针。目标是达到顾客公平和顾客满意。③ 去除那些使顾客投诉不方便的障碍,降低顾客投诉的成本,建立有效的反应机制。包括授权给一线员工,使他们有权代表公司对有瑕疵的产品和服务向顾客做出补偿。④ 维系顾客和产品数据库。包括完备的顾客投诉详细记录系统。这样公司可以及时传送给解决问题所涉及的每一个员工,分析顾客投诉的类型和缘由并且相应地调整公司的政策。

(3) 处理顾客投诉的主要步骤。① 安抚和道歉。不管顾客的心情如何不好,不管顾客在投诉时的态度如何,也不管是谁的过错,企业的服务人员要做的第一件事就应该是平息顾客的情绪,缓解他们的不快,并向顾客表示歉意。公司还得告诉他们,公司将完全负责处理顾客的投诉。② 投诉记录。详细地记录顾客投诉的全部内容,包括投诉者、投诉时间、投诉对象、投诉要求。③ 判定投诉性质。先确定顾客投诉的类别,再判定顾客投诉理由是否充分,投诉要求是否合理。如投诉不能成立,应迅速答复顾客,婉转说明理由,求得顾客谅解。④ 明确投诉处理责任。按照顾客投诉内容分类,确定具体接受单位和受理负责者。属于合同纠纷,交企业高层主管裁定;属于运输问题,交货运部门处理;属于质量问题,交质量管理部门处理。⑤ 查明投诉原因。调查确认造成顾客投诉的具体原因和具体责任部门及个人。⑥ 提出解决办法。参照顾客投诉要求,提出解决投诉的具体方案。⑦ 通知顾客。投诉解决办法经批复后,迅速通知顾客。⑧ 责任处罚。对造成顾客投诉的直接责任者和部门主管按照有关制度进行处罚,同时对造成顾客投诉得不到及时圆满处理的直接责任者和部门主管进行处罚。⑨ 提出改善对策。通过总结评价,吸取教训,提出相应的对策,改善企业的经营管理和业务管理,减少顾客投诉。⑩ 跟踪。解决了顾客投诉后,打电话或写信给他们,了解他们是否满意。一定要与顾客保持联系,尽量定期拜访他们。

(4) 构建顾客投诉管理系统。该系统是一个完整的,由若干个相互影响、相互作用的子系统组成的顾客投诉行为管理系统,它由顾客投诉预警系统、投诉行为响应系统、投诉信息分析系统、顾客投诉增值服务系统、内部投诉信息传递系统、人力资源系统以及服务绩效监督系统共同构成。① 顾客投诉预警系统。企业不仅要通过顾客的抱怨和投诉来确定企业产品质量或服务的问题所在,更要主动地查找潜在的失误,即在问题出现前能够预见问题,从而避免发生。② 投诉行为响应系统。一个良好的投诉行为管理系统应该能够提供快速的、个性化的响应。为了达到快速响应目的,公司可以对一线员工进行授权,这是因为一系列的审批程序会放慢反应速度,加大顾客的对立情绪。除了授予员工行动的权利外,公司还必须为员工提供各种指标和参数,以协助员工制定决策。③ 投诉信息分析系统。企业不仅要掌握产品和服务质量的变化趋势,及时采取补救和预防措施,防止投诉的再次发生,还必须通过对投诉信息的分析了解顾客需求变化,挖掘顾客潜在需求的宝贵资源。④ 顾客投诉增值服务系统。假设顾客第一次购买的产品或服务的实际价值为 $V1$,投诉成本为 C,那么企业第二次满足顾客需求的产品或服务的价值 $V2$ 应当大于(至少等于)$V1+C$,这样才能赢得顾客的满意和信赖。可以说,顾客投诉增值服务系统输入的是顾客投诉,输出的是顾客满意,该系统通过一系列的活动或流程,将顾客的不满意转化为满意。⑤ 内部投诉信息传递系统。顾客投诉信息应该在企业内部通过适当的方式沟通,以使投诉处理过程能够得到充分理解和有效执行。

【案例 4-5】

"晨光酸牛奶中有苍蝇"的顾客投诉处理案例

2001 年某日,在某购物广场,顾客服务中心接到一起顾客投诉,顾客说从商场购买的"晨光"酸牛奶中喝出了苍蝇。投诉的内容大致是:顾客李小姐从商场购买了晨光酸牛奶后,马上去一家餐馆吃饭,吃完饭李小姐随手拿出酸牛奶让自己的孩子喝,自己则在一边跟朋友聊天,突然听见孩子大叫:"妈妈,这里有苍蝇。"李小姐寻声望去,看见小孩喝的酸牛奶盒里(当时酸奶盒已被孩子用手撕开)有只苍蝇。李小姐当时火冒三丈,带着小孩来商场投诉。正在这时,有位值班经理看见便走过来说:"你既然说有问题,那就带小孩去医院,有问题我们负责!"顾客听到后,更是火上加油,大声喊:"你负责?好,现在我让你去吃 10 只苍蝇,我带你去医院检查,我来负责好不好?"边说边在商场里大喊大叫,并口口声声说要去"消协"投诉,引起了许多顾客围观。

该购物广场顾客服务中心负责人听到后马上前来处理,赶快让那位值班经理离开,又把顾客请到办公室交谈,一边道歉一边耐心地询问了事情的经过。

询问重点:① 发现苍蝇的地点(确定餐厅卫生情况)。② 确认当时酸牛奶的盒子是撕开状态而不是只插了吸管的封闭状态。③ 确认当时发现苍蝇是小孩先发现的,大人不在场。④ 询问在以前购买"晨光"牛奶有无相似情况。在了解了情况后,商场方提出了处理建议,但由于顾客对值班经理"有问题去医院检查,我们负责"的话一直耿耿于怀,不愿接受我们的道歉与建议,使交谈僵持了两个多小时之久,依然没有结果,最后商场负责人只好让顾客留下联系电话,提出换个时间与其再进行协商。

第二天,商场负责人给顾客打了电话,告诉顾客:我商场已与"晨光"牛奶公司取得联系,希望能邀请顾客去"晨光"牛奶厂家参观了解(晨光牛奶的流水生产线:生产—包装—检验全过程全是在无菌封闭的操作间进行的),并提出,本着商场对顾客负责的态度,如果顾客要求,我们可以联系相关检验部门对苍蝇的死亡时间进行鉴定与确认。由于顾客接到电话时已经过了气头,冷静下来了,而且也感觉商场负责人对此事的处理方法很认真严谨,顾客的态度一下缓和了许多。这时商场负责人又对值班经理的讲话做了道歉,并对当时顾客发现苍蝇的地点——(并非是环境很干净的小饭店),时间——大人不在现场,酸奶盒没封闭,已被孩子撕开等情况做了分析,让顾客知道这一系列情况都不排除是苍蝇落入(而非牛奶本身带有)酸奶的因素。

通过商场负责人的不断沟通,顾客终于不再生气了,最后告诉商场负责人:他们其实最生气的是那位值班经理说的话,既然商场对这件事这么重视并认真负责处理,所以他们也不会再追究了,他们相信苍蝇有可能是小孩喝牛奶时从空中掉进去的。顾客说:"既然你们真的这么认真地处理这件事,我们也不会再计较,现在就可以把购物小票撕掉。你们放心,我们会说到做到的,不会对这件小事再纠缠了。"

事件反思

处理顾客投诉是非常认真的工作,处理人当时的态度、行为、说话方式等都会对事件的处理有着至关重要的作用,有时不经意的一句话都会对事情的发展起到导火索的作用。所以在对待顾客投诉时要软化矛盾而不是激化矛盾,所以这需要我们投诉处理的负责人要不断提高自身的综合素质,强化自己对于顾客投诉的认识与理解,尽量避免因自己的失误而造成的不良后果。

1. 企业要如何提升客户满意?
2. 企业如何看待客户的不满?
3. 企业要如何应对客户的投诉?

一切从客户满意出发

美国的路博润公司(Lubrizol Corporation)是现今世界著名的流体科技公司,也是全球最大的润滑油添加剂公司。该公司以顾客满意度为标杆,获得了巨大的成功。路博润的实施策略分为三个步骤。

一、第三方调查

路博润公司在顾客满意度方面取得突破始于三个非常重要的问题:在顾客最在意的地方,我们是否能达到他们的期望?我们该怎样面对竞争?在哪些领域,如果超过了顾客的预期,就能给我们带来最大回报?

于是,这家资产额达到16亿美元的化工企业决定对顾客喜好进行深入的了解与研究,它聘请了韬睿咨询公司(Towers Perrin)为其进行一次全面的调查。路博润认为,独立的第三方能够提供最客观、最真实的分析结果。如果让内部人员来收集顾客意见,他们也许会偏重于重要客户而忽略了其他方面。此外,顾客的负面反馈也可能引发客服人员为自己辩解。这样不仅违背了原本想要发现事实的初衷,还有可能演变成一场争论。

由于路博润公司的产品种类繁多,与顾客的关系也较复杂,所以调查工作相当烦琐。再加上该公司又是一家跨国运营的企业,因此调查活动的复杂性也就更高。

以路博润的一位普通客户为例,他可能会与美国克利夫兰市的销售与工程部门联络,讨论的却是一种在英国进行市场测试而发货地在得克萨斯州的产品。此外,路博润公司本身由两个战略性业务部门组成:一个专营基本的汽车润滑油添加剂,另一个专营工业及特种化学品。诸如美孚(Mobil)或雪佛龙(Chevron)这样的大客户从两个部门都要购买产品,因此与路博润的接触机会也就增加了一倍。

韬睿咨询公司首先确定了每个客户与路博润公司打交道时最重要的接触点,然后从该公司在北美最大的25家客户中挑选出各类对象进行面对面的访谈,如雪佛龙、阿莫科(Amoco)、奎克石油(Quaker State)以及胜牌石油化工公司(Valvoline)等。第二轮的访谈对象则是50家主要的欧洲客户,如法国的道达尔菲纳埃尔夫公司(TotalFinaElf)等。

参加访谈者来自客户所有的职能领域,包括高级管理层、销售、营销支持、技术与科研、订单处理、生产、运输及交货等。为了评估路博润在顾客心中最真实的印象,调查者必须对每一个访谈对象的印象进行评价与衡量。

二、确定绩效差距

在两到三个月的时间内,调查者就产品质量、产品审批与开发时间、订单处理以及客服人员对技术与性能问题的反映等方面进行提问。他们会问销售人员在职业精神、产品知识、亲和力以及乐于助人等方面应达到怎样的标准;此外还将问一些关于定价策略、技术知识及客服人员诚信度的问题。

简而言之,他们将对路博润的优势与弱点进行全面评估。此外,出于对竞争的高度重视,韬睿公司还要求顾客指出并评价路博润的主要竞争对手。

正如人们预料的那样,调查显示:客户的不同部门对路博润有着不同的看法,例如,在一些客户公司里,技术部门对该公司感到满意,而采购部门则并不满意。

调查者不仅要求客户对路博润及其最接近的竞争对手在众多方面的绩效做出评估,还要求他们对每个方面点的重要性进行衡量。每个问题由三部分组成:路博润的订单处理是否满足你们的计划要求?它的竞争对手是否拥有更好的反应机制?加快周转及缩短反应时间是否真的很重要?本案例中,顾客首先承认了上述工作的重要性。然后他们指出,路博润的竞争对手在这些方面稍稍领先。其结论是:路博润应重新建立订单处理程序,从而加强其灵活性并缩短周转时间。

明确了"绩效差距"后,公司便能在实施改良时分清轻重缓急、有所侧重。分析报告显示了对顾客最紧要的因素,并指出在哪里投入资源能获得最大回报,即在哪些地方会出现突破点。

在诸如"在行业协会中的效力"及"与主要的原始设备制造商(OEM)的关系"等要点上,顾客给路博润及其竞争对手打的分都很高。然而在很多路博润客户的下属部门看来,这些因素均无关紧要。其结论是:若在以上这些方面投入过多的时间、金钱或精力将不会产生任何效益。

完成评估之后,路博润找到了许多有利于取得竞争优势的方法。此外,公司还发现了自身的一些不足之处。比如,顾客在三个方面最不满意:机制僵化(过多且重复的销售洽谈);新产品审批程序过于冗长费时;订单处理与交货缺乏灵活性与准时性。

三、实施全面整改

根据顾客调查数据与分析结果,路博润着手进行机构改革。通过对自身的细察,公司管理层决定在下述领域组建跨职能的团队:

组织架构 公司放弃了原先两个业务部门截然分开的架构,建立了一体化的组织体系。这一做法改变了原先重复烦琐、互相干扰的客户交流程序,使沟通变得更简单而高效。

客户服务 路博润放弃了原先客服部门严格以职能分工的方式,采用了更全局化的思路。公司制定了一整套综合了销售与技术服务等因素的客户关系战略。由于销售人员要对与客户的日常联络进行管理,因此公司还制订了一套严格的训练计划。

生产能力 为了降低成本并改进交货环节,路博润公司准备用三到五年的时间来重组生产与分销部门。公司打算把中间层次的部件生产部门减少三分之一。这将提高产能利用率并降低生产成本。与此同时,它还将扩展在得克萨斯州的鹿园(Deer Park)、英国布朗巴勒(Bromborough)及法国鲁昂(Rouen)的化学合成业务及销售部门。

产品开发期 通过对业内竞争对手的追踪与比较,路博润决定重组整个产品审批程序。这一决策将给公司带来双重收益:缩短产品推出时间会让顾客感到满意,成本也会随之降低。公司把更多的产品开发资源(人员与设备)安排到位于英格兰 Hazelwood、日本厚木(Atsugi)的技术中心,使其更接近客户;在俄亥俄的威克利夫(Wickliffe)总部,公司新建了一家实验室,负责开发化学合成业务。此外,即将投入使用的部件生产系统将加快新产品的生产速度,成本也将更节约。

路博润的努力没有白费,由于更全面地了解了顾客的想法,公司得以把员工与资源放在最能发挥效用的地方,做到了更好地为顾客服务。不仅如此,路博润对顾客满意度的分析还形成了一套有价值的基准,可以对当前及今后改革的有效性进行衡量。事实上,公司还准备组织下一步的调查以评价未来一段时间内取得的进步。这一计划将使公司以顾客满意度为标杆,在未来获得持续不断的改进。

得益于对顾客需求全新的、彻底的理解,路博润从一个职能化、以产品为中心的供应商转变成了更精干、更灵敏的"以顾客为中心"的企业。而公司管理层唯一的遗憾就是——"要是早点这么做就好了"。

问题思考:

路博润公司采取哪些措施来提高客户满意度?

实践训练

企业客户满意与客户投诉调查

实训目的	考查学生对客户满意等内容的理解,寻找客户满意管理的途径
实训内容	通过在真实的网络购买情境中体验网上商家的客户服务,总结商家使顾客满意的因素
实训要求	1. 以小组为单位,在网络上选定某个商家,就某一欲购商品与之交流 2. 在 20 分钟内完成寻找商家、确定商品到最后成交的全过程 3. 20 分钟后结束交易,并小组讨论
实训步骤	1. 选定网络商家 2. 选定商品,并与商家进行谈判交流 3. 是否在规定时间内达成交易 4. 小组讨论完成讨论报告
成果评价	以小组为单位提交讨论报告

能力测评

专业能力自评

	能/否	任务名称
通过本项目的学习,你是否能完成相关任务?		正确理解客户满意的内涵
		正确理解客户满意对企业的价值
		正确掌握处理客户投诉的应对方法
通过本项目的知识学习,你还能做什么?		

注:"能/否"栏中填"能"或"否"。

核心能力自评

	核心能力	是否提高
通过本项目的学习,你的相关能力是否提高?	收集企业客户满意资料的能力	
	与企业和客户沟通的能力	
	团队协作的能力	
通过本项目的学习,你还在哪些方面有所提高?		

注:"是否提高"栏中可填写"明显提高""有所提高""没有提高"。

项目5　客户忠诚管理

知识目标

1. 掌握客户忠诚、客户忠诚度的基本概念。
2. 了解客户忠诚对于企业的价值。
3. 了解影响客户忠诚的因素。
4. 掌握培养客户忠诚的方法。
5. 了解客户流失的原因。
6. 掌握挽回流失客户的方法。

技能目标

1. 能够熟悉客户忠诚培养的流程与策略。
2. 能够分析客户流失的原因并提出相应解决方案。

知识结构图

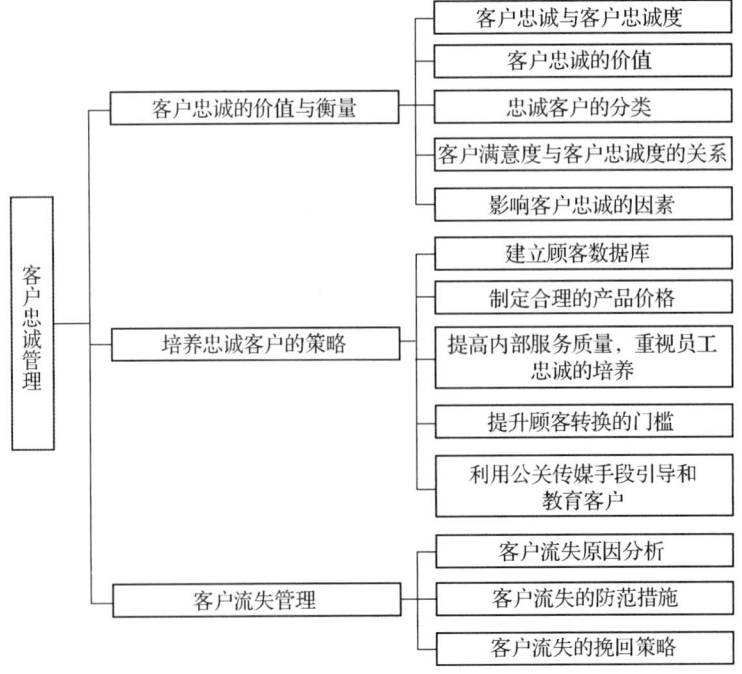

 导入案例

新加坡航空公司的客户忠诚管理

如何通过高质量的产品或者服务保持顾客的忠诚度,这是一个令众多公司绞尽脑汁、冥思苦想的问题,因为忠诚的顾客往往带来高额的商业利润。不可否认,享誉世界的新航无疑是最有资格回答这一问题的。

1. 关注客户——优质服务塑造客户对公司的忠诚度

"不管你是一名修理助理,还是一名发放工资的职员,或者是一名会计,我们能有这份工作,那是因为客户愿意为我们付费,这就是我们的'秘密'。"新航前总裁 Joseph Pillay 在创业伊始就不停地以此告诫员工,塑造和灌输"关注客户"的思想。事实上,正是持之以恒地关注客户需求,尽可能为客户提供优质服务,新航才有了今天的成就。

在长达32年的经营中,新航总是果断地增加最好的旅客服务,特别是通过旅客的需求和预测来推动自身服务向更高标准前进。早在20世纪70年代,新航就开始为旅客提供可选择餐食、免费饮料和免费耳机服务;20世纪80年代末,新航开始第一班新加坡至吉隆坡之间的"无烟班机";1992年年初,所有飞离新加坡的新航客机都可以收看美国有线电视网络的国际新闻;2001年,新航在一架从新加坡飞往洛杉矶的班机上首次推出了空中上网服务——乘客只需将自己的手提电脑接入座位上的网络接口,就可以在飞机上收发电子邮件和进行网上冲浪。在过去3年内,新航花费将近4亿元提升舱内视听娱乐系统,为将近七成(所有远程飞机)飞机换上这个系统,花费了超过6亿元提升机舱娱乐设施和商务舱座位。

随着竞争的加剧,客户对服务的要求也像雨后春笋一样疯长,"人们不仅仅把新航和别的航空公司做对比,还会把新航和其他行业的公司从多个不同的角度进行比较"。为了在竞争中保持优势地位,新航成为世界上第一家引入国际烹饪顾问团(SIA International Culinary Panel,ICP)和品酒师的航空公司,该顾问每年为新航提供4次食谱和酒单。硬件只是基础,软件才是真功夫。

当然,服务的一致性与灵动性同时受到关注。比如,怎样让一个有十三四个人的团队在每次飞行中提供同样高标准的服务?新航在对服务进行任何改变之前,所有的程序都会经过精雕细琢,研究、测试的内容包括服务的时间和动作,并进行模拟练习,记录每个动作所花的时间,评估客户的反应。

2. 向内"吆喝"——培育员工对公司的忠诚度

所有培养客户忠诚度的理念文化、规章制度都需要人来执行。这就意味着,如果新航内部员工没有对公司保持足够的满意度和忠诚度,从而努力工作,把好的服务传递给顾客,那么,客户的忠诚度将无从谈起。注意倾听一线员工的意见,关注对员工的培训,这些都是新航能够在市场上取得优异表现的根本所在。换句话说,只有内部员工对企业忠诚,才能使外部客户对企业忠诚。

案例思考

新加坡航空公司采用了哪些手段来满足客户的需求?它体现了该公司的什么理念?

任务5.1 客户忠诚的价值与衡量

5.1.1 客户忠诚与客户忠诚度

客户忠诚是指客户对企业的产品或服务的依恋或爱慕的感情,是客户对某企业或某品牌长久的忠心,并且一再指向性地重复购买,而不是偶尔重复购买同一企业的产品或服务的行为。忠诚的客户是这样的客户,当他们想购买一种他们曾经购买过的产品或服务时,他们会主动去寻找原来向他们提供过这一产品或服务的企业,甚至有时因为某种原因没有找到所忠诚的品牌,他们也会主动抵制其他品牌的诱惑,甚至搁置需求,直到所忠诚的品牌出现。

客户忠诚主要通过客户的行为忠诚、情感忠诚和意识忠诚表现出来。其中行为忠诚表现为客户再次消费时对企业的产品和服务的重复购买行为;情感忠诚表现为客户对企业的理念、行为和视觉形象的高度认同和满意;意识忠诚则表现为客户做出的对企业的产品和服务的未来消费意向。这样,由情感、行为和意识三个方面组成的客户忠诚营销理论,着重于对客户行为趋向的评价,通过这种评价活动的开展,反映企业在未来经营活动中的竞争优势。具体来说,表现为下列内容:

(1) 客户忠诚是指消费者在进行购买决策时,多次表现出来的对某个企业产品和品牌有偏向性购买行为。

(2) 忠诚的客户是企业最有价值的顾客。

(3) 客户忠诚的小幅度增加会导致利润的大幅度增加。

(4) 客户忠诚营销理论的关心点是利润。建立客户忠诚是实现持续的利润增长的最有效方法。企业必须把做交易的观念转化为与消费者建立关系的观念,从仅仅集中于对消费者的争取和征服转为集中于消费者的忠诚与持久。

客户忠诚度是指客户因为接受了产品或服务,满足了自己的需求而对品牌或供应(服务)商产生的心理上的依赖及行为上追捧。客户忠诚度是客户忠诚营销活动中的中心结构,是消费者对产品感情的量度,反映出一个消费者转向另一品牌的可能程度,尤其是当该产品要么在价格上,要么在产品特性上有变动时,随着对企业产品忠诚程度的增加,基础消费者受到竞争行为的影响程度降低了。所以客户忠诚度是反映消费者的忠诚行为与未来利润相联系的产品财富组合的指示器,因为对企业产品的忠诚能直接转变成未来的销售。

5.1.2 客户忠诚的价值

建立顾客忠诚对企业至关重要,美国哈佛商业研究报告指出多次光顾的顾客比初次登门者,可为企业多带来20%~85%的利润。Reichheld(1996)研究表明,在14个行业中,如果忠诚顾客每增长5%,那么企业利润的增加将依行业不同在25%~95%。顾客忠诚的价值不仅在于为企业带来稳定可观的销售利润,而且影响企业长期的经营和发展,是企业拥有的核心财富和战略资产。忠诚客户的价值如图5-1所示,客户忠诚度带来的利润如图5-2所示。

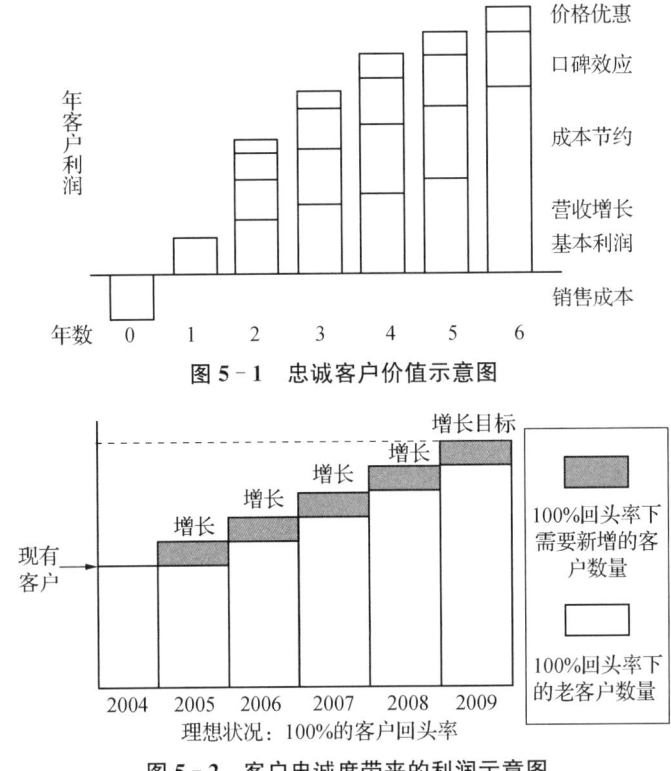

图 5-1 忠诚客户价值示意图

图 5-2 客户忠诚度带来的利润示意图

5.1.2.1 顾客购买价值

顾客购买价值是顾客一生所购买的该产品的价值总和。顾客的购买行为可分为新购买、重复购买和更新购买。忠诚顾客购买总价值是其重复购买忠诚品牌的价值(由于所购买产品使用耗竭或产生相似购买需要而重复购买同种品牌同种规格的产品)、更新购买忠诚品牌的价值(由于原购买产品退出产品生命周期或消费者人为加速折旧而购买同种品牌换代产品)和新购买忠诚品牌的价值(购买忠诚品牌企业的其他新产品)。在计算忠诚顾客购买价值时,还应考虑到忠诚顾客对忠诚品牌的价格敏感程度的变化。事实表明,对于喜爱和信赖的产品,消费者对其价格变动的承受能力强,即价格敏感度低。忠诚品牌的价格上涨,或者竞争对手的低价策略往往不会导致忠诚顾客需求的大幅度减少,因此忠诚顾客的价值还表现在其保障企业的稳定高额利润和减少抵御竞争风险所需成本方面。

5.1.2.2 顾客口碑价值

俗话说"金杯、银杯,不如百姓的口碑",顾客忠诚度高代表着每一个使用者都可以成为一个活的广告,自然会吸引新客户。事实显示:每位非常满意的顾客会将其满意的意愿告诉至少 12 个人,其中大约有 10 个人在产生相同需求时会光顾该企业;相反,一位非常不满意的顾客会把不满告诉至少 20 个人,这些人在产生相同需求时几乎不会光顾被批评的企业。顾客口碑价值包括两个方面,一是由于顾客向所属群体宣传其忠诚品牌而导致所属群体其他成员购买该忠诚品牌的价值总额;二是由于顾客宣传其忠诚品牌企业而使该企业品牌形象提升,导致该企业无形资产的价值总额增加。顾客口碑价值的大小与顾客忠诚度的大小正相关,顾客对品牌企业越忠诚,其所树立的对品牌企业的情感认知、行为偏好、价值取向越深刻,在信息传达过程中的情感可信性越强,对信息收受者的影响越大。此外,顾客口碑价值还与忠诚顾客自身的影响力相关。忠诚顾客是否属于信息收受者心目中的理想群体对顾客口碑价值大小密切相关。这是因为理想群体是消费者心理向往的群体,该群体成员的选择标准和行为规范会成为消费者行为的指南,消费者会将自己的行为与这种群体的标准进行对照,以改变自己不符合标准的行为。

5.1.2.3　顾客信息价值

顾客信息价值指顾客以各种方式(抱怨、建议、要求等)向企业提供各类信息为企业创造的价值。忠诚顾客为企业提供的信息主要有顾客需求信息、产品服务创新信息、竞争对手信息、顾客满意程度信息、企业发展信息等。忠诚顾客信息价值与忠诚顾客忠诚度是相辅相成的,忠诚顾客更倾向于提供基于企业现状的、合理可行的建议和忠告,而企业对信息的重视又促进了顾客忠诚度的提升。顾客信息对企业是重要财富,这已是不争的事实。同时还应看到顾客提供信息主要是希望得到信息的回馈结果。由于企业与顾客之间存在信息的不对称,企业与顾客都希望了解对方更多信息以便决策。因此,企业是否重视顾客信息价值对建立忠诚顾客以及培养顾客忠诚都十分重要。

5.1.2.4　顾客的附加价值

顾客的附加价值是企业在提供顾客产品或服务获取利润的同时,通过联合销售、提供市场准入、转卖等方式与其他市场合作获取的直接或间接收益。顾客的附加价值主要由忠诚顾客提供,如一些知名商厦对某些新品的准入收取费用,这是由于稳定的忠诚顾客群对其认同作用可以促进新品的销售,新品的生产企业由于获得收益或减少费用而向商厦支付报酬。企业能获得忠诚顾客的附加价值,可以用人类知觉的选择性来解释。心理学把感觉过程称之为选择性知觉,它包括选择性注意、选择性认识和选择性记忆。选择性注意指人们在接触信息时,只注意与自己的看法或态度一致的信息。选择性认识指人们在解释信息时喜欢按照自己的理解或看法去做,不愿意改变已有的认识。选择性记忆指人们只可能记住自己感兴趣或与自己有关的信息。由于忠诚顾客已经形成了对企业的固有的信任和偏好,在购买决策时更易于接受符合与其所忠诚的企业态度一致的信息。企业正是把握了忠诚顾客的行为倾向性,而将此行为倾向性的预期收益转卖他人获取利润。此外,忠诚顾客的价值还表现在其减少营销费用,节约市场调查成本,对企业意外事故的理解和承受能力强,增强企业的竞争力和抗风险力上。在顾客选择企业的时代,顾客对企业的态度极大程度地决定着企业的兴衰成败。正是深谙此奥妙,麦当劳和IBM的最高主管亲自参与顾客服务,阅读顾客的抱怨信,接听并处理顾客的抱怨电话。因为他们心中有一笔账:开发一个新顾客的成本是留住老顾客的 5 倍,而流失一个老顾客的损失,只有争取 10 个新顾客才能弥补。

当然,并不能因为忠诚顾客能提供超于一般顾客的价值,而且忠诚顾客的态度不易改变,企业就可以滥用忠诚顾客资源。实际上正是由于忠诚顾客的价值很高,一旦流失,对企业的影响将远远超于其他一般顾客所以企业要将顾客忠诚作为企业的核心竞争力和战略资产进行管理。

【案例 5-1】

再见了,史密斯太太

史密斯女士是个 60 岁左右的单身女性,她每周都在附近的杰克超市花 50 美元购买一些日常的生活用品。近来她对杰克超市的服务越来越不满意:超市拒绝提供给她一些并不过分的购物方便,付账时收银员总是与别人聊天,用信用卡付账时居然还要查她的身份证。当她为考验超市的服务态度,购买了很多东西时,收银员却连"欢迎光临,感谢惠顾"都不说。史密斯女士感到超市根本不在乎她的存在,终于决定离开杰克超市。以下就是史密斯女士的离开可能带来的损失:

(1) 每周 50 美元的销售额。
(2) 一个长期居住此地的顾客的销售额:50 美元(每周)×52 周(每年)×10 年(约数)。
(3) 她对生活圈子中 10 至 20 人的口碑宣传。
(4) 对其中至少一半人的消费产生的影响。
(5) 这些人对于周围至少 5 个人的再影响。
(6) 受影响的人中会有四分之一不再来进行消费。
(7) 这四分之一的顾客 10 年的销售额。

经研究证明,吸引一位新客户,或是把老客户争取回来的成本,比留住一位老客户要高出五至六倍,这是服务界公认的数字。

5.1.3 忠诚客户的分类

通过客户对企业提供的忠诚计划给予的评估,将忠诚客户划分为以下七种类型。

5.1.3.1 垄断忠诚

这是低依恋、高重复的购买者,企业或者产品在行业中处于垄断地位,消费者无论满意与否,只能长期使用这些企业的产品或服务。例如,客户对供电公司所提供的电力服务的使用,不管国家供电总局如何调价,客户都必须消费。根据一项调查显示,垄断忠诚客户通常因为选择面太窄,而对企业的忠诚计划非常不满意。

5.1.3.2 惰性忠诚

这是低依恋、高重复的购买者,客户由于惰性而不愿意去寻找其他的供应商。

【案例 5-2】

乐购超市公司的"俱乐部卡"

"俱乐部卡"的积分规则十分简单,客户可以从他们在乐购消费的数额中得到 1‰ 的奖励,每隔一段时间,乐购就会将客户累积到的奖金换成"消费代金券",邮寄到消费者家中。这种方便实惠的积分卡吸引了很多家庭的兴趣,据乐购自己统计,"俱乐部卡"推出的头 6 个月,在没有任何广告宣传的情况下,就取得了17%左右的"客户自发使用率"。

5.1.3.3　潜在忠诚

这是低依恋、低重复购买的顾客,客户虽然拥有但是还没有表现出来的忠诚。例如,淘宝网里的一些商品规定要购买两件或多件才能包邮,但有些消费者却无法找到和自己一起购买商品的人,最终放弃购买商品。

5.1.3.4　方便忠诚

这是低依恋、高重复购买者,客户由于地理位置比较方便而重复购买。例如,芜湖市高校园区家乐福较其他大型超市距离各大高校最近,方便各校学生到此消费,而且还有购物班车接送学生。

5.1.3.5　价格忠诚

这是低依恋、低重复购买的顾客,客户忠诚于提供最低价格的零售商。例如,两元店、"九块九"店,店内商品价格一律相同,以便宜的价格吸引消费者。

5.1.3.6　激励忠诚

这类客户忠诚是由公司提供的奖励活动带来的。当企业有奖励活动的时候,会来购买;当活动结束后就会转向其他奖励或有更多奖励的公司。例如,购买康师傅老坛酸菜牛肉面五连包,赠送饭盒一个,这样会刺激消费者购买。

5.1.3.7　超值忠诚

这类客户是典型的感情或品牌忠诚,具有高依恋、高重复购买的特征。例如,肯德基定期推出的超值优惠套餐吸引广大消费者品尝,尤其是最早推出的鸡翅、汉堡还有薯条依然受年轻人及儿童喜爱。超值忠诚客户是企业最有价值的顾客,他们对企业有很深的感情,不会轻易转向其他企业的产品和服务,他们不但重复购买率高,而且经常向亲友推荐企业的产品和服务,是企业的兼职销售人员。即使企业的某一方面让他们不满意,他们也不会立即离开,而是会向企业进行反映,督促企业改进。

5.1.4　客户满意度与客户忠诚度的关系

客户满意度是客户对企业产品或服务的满意程度,是一种感觉状态;而客户忠诚度则是客户连续地重复选择某一品牌进行消费,是一种持续重复的状态。但客户满意不是客户忠诚的重要条件,客户满意了,并不代表客户一定会忠诚。满意度与忠诚度又彼此独立,一般的满意度对客户忠诚度意义不大,想要让客户保持较高较稳定的忠诚,就必须想办法转满意为很满意,非常满意甚至完全满意,这样才能更大限度地增加客户对企业的忠诚。

满意度衡量的是客户的期望和感受,而忠诚度反映客户未来的购买行动和购买承诺。客户满意度调查反映了客户对过去购买经历的意见和想法,只能反映过去的行为,不能作为未来行为的可靠预测。忠诚度调查却可以预测客户最想买什么产品,什么时候买,这些购买可以产生多少销售收入。

客户的满意度和他们的实际购买行为之间不一定有直接的联系,满意的客户不一定能保证他们始终会对企业忠实,产生重复购买的行为。例如,许多用户对微软的产品有这样那样的意见和不满,但是如果改换使用其他产品要付出很大的成本,他们也会始终坚持使用微软的产品。最近的一个调查发现,大约25%的手机用户为了保留他们的电话号码,会容忍当前签约供应商不完善的服务而不会转签别的电信供应商,但如果有一天,他们在转约的同时可以保留原来的号码,相信他们一定会马上行动。

不可否认,顾客满意度是导致重复购买最重要的因素,当满意度达到某一高度,会引起忠诚度的大幅提高。顾客忠诚度的获得必须有一个最低的顾客满意水平,在这个满意度水平线下,忠诚度将明显下降。

5.1.5 影响客户忠诚的因素

5.1.5.1 企业品牌

品牌是用以识别某个销售者或某群销售者的产品和服务,并使之与竞争对手的产品和服务区别开来的商业名称及其标志,通常由文字、标记、符号、图案和颜色等要素或这些要素的组合构成。品牌就其实质来说,代表着销售者对交付给买者的产品特征、利益和服务的一贯性的承诺。久负盛名的品牌即优良品质的保证。因此,企业品牌有助于促进产品销售,树立企业形象。而对于消费者来说,品牌便于其辨认、识别商品、选购商品。更因为名牌企业要维护自己的品牌形象和声誉,都十分注意恪守对消费者的承诺,并注重同一品牌的产品质量水平统一化。因此,名牌产品是消费者购买时的首选产品,而企业品牌也成了影响顾客忠诚度的主要因素。

5.1.5.2 服务质量

服务质量是客户所获得的产品与服务的实质价值,包括产品质量、服务水平和交付能力三个最主要的方面。产品质量是客户获得价值的静态体现,这就如史密斯热水器的耐用性一样。服务水平和交付能力是企业向客户提供价值的流程设计与行动体现,航空公司需要向头等舱乘客提供舒适的客舱环境和舒心的服务体验,而快递公司需要具备向客户承诺的响应速度与准确送达能力。对于以客户为中心的服务型企业来说,产品质量只是服务质量的一个方面,在产品相对同质化的金融服务业、电信通信业与交通运输业,服务水平和交付能力会显得更为重要。

5.1.5.3 服务体验

服务体验是客户在接受企业提供的产品与服务过程中的心理感受与满足感。随着信息技术进步带来的客户接触点分散化,服务体验对客户忠诚行为的影响力也在增加。比如,一位理财客户在银行理财中心现场接受服务,以及平常使用网上银行软件的服务体验过程,即使客户对于企业提供的网上银行软件觉得很好用,但是客户在现场服务体验感知不好,也会造成客户对企业整体的不佳印象,有可能因此而造成客户流失。某位证券交易客户在使用证券公司提供的交易软件和资讯服务过程中的全方位体验,虽然证券公司提供的交易软件很好用,但有可能某个关键的资讯信息不及时导致客户的投资决策失误,一旦给客户带来了投资损失,有可能会影响客户的忠诚行为。

5.1.5.4 顾客的满意度

著名营销学大师菲利普·科特勒认为,顾客满意是指"一个人通过对一个产品的可感知效果(或结果)与他的期望值相比较后,所形成的愉悦或失望的感觉状态"。这说明满意度是顾客对产品或服务自身及其性能的评价。它给出了一个和消费满足感有关的快乐水平,包括低于或超过满足感的水平,大量的有关顾客满意和顾客忠诚度的研究也支持如下的观点:无论行业竞争情况如何,顾客忠诚度都会随着顾客满意度的提高而提高。可以说,顾客满意是推动顾客忠诚度的最重要因素之一。

5.1.5.5 关系互动

关系互动是企业和客户之间的双向沟通过程。要保持客户忠诚,就不能没有互动。既然是互动,就是企业和客户两方发起的关系过程,一方面包括企业主动发起的面向客户的服务沟通与关系维系动作,如企业向客户表达的生日祝福等;另一方面包括由客户主动发起的沟通或是客户主动回应企业的行动表现,如客户主动向企业提供意见和反馈的行为等。仅有互动并不一定能够促进客户忠诚关系的维系,更为重要的是这样的互动关系是否本着互利互益关系的原则和服务为本的理念。

5.1.5.6 理念认同

客户忠诚也和客户与企业之间的理念认同有关,对于服务型企业来说更是如此。这种理念认同不仅仅是对于企业产品设计和生产理念,更重要的是对于企业的品牌理念和服务理念的认同。企业对于其理念的适当性传播和沟通对于建立与客户之间的认同至关重要,这也是为什么许多企业都要向最好的客户提供客户刊物的原因,一方面向客户提供有价值的产品知识和信息资讯,另一方面也是让客户更加深入地了解和体验企业服务文化和产品理念的过程。客户对企业的高层次忠诚往往是客户对企业形成了理念层面的认同,客户往往是因为对企业理念的认同才会产生拥护企业的行动。比如,Google 就通过核心价值观的有效传播,成功地实现了客户在理念层面对于企业的认同。

5.1.5.7 替代者吸引力

在竞争日益激烈的市场环境下,企业所面对的竞争对手越来越多,产品和服务的同质化倾向日益严重,这使得企业的产品特质日益丧失,产品日益丧失对顾客的吸引力。众多企业提供多种同类产品,来共同争夺市场,如果企业竞争者所提供的产品更为优良、价格更为低廉、服务更为优质、利润回报更高,那顾客就会转向购买竞争者的产品或服务。所以,当替代者的吸引力增强时,顾客的忠诚度就越低;反之,忠诚度就越高。

【案例 5-3】

运用双赢策略赢得客户

一个法国人到美国去旅行,她在一家皮鞋商店的入口看到一个牌子上写着:"超级特价,只需一折!"她在这些特价皮鞋中突然发现了一双漂亮的红色皮鞋,她拿起来看了看,皮鞋质量很好,而且是名牌,这双鞋她在别的地方已经看过好几次了,因为价格太贵而放弃了购买的愿望,现在这么便宜的事居然让她碰上了。

她于是急忙招呼工作人员过来,然后询问道:"这双鞋确实是7美元吗?"工作人员把鞋子拿了过去,说:"您稍等!"然后就回到服务台去了。

没过多久,工作人员又回来了,手里拿着那双红色的皮鞋对她说:"没错,这两只鞋的确是7美元。"

"两只鞋?难道这不是一双鞋吗?"法国人问。

工作人员说:"在你决定购买之前,我一定要把真实情况告诉您。我们的服务宗旨是诚实守信。我们知道您的时间很宝贵,但还是希望您能听完我说的话。因为如果您回去后觉得不合适,再来找我们的话,更是浪费您的时间。我必须告诉您,这是两只鞋,皮质、尺码、款式都是相同的,只是颜色稍微有一些差别,您不仔细看是看不出来的。出现这样的情况,原因是以前的顾客弄错了,各拿了两双鞋的一只,所以这并不是一双鞋。我们每售出一双鞋,决不留任何隐患。如果您知道真相不想买了,我们也不会说什么。我们要做的只是诚实。"

这样真挚的话感动了法国人,知道真相后她反而更想买这两只鞋了。而且除了这两只鞋外,她还购买了另外两双鞋。周围都是卖鞋的商店,但她毫不犹豫地就在这一家商店里买了三双鞋。

不仅如此,以后每当她到美国出差的时候,都要抽空到这个商店里买几双鞋,而且从来不在其他的商店门口徘徊,都是直接来到这家商店。

任务5.2 培养忠诚客户的策略

每个管理者都面临着这样一个现实:产品差异性越来越小,促销手段也大同小异,竞争对手却越来越多,而客户正在变得越来越挑剔。在这种环境下的企业到底该如何生存?万变不离其宗,企业获得稳定发展的驱动力还是不外乎三点:运营效率、市场份额和客户保留。而CRM所需要解决的两个重点问题是:提高市场份额,增加客户保留度。而这两个问题的解决还是要归集到一个核心的问题上,客户忠诚度的维护与提升。

激发客户对企业忠诚的重要因素主要有:内在价值,交易成本,各种关系利益人的互动作用,社会或感情承诺。但是,企业只是拥有了这些品质,还不一定能够获得太多的高忠诚客户,因为企业必须首先有一种"以客户为中心"的文化,并且把这种文化反映到企业各个业务部门的业务流程中。那么,现在的问题是企业在培养客户忠诚上投入多少才最具有经济效益。企业面临着一个共同的问题:如何提高客户的忠诚度。本文将归纳一些在客户忠诚培养过程中经常使用到的策略与方法。

5.2.1 建立顾客数据库

为提高顾客忠诚而建立的数据库应具备以下特征:
(1)一个核心顾客识别系统。识别核心顾客最实用的方法是回答三个互相交叠的问题:第一,你的哪一部分顾客最有利可图,最忠诚?注意那些对价格不敏感、付款较迅速、服务要求少、偏好稳定、经常购买的顾客。第二,哪些顾客将最大购买份额放在你所提供的产品或服务上?第三,你的哪些顾客对你比你的竞争对手更有价值?通过对这三个问题的回答可以得到一个清晰的核心顾客名单,而这些核心顾客就是企业实行顾客忠诚营销的重点管理对象。

(2)一个顾客购买行为参考系统。企业运用顾客数据库,可以使每一个服务人员在为顾客提供产品和服务的时候,明了顾客的偏好和习惯购买行为,从而提供更具针对性的个性化服务。

(3)一个顾客退出管理系统。研究分析顾客的退出原因,总结经验教训,利用这些信息改进产品和服务,最终与这些顾客重新建立起正常的业务关系。而且,这样也有助于树立企业的优质形象,使顾客在情感上倾向于本企业的产品和服务。

5.2.2 制定合理的产品价格

在当前居民消费水平状况下,价格仍是顾客选择消费的主要决定因素之一。所以企业要努力实现产品价值的最优化,生产物美价廉的产品,满足顾客的消费需求。产品价格的制定,不但要使终端消费者满意,还要为各级经销商留有使其满意的利润空间。二者有其一对产品价格不满意,都会造成销售渠道的阻塞。

5.2.3 提高内部服务质量,重视员工忠诚的培养

有一个不争的事实:具有高层次客户忠诚度的公司一般同时也具有较高的员工忠诚度。如果一个企业的员工流动率非常高,该企业要想获得一个较高的客户忠诚度,那简直就是不可能的。哈佛商学院的教授认为,顾客保持率与员工保持率是相互促进的。这是因为企业为顾客提供的产品和服务都是由内部员工完成的,他们的行为及行为结果是顾客评价服务质量的直接来源。一个忠诚的员工会主动关心顾客,热心为顾客提供服务,并为顾客问题得到解决感到高兴。因此,企业在培养顾客忠诚的过程中,除了做好外部市场营销工作外,还要重视内部员工的管理,努力提高员工的满意度和忠诚度。

5.2.4 提升顾客转换的"门槛"

一般说来,顾客转换品牌或转换卖主会面临一系列有形或无形的转换成本。转换购买对象需要花费时间和精力重新寻找、了解和接触新产品,放弃原产品所能享受的折扣优惠,改变使用习惯,同时还可能面临一些经济、社会或精神上的风险。

提升顾客转换的"门槛"——转换成本,可以削弱竞争对手的吸引力,减少顾客的退出。最常用的策略是对忠诚顾客进行财务奖励。如对重复购买的顾客根据购买数量的多少、购买频率的高低实行价格优惠、打折销售或者赠送礼品等。第二种方式是为顾客提供有效的服务支持,包括质量保证、操作培训、维修保养等,借此增加顾客的感知价值。第三种方式是通过有效沟通,与顾客建立长期的伙伴关系。沟通方式灵活多样,如召开顾客座谈会、成立顾客俱乐部、开通回访专线等。

5.2.5 利用公关传媒手段引导和教育客户

公关在企业中始终是重要的市场手段,相比广告来说,公关活动不光能建立品牌美誉度,也能提高知名度和忠诚度,如从事公益事业、慈善事业的活动能让自己的客户的忠诚度大幅提高。同时,忠诚的客户也是需要培养和教育的。企业可以通过公关活动和传媒来传递相关信息,达到培养和教育客户的目的,一些免费的培训项目也是一种有效的公关互动活动。

顾客最想从你手中得到的是产品或者服务(归根结底还是服务),所以质量是重中之重,只有充分满足了顾客的需求,顾客的满意度才会得到提升。质量之外的才是可以根据企业的定位或者经营战略进行发挥的部分,当然这些方面也是构成服务的因素,如环境卫生、服务态度、送货时间、售后服务,再在这基础上建立品牌知名度,等等。

在营销观念发展的历程中,只有充分地考虑、发掘顾客的潜在需求,真正地站在顾客立场上思考问题并能够如实做到,想顾客所想,急顾客所急,这样才能够真正地达到提升顾客忠诚度的目标,才是真正的"待客之道"。

【案例 5-4】

酒店服务人员的十项信条

(1) 在我们的生意里,顾客是最为重要的。
(2) 顾客不需要我们,但我们需要顾客。
(3) 顾客并不会干扰我们的工作——他是我们工作的目的。
(4) 顾客的光临是我们的荣幸,我们为顾客服务并给予额外之帮助。
(5) 顾客并不是一个局外人,是我们生意的一部分,是我们的贵宾。
(6) 顾客并不是一个冷漠的统计数字,他是有血有肉的,是和我们一样有感情有脾气的人。
(7) 顾客并非我们争论或竞争的对手。
(8) 顾客告诉我们他的需求,我们的责任就是满足他。
(9) 顾客应享受到我们所能给予的最礼貌及最专注的招待。
(10) 顾客有权希望我们的员工有着整齐、清洁的仪表。

任务5.3 客户流失管理

在营销手段日益成熟的今天,企业的客户仍然是一个很不稳定的群体,因为他们的市场利益驱动杠杆还是偏向于人、情、理的。如何来提高客户的忠诚度是现代企业营销人员一直在研讨的问题。客户流失已成为很多企业所面临的尴尬,他们大多也都知道失去一个老客户会给企业带来巨大损失,这些损失需要企业至少再开发十个新客户才能予以弥补。客户的变动,往往意味着一个市场的变更和调整,一不小心甚至会对局部(区域)市场带来致命性的打击。公司的管理者必须在关键时刻擦亮眼睛,以免客户在不经意间流失,给公司的市场运作带来不利影响。

5.3.1 客户流失原因分析

5.3.1.1 企业内部员工流动导致客户流失

这是企业客户流失的重要原因之一,很多企业由于在客户关系管理方面不够细腻、规范,导致企业员工跳槽,带走了大量客户,此时,业务员的桥梁作用就被发挥得淋漓尽致,而企业自身对客户影响相对乏力,一旦业务人员跳槽,老客户就随之而去。与此带来的是竞争对手实力的增强。

5.3.1.2 客户遭遇新的诱惑

任何一个行业,客户毕竟是有限的,特别是优秀的客户,更是弥足珍稀的,20%的优质客户能够给一个企业带来80%的销售业绩,这是个恒定的法则。所以往往优秀的客户会成为各大厂家争夺的对象。市场竞争激烈,为能够迅速在市场上获得有利地位,竞争对手往往会不惜代价以优厚条件来吸引那些资源丰厚的客户。"重金之下,必有勇夫",客户"变节"便也不是什么奇怪现象了。作为企业的管理者,尤其要注意竞争对手对你的大客户采取的措施及给予的好处,及时采取有效的应对措施,以防止自己的客户被竞争对手给挖走。

5.3.1.3 市场监控不力,销售渠道不畅

某食品企业在进行山西市场开发时,对经销商投入了较高的营销费用,而在相邻的河南三门峡这个老市场企业营销费用的投入却较低,结果山西市场的营销经理与当地经销商串通,向三门峡市场肆意窜货。三门峡市场经销商无利可图,只好"忍痛割爱",放弃了该企业产品的经营。这个例子表明,企业在进行投资前以及投资后,都要持续不断地监控市场状况,及时发现问题,以采取有效的措施予以应对,减少企业的损失。

5.3.1.4 缺乏诚信

客户最担心的是和没有诚信的企业合作,但是有些销售经理却喜欢向客户随意承诺,结果又不能及时兑现,或者返利、奖励等不能及时兑现给客户。一旦企业出现诚信问题,哪怕仅是很小的问题,客户往往也会选择离开。为了争取客户,就随意承诺,结果又因为某些原因,承诺无法实现,使得自己辛苦培育的客户掉头转向竞争对手。这无疑将会给企业带来巨大损失。

5.3.1.5 细节的疏忽使客户离去

客户与厂家的利益关系纽带是牵在一起的,但情感也是一条很重要的纽带,一些细节的疏忽,往往也会导致客户的流失。某企业老板比较吝啬,其一代理商上午汇款50万元并亲自来进货,中午企业却没安排人接待,只叫他去食堂吃了一个盒饭。代理商觉得很委屈,回去后就调整经营策略做起了别的品牌。

5.3.1.6 没有做好市场调查,不能及时了解市场状况

有些企业只一味地生产某种产品,并且保持很高的质量。但他们的产品销量却一直上

不去,主要就在于他们的产品和服务没有及时得到更新。而市场是不断变化的,客户的需求也随之不断变化,因此,当企业无法满足客户的需求时,客户就会将其注意力转向其他企业。无疑,这一客户的流失将会给企业带来不小的损失。

5.3.1.7　企业内部服务意识淡薄

员工傲慢、客户提出的问题不能得到及时解决、咨询无人理睬、投诉没人处理、服务人员工作效率低下等,也是导致客户流失的重要因素。例如,某用户用的都是 A 牌电器,很少出现故障,不料前几天空调坏了,电话好不容易接通,结果企业的销售部门与服务部门相互推诿,一来二去,耽误了时间,事情也没得到解决。最后该用户决定再也不用 A 牌电器了。

5.3.1.8　营销策略组合不当

这主要有:① 产品定价不合理,即产品价格的确定是否有相应的细分市场为基础,或者由于产品成本控制较差,导致价格无法降低。② 营销中间环节即销售渠道过长,致使客户得不到应有的技术指导从而导致客户的流失。③ 产品的功能过于复杂,从而影响到其最主要功能的推荐,并因此增加了产品的成本,从而增加消费者的负担。④ 产品的品牌认知度不高,企业必须在品牌建设上加大投入;或是产品的包装出了问题,如与营销市场的文化习俗冲突,未能体现产品和本企业的特色。企业需根据以上分析重新做出相应营销决策。

5.3.1.9　企业管理不平衡,令中小客户离去

营销人士都知道"二八法则",很多企业都设立了大客户管理中心,对小客户则采取不闻不问的态度。广告促销政策也都向大客户倾斜,使得很多小客户产生心理不平衡而离去。其实不要小看小客户20%的销售量,比如,一个年销售额 10 个亿的公司,照推算其小客户产生的销售额也有 2 个亿,且从小客户身上所赚取的纯利润率往往比大客户高,算下来绝对是一笔不菲的数目。因此,企业真的应该重视一些小客户。

5.3.1.10　其他原因

隐瞒产品的注意事项,频繁改变交易方式令客户反感,不回电或回复邮件以确认相关方面的信息,企业或者客户搬迁、破产,等等。

5.3.2　客户流失的防范措施

随着市场竞争的日趋激烈,客户个性化要求越来越高,客户流失现象也愈加频繁。国外的一组经验数据显示:① 客户忠诚度如果下降5%,则企业利润下降25%;② 向新客户推销产品的成功率是15%,向现有客户推销产品的成功率是50%;③ 若将每年的客户关系保持率增加 5 个百分点,利润增长将达 25%~85%;④ 向新客户进行推销的费用是向现有客户推销费用的 6 倍以上;⑤ 60%的新客户来自现有客户的推荐;⑥ 一个对服务不满的客户会将他的不满经历告诉其他 8~10 个客户;⑦ 发展一个新客户的成本是维持老客户的 3~5 倍之多,等等。由此可见,维持客户关系、提高客户忠诚度和防范客户流失,对降低企业运营成本、提升企业竞争力、获得最大效益具有重要意义。

一般来讲,企业可从以下几个方面入手来防范客户流失。

5.3.2.1 实施全面质量营销

顾客追求的是较高质量的产品和服务,如果我们不能给客户提供优质的产品和服务,终端顾客就不会对他们的上游供应者满意,更不会建立较高的顾客忠诚度。因此,企业应实施全面质量营销,在产品质量、服务质量、客户满意和企业赢利方面形成密切关系。

5.3.2.2 建立以"客户为中心"的组织机构,树立"客户至上"服务意识

拥有忠诚客户的巨大经济效益让许多企业深刻地认识到,与客户互动的最终目标并不是交易,建立持久忠诚的客户关系才是最终目的。在这种观念下,不能仅仅把营销部门看成是唯一的对客户负责的部门,而企业的其他部门则各行其是,关系营销要求每一个部门、每一个员工都应以客户为中心,企业的所有工作都应建立在让客户满意的基础上,为客户增加价值,让客户达到长期满意。

5.3.2.3 深入地与客户进行沟通,防止出现误解

一方面企业应及时将企业经营战略与策略的变化信息传递给客户,便于客户工作的顺利开展。同时把客户对企业产品、服务及其他方面的意见、建议收集上来,将其融入企业各项工作的改进之中。另一方面应加强对客户的了解,经常进行客户满意度的调查。通过调查,了解客户的不满意之处,从而更好地改进,赢得客户满意,防止老客户的流失。

5.3.2.4 突出差异服务,提升客户价值

客户对产品或服务的需求可分为三个层次,即核心价值、期望价值和附加价值的需求。这就要求企业一方面通过改进产品、服务、人员的形象,提高产品的总价值;另一方面通过改善服务和促销网络系统,减少客户购买产品的时间、体力和精力的消耗,以降低货币和非货币成本,从而来影响客户的满意度和双方深入合作的可能性。

5.3.2.5 采取创新产品策略,以特色吸引顾客

企业应针对市场需求不断开发新产品。相对有形产品来说,服务产品更容易被竞争对手模仿,因此,不断创新产品是培养顾客忠诚、保持客户的关键。例如,中国移动针对学生生活特点推出的校园卡、动感地带等,深受学生欢迎。此外,企业还应重视品牌效应,提高品牌认知度。同时借助有形展示,使顾客切实感受到服务所带来的利益。

5.3.2.6 加强市场监控力度,提高市场反应速度

主要表现在两个方面:一是善于倾听客户的意见和建议,客户与企业间是一种平等的交易关系,在双方获利的同时,企业还应尊重客户,认真对待客户提出的各种意见及抱怨,并真正重视起来,才能得到有效改进。二是分析客户流失的原因及客户流失所带来的成本,部分企业员工会认为,客户流失了就流失了,旧的不去,新的不来;而他们根本就不知道,流失一个客户,企业要损失多少。一个企业如果每年降低5%的客户流失率,利润每

年可增加 25%～85%，因此对客户进行成本分析是必要的。

5.3.2.7 建立投诉和建议制度

95%的不满意客户是不会投诉的，仅仅是停止购买，最好的方法是要方便客户投诉。一个以客户为中心的企业，应为其客户投诉和提建议提供方便。许多饭店和旅馆都备有不同的表格，请客人诉说他们的喜忧。宝洁、通用电器、惠而浦等很多著名企业，都开设了免费电话热线。很多企业还增加了网站和电子信箱，以方便双向沟通。这些信息流为企业带来了大量好创意，使它们能更快地采取行动，解决问题。

5.3.3 客户流失的挽回策略

5.3.3.1 访问流失的客户，争取把流失的客户找回来

具体包括：① 设法记住流失的顾客的名字和地址。② 在最短的时间用电话联系，或直接访问。访问时，应诚恳地表示歉意，送上鲜花或小礼品，并虚心听取他们的看法和要求。③ 在不愉快和不满消除后，记录他们的意见，与其共商满足其要求的方案。④ 满足其要求，尽量挽回流失的顾客。⑤ 制定措施，改进企业工作中的缺陷，预防再次发生。⑥ 想方设法比竞争对手做得更多、更快、更好一些。

5.3.3.2 为客户提供高质量服务

质量的高低关系到企业的利润、成本、销售额。每个企业都在积极寻求用什么样高质量的服务才能留住企业优质客户。一般而言，制造类企业的主要精力都放在营销管理和技术研发上，但随着产品技术的日趋同质化，服务也越来越成为影响市场份额的关键因素。因此，为客户提供服务最基本的就是要考虑到客户的感受和期望，从他们对服务和产品的评价转换到服务的质量上。找准了基本点，与客服部一起设计一种衡量标准，以对服务质量做个有效的考核。

5.3.3.3 保证高效快捷的执行力

要想留住客户群体，良好的策略与执行力缺一不可。许多企业虽能为客户提供好的策略，却因缺少执行力而失败。在多数情况下，企业与竞争对手的差别就在于双方的执行能力。如果对手比你做得更好，那么他就会在各方面领先。成功的企业，20%靠策略，60%靠企业各级管理者的执行力。管理者重塑执行力的观念有助于制定更健全的策略。事实上，要制定有价值的策略，管理者必须同时确认企业是否有足够的条件来执行。在执行中，一切都会变得明确起来。面对激烈的市场竞争，管理者角色定位需要变革，从只注重策略制定，转变为策略与执行力兼顾。以行为导向的企业，策略的实施能力会优于同业，客户也更愿意死心塌地地跟随企业一起成长。

5.3.3.4 加强企业管理，提升企业形象

即企业通过加强内部自身管理和外部客户管理，来赢得更多的客户与市场，获得更大的经济效益与社会效益。管理是现代企业前进的两大车轮之一，管理也是生产力。通过有效

的管理,在客户和社会公众中树立、维持和提升企业形象。良好的企业形象既可以创造顾客消费需求,增强企业筹资能力,又可以改善企业现状,开拓企业未来。

5.3.3.5 严把产品质量关,为客户提供高质量产品和服务

产品质量是企业为客户提供有力保障的关键武器。没有好的质量依托,企业长足发展就是个很遥远的问题。企业应提供令客户满意的产品和服务。这就要求企业必须识别自己的客户,调查客户的现实和潜在的要求,客户购买的动机、行为、能力,从而确定产品的开发方向与生产数量,进而提供适销对路的产品来满足或超越他们的需求和期望,使其满意。

5.3.3.6 不断进行创新

面对瞬息万变的市场环境,面对个性化、多样化的顾客需求,面对优胜劣汰的游戏规则,企业唯有不断地创新、创新、再创新,才能赢得更多的客户,并持续地发展与壮大。公司通过技术创新、管理创新、产品创新、服务创新不断提高公司的核心竞争力,吸引和留住各方面的人才,实现经营利润的最大化。公司的产品一旦不能根据市场变化做出调整与创新,就会落于市场的后尘,分销商利益也就可能会受到重大影响,客户流失概率将大大增加;技术创新是产品创新的基础,核心技术的开发与拥有是公司未来竞争制胜的法宝;而管理创新和服务创新是公司提升核心竞争力、实现最佳经营目标必不可少的有效途径。创新本身就是在实际经营过程中不断完善不断进步的过程,公司具备内在发展的驱动力、产品和服务有广泛的市场基础,就一定能在激烈的市场竞争中脱颖而出。

5.3.3.7 加强与客户的信息联系与沟通

企业在执行过程中,最重要的就是与客户沟通,给客户提供与企业有关的产品和服务信息,让客户对于企业的产品和服务有充足的了解,从而做出他们的决定。

5.3.3.8 实行快速响应客户的战略

企业要想持续地保持客户,那么在与客户合作时,对于客户提出的要求、问题、意见或建议等,都应及时地做出回应,在合理的情况下,尽量满足客户需求。即使无法达到客户要求,也应及时地给予客户答复,而不应让客户长时间等待。

 课后思考与讨论

1. 如何衡量客户的忠诚?
2. 企业如何培养忠诚客户?
3. 企业如何防止客户流失?

 课后案例分析

乐购公司实施客户忠诚管理的成功案例一

乐购是英国领先的零售商,也是全球三大零售企业之一。美国西北大学凯洛格商学院(KGSM)教授、整合营销创始人唐·舒尔茨(Don Schultz)曾预言:"零售商未来的成功模式只有两种,一种是沃尔玛模式,即通过提高供应链效率,挤压上下游成本,以价格和地理位置作为主要竞争力;另一种是 Tesco 模式,即通过对现时客户的了解和良好的客户关系,将客户忠诚计划作为企业的核心竞争力。没有任何中间路线。"乐购(Tesco)超市公司是英国最大的食品超市公司之一,该公司 9 年前开始实施的忠诚计划——"俱乐部卡"(Club card),帮助公司将市场份额从 1995 年的 16%上升到了 2003 年的 27%,成为英国最大的连锁超市集团。

乐购的"俱乐部卡"被很多海外商业媒体评价为"最善于使用客户数据库的忠诚计划"和"最健康、最有价值的忠诚计划"。乐购"俱乐部卡"的设计者之一,伦敦 Dunnhumby 市场咨询公司主席克莱夫(Clive Humby)非常骄傲地说:"俱乐部卡的大部分会员都是在忠诚计划推出伊始就成了我们的忠诚客户,并且从一而终,他们已经和我们保持了 9 年的关系。"

1. "俱乐部卡"绝不是折扣卡

克莱夫介绍道:"设计之初,'俱乐部卡'计划就不仅仅将自己定位为简单的积分计划,而是乐购的营销战略,是乐购整合营销策略的基础。"在设计"俱乐部卡"时,乐购的营销人员注意到,很多积分计划章程非常烦琐,积分规则很复杂,消费者往往花很长时间也不明白具体积分方法。还有很多企业推出的忠诚计划奖励非常不实惠,看上去奖金数额很高,却很难兑换。这些情况造成了消费者根本不清楚自己的积分状态,也不热衷于累计和兑换,成了忠诚计划的"死用户"。

1.1 消费代金券

因此,"俱乐部卡"的积分规则十分简单,客户可以从他们在乐购消费的数额中得到 1%的奖励,每隔一段时间,乐购就会将客户累积到的奖金换成"消费代金券",邮寄到消费者家中。这种方便实惠的积分卡吸引了很多家庭的兴趣,据乐购自己的统计,"俱乐部卡"推出的头 6 个月,在没有任何广告宣传的情况下,就取得了 17%左右的"客户自发使用率"。

1.2 顾客数据库

在 Sainsbury、Asda 等连锁超市也相继推出类似的累计积分计划以后,乐购并没有陷入和它们的价格战、加大客户返还奖励等误区之中。乐购通过客户在付款时出示"俱乐部卡",掌握了大量翔实的客户购买习惯数据,了解了每个客户每次采购的总量,主要偏爱哪类产品、产品使用的频率等。克莱夫说:"我敢说,乐购拥有英国最好、最准确的消费者数据库,我们知道有多少英国家庭每个星期花 12 英镑买水果,知道哪个家庭喜欢香蕉,哪个家庭爱吃菠萝。"

在英国,有 35%的家庭加入了乐购"俱乐部卡"计划。据统计,有 400 万家庭每隔三个月就会查看一次他们的"俱乐部卡"积分,然后冲到超市,像过圣诞节一样疯狂采购一番。

1.3 利基俱乐部

通过软件分析,乐购将这些客户划分成了十多个不同的"利基俱乐部",如单身男人的

"足球俱乐部"、年轻母亲的"妈妈俱乐部"等。"俱乐部卡"的营销人员为这十几个"分类俱乐部"制作了不同版本的"俱乐部卡杂志",刊登最吸引他们的促销信息和其他一些他们关注的话题。一些本地的乐购连锁店甚至还在当地为不同俱乐部的成员组织了各种活动。

目前,"利基俱乐部"已经成为一个个社区,大大提高了客户的情感转换成本(其中包括个人情感和品牌情感),成为乐购有效的竞争壁垒。

2. 有效的成本控制

乐购要维持一个拥有1 000万会员的俱乐部,而且是以现金返还为主要奖励方法,还要为不同"利基俱乐部"成员提供量身定做的促销活动,这其中的日常管理和营销沟通非常繁杂。如果不进行有效的成本控制,乐购肯定会陷入自己设计的成本泥潭中。

2.1 直邮信函代替电视广告

首先,乐购几乎从来不使用电视等大众媒介来推广"俱乐部卡"。克莱夫解释说:"乐购以前是电视媒体的主要广告商之一,但是后来我们通过调查发现,直接给客户寄信,信息到达率更高,更能引起消费者的注意。而且,很多消费者认为,定期收到一些大公司的沟通信件,让他们的社会地位有被抬高了的感觉。在英国这个有限的市场里,乐购的市场目标不可能是赢得更多的消费者,而是怎样增加单个消费者的价值,所以直接和消费者建立联系,既便宜又有效。"

如果有的"利基俱乐部"要进行一次"获得新客户"的营销活动时,他们往往会选择一两本这些细分市场经常阅读的杂志。然后花很低的广告费,在杂志中夹带"利基俱乐部"的促销信件。

2.2 与供应商联手促销

为了更好地控制成本,乐购还经常和供应商联手促销,作为返还给消费者的奖励,把维系忠诚计划的成本转移到了供应商身上。

由于乐购这种按照消费者购买习惯细分市场的"利基俱乐部"数据库,内容真实详细,促销非常具有针对性,供应商十分愿意参加这样的促销活动,提高品牌知名度,加强与消费者的关系。与沃尔玛强迫供应商降价促销相比,供应商基本上都是自愿与乐购联手,实现了共赢。

乐购公司实施客户忠诚管理的成功案例二

6月4日,家住上海普陀区武宁路的田女士收到了华润万家旗下Tesco中国乐购超市邮寄来的优惠券。

其中,不仅有她爱吃的"老干妈",有丈夫常喝的啤酒,还有孩子的二段奶粉。当田女士打开奶粉罐后意外地发现,奶粉果真快吃完了,6个月大的婴儿奶粉正是该从一段升级二段的时候。

然而,这一切并非巧合。两年前,搬家后的田女士第一次迈进附近的乐购超市,在填写完"姓名""性别""电话"和"地址"等基本信息后,获得了一张会员卡。

大多数中国超市,会员卡只有积分、打折的简单功能。Tesco中国却利用"大数据"对田女士每次采购的总量、偏爱哪类产品、产品使用频率等消费行为进行记录、分析。随着数据不断累积,田女士及其家庭的消费需求、习惯和偏好也在不断对焦中变得精准。

Tesco公司信奉一种理念——You are what you buy(你买什么你就是什么样的人)。如果一个男性会员在过去十几周常常采购火腿、方便面和啤酒,他极有可能还是单身;如果女士的购物篮中接连出现奶粉、尿布,她应该是一个年轻的母亲;如果一个会员在超市打折时批量采购5升装的可乐、大瓶酱油和食用油,他八成是附近小店的老板;如果一个家庭主妇多次采购中既有老年人的保健品,又有孩子的玩具,她似乎有一个三代同堂的大家庭……

就像望远镜能让人们感知宇宙,显微镜能让人们观察微生物一样,"大数据"能让Tesco中国公司了解每一个顾客的消费需求。在加入会员12周后,田女士开始不定期收到乐购针对个人定制的优惠券,在企业数据库中她像一千多万乐购中国会员一样被按照多种标准划分到不同组群。

在这家连锁超市内部,会员的分类多种多样。有的按照忠诚度划分,可分为忠诚型、机会型、已流失;有的则按照消费能力分为高、中、低三档;有的则是按照购物习惯分为,数码达人、时尚辣妈、进口商品爱好者……

最初,这位田姓女会员采购占比最多的是化妆品和服装,没有生鲜、酱油和调料,此时她更符合一个未婚女性的消费特征。半年后,她的购物篮中逐渐多了男士的服装和鞋袜,直到去年大量购买怀孕的用品使田女士被划分到孕妇的分类中。

单个消费信息看似就像一粒金沙零散、无用,但海量数据聚集起来,就能形成一座硕大的金矿。关键是能否找到打开金矿的方法和路径。

"采集和分析消费数据能够透过消费行为识别顾客需求,划分类别能够摸清这一群组消费者的个性与共性,从而在日常消费中进行精准引导、营销。"Tesco中国市场部总监邓旭指出,"大数据分析、精准化营销,归根结底是为了培养顾客的忠诚度。"忠诚顾客是任何一个企业最为宝贵的财富。

根据Tesco中国测算,在上海每人每年超市购物平均花销约为1 000元,如果在乐购超市消费超过一半以上就可称之为忠诚顾客。1个忠诚顾客消费金额能抵得上7个普通顾客,如果顾客忠诚率提高5%,超市的利润率将增加25%以上。

问题思考:
乐购赢得客户忠诚度的主要原因是什么?

实践训练

企业忠诚客户管理调研

实训目的	考查学生对客户忠诚管理的理解
实训内容	课后查阅资料,编制一个企业双赢小游戏,并进行分析,体会企业与客户通过哪些方式进行沟通,实现互惠互利
实训要求	1. 分组,每组5~6人,各小组的任务执行由组长负责 2. 以小组形式开展游戏,总结从该游戏中是如何体现双赢的 3. 把游戏内容、游戏过程和体会制作成PPT
实训步骤	1. 完成游戏编撰 2. 准备汇报PPT 3. 把电子文档提交老师 4. 小组进行课堂汇报
成果评价	编制双赢小游戏

能力测评

专业能力自评

	能/否	任务名称
通过本项目的学习,你是否能完成相关任务?		正确理解客户忠诚的内涵
		正确理解客户忠诚对企业的价值
		正确掌握忠诚客户培养与维护的方法
通过本项目的知识学习,你还能做什么?		

注:"能/否"栏中填"能"或"否"。

核心能力自评

	核心能力	是否提高
通过本项目的学习,你的相关能力是否提高?	收集企业忠诚客户资料的能力	
	团队协作的能力	
	开发和维系客户的能力	
通过本项目的学习,你还在哪些方面有所提高?		

注:"是否提高"栏中可填写"明显提高""有所提高""没有提高"。

[模块三]

应 用 篇

项目 6 　大客户管理

知识目标

1. 掌握大客户的基本特征。
2. 掌握大客户识别的内容。
3. 掌握大客户营销的技巧。
4. 掌握预防大客户流失的方法。

技能目标

1. 掌握识别大客户的方法。
2. 能够准确识别大客户。
3. 能够有效开展大客户营销活动。
4. 能够有效预防大客户流失。

知识结构图

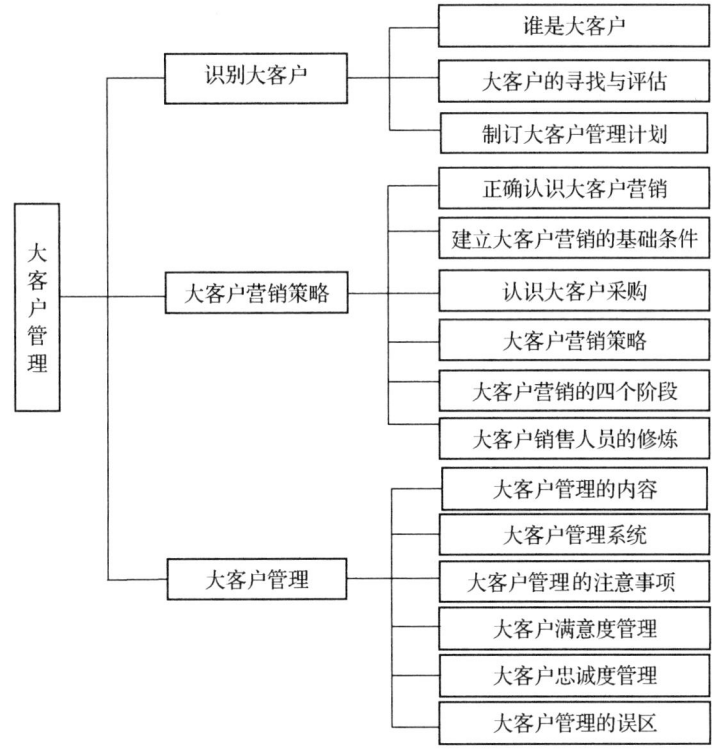

 导入案例

重点客户管理方法

重点客户管理的概念随着跨国公司在国内的深入发展而被引入,然而不论是从管理模式还是实践情况来看,即使建立了 CRM 系统,仍然有相当部分企业对重点客户的管理方式还只是停留在概念炒作的层面上。事实上,重点客户管理不仅是一个程序或一套工作方法,更是一种思想状态,一种如何挑选重点客户并稳固他们的业务处理方式。

某国际知名饮料公司于1999年启动的"金钥匙合作伙伴"系统,就是一个典型的对重点批发商进行关系管理的系统。该系统建立时即确认:"金钥匙合作伙伴"同公司的关系与传统的贸易关系非常不同,因为"金钥匙合作伙伴"体系的设立是为了针对指定的客户群建立一个零售点网络。要维持这个网络的服务水平,公司及"金钥匙合作伙伴"互相会提出很多(非价格)要求,所以公司与伙伴之间必须建立一种互信互助关系,同时公司应给予伙伴额外的奖励,因为伙伴需要按公司要求提供配送服务给下线客户,也要提供客户资讯给公司。

基于以上目标,该公司在选择"金钥匙合作伙伴"时,对于省级城市,并没有选择当地最有实力的批发商,即销售量最大、销售能力最强的批发商,而是列出了一系列评估指标(及时送货、完整订单、信息共享、最低库存、下线客户无中小批发等),并进行综合打分,选择了规模适中但对公司政策执行力强、销售活力和潜力都较好的一批批发商。这样的选择是和该公司着眼于在本地长期发展的目标分不开的。该系统经过将近 4 年的运作,公司在只增加少量直营销售人员的情况下将直营控制能力扩大了将近10倍。

经过跨国公司 10 多年的探索和实践,目前,重点客户管理理论在基本思路和方法上,已经发展得相当健全,如由个人魅力而达成公司间的交易,进而通过这种个人信任与客户之间建立公司间的相互信任;与客户协商制订共同发展的年度重点客户计划;与不同类型客户建立诸如合作伙伴、战略联盟等不同层次的客户关系等。这些思路和方法在企业中都已广为运用。然而,为什么事实上能成功管理好重点客户的公司却并不多见?

其实,根本原因就在于在管理过程中是否树立了"培育"的观念。从字面上讲,"培育"有栽培、护理、教育的含义。从内涵上讲,首先,"培育"体现了公司对待合作伙伴——重点客户的态度上是主动的,还是被动的。简单地说,"培育"所遵守的规则不是"客户能为我提供什么好处",而是"我能为客户做些什么"。正如一位优秀的大客户经理说:"我不是销售人员,而是客户的'营销顾问'。"站在客户的角度考虑问题,能更好地与客户达成共识。其次,"培育"体现了对待客户的一种持续的、主动的态度,"一个人做一次好事并不难,难的是一辈子都做好事",这种持续主动的态度和处理方式正是"培育"客户,与客户建立良好合作关系的要旨。

还是前例中那家公司,在建立合作伙伴关系后,公司主动派驻分销人员协助合作伙伴对其下线客户进行分销,这不仅是对合作伙伴工作的一种支持和帮助,通过派驻的人员与客户直接沟通,一方面公司以先进的管理经验带动提升了客户的管理水平,另一方面也进一步融洽了与合作伙伴之间的关系。

尽管依据习惯性的原理,更换合作伙伴的成本很高,但是陈旧的客户关系网络也会带来

很多弊端,比如,因相互了解或共同的成长所带来的合作惰性,共同发展的激情消失了。哈佛大学教授特德·莱维特在《营销的想象力》中指出:"不管是在婚姻中还是在企业里,人们关系的一个自然倾向是处于不断的退降中,即双方间的敏感性和关注程度的不断削弱和退化。"

任何优秀的关系都是双向的、相互融合的,这种创新所带来的合作双方的互惠互利能有效地遏制关系衰退,有利于建立优秀的、高忠诚度的客户关系。

案例思考

企业为什么要实施大客户(重点客户)管理?

1954年彼得·德鲁克在《管理实践》一书中写道:"精确地说,企业的目的只有一种:创造客户。"客户是企业存在和发展的基石。在企业的客户群中,大客户是企业销售收入和利润的主要贡献者,谁能够拥有一批忠诚的大客户谁就能够赢得市场竞争的优势。因此,对大客户的识别、开发与持续经营,已经成为企业客户关系管理的核心工作。企业只有认识到什么是大客户,大客户的价值有哪些,并且精准定位大客户,将对大客户的管理和营销作为企业的战略导向,才能让企业更好地生存和发展下去。

任务6.1 识别大客户

客户识别就是通过一系列技术手段,根据大量的客户特征、需求信息等,找出哪些是企业的潜在客户,客户的需求是什么,哪些客户最有价值等,并将这些作为客户关系管理对象。

6.1.1 谁是大客户

6.1.1.1 大客户的概念

大客户(Key Account,KA),又被称为重点客户、优质客户、关键客户、系统客户,通常指那些能为企业带来较大收益的高价值用户或具有高价值潜力的用户。按照帕累托法则,企业80%的销售收入和利润都来自20%的客户,这20%的客户就属于大客户的范畴。

在企业中,大客户一般都是客户中的龙头客户,既是能够为企业当前创造利润的主力军,也是企业未来发展壮大的希望。在某种程度上来说,大客户决定了企业的未来,是企业和销售人员必须尽全力留住的那部分客户。

在识别大客户时,企业要注意发展以下几类"准大客户":

(1)交易量不大但标杆客户的影响力很大的客户,为企业进入某个行业提供了"准入证"。

(2)单次交易量不大但累计成交量大的客户。

(3)采购量小但技术应用前景大的客户,有了与他们的合作经验和实际应用,企业可以迅速改进从而拓展一个崭新的市场领域。

同时,企业要注意甄别以下几类"假大户":

偶尔大量消费的团购客户,因为他们未必能给企业带来可持续的获利。

单纯需求量大而对企业业绩、利润率贡献不大的客户。

盘剥企业的"扒皮大户",这类客户对企业来说不具备长期维护的价值,甚至是一种负资产。

总之,在界定大客户时,既要关注现在,又要考虑未来,不能单纯地按当年的销售统计业绩来界定大客户,还要考虑所在的市场、期望程度以及竞争对手的活动等各种商业环境因素。

帕累托法则(二八定律)

帕累托法则(Pareto Principle)又名二八定律(80/20 定律)、不平衡原则等。该法则是由意大利经济学家帕累托提出的。1897 年,帕累托偶然注意到 19 世纪英国人的财富和收益模式。在调查取样中,发现大部分的财富流向了少数人手里。同时,他还从早期的资料中发现,在其他的国家,都发现有这种微妙关系一再出现,而且在数学上呈现出一种稳定的关系。于是,帕累托从大量具体的事实中发现:社会上 20% 的人占有 80% 的社会财富,即财富在人口中的分配是不平衡的。同时,人们还发现生活中存在许多不平衡的现象。比如,一个企业 80% 的利润来自它 20% 的项目,一个社会 80% 的医疗资源被 20% 的人消耗了,等等。因此,"二八定律"成了这种不平等关系的简称(不管结果是不是恰好为 80% 和 20%,从统计学上来说,精确的 80% 和 20% 出现的概率很小),并被广泛应用于社会学、经济学和管理学领域。

帕累托法则认为:原因和结果、投入和产出、努力和报酬之间本来存在着无法解释的不平衡。一般来说,投入和努力可以分为两种不同的类型:多数,它们只能造成少许的影响;少数,它们造成主要的、重大的影响。帕累托法则告诉我们,不要平均地分析、处理和看待问题,企业经营和管理中要抓住关键的少数;要找出那些能给企业带来 80% 利润、总量却仅占 20% 的关键客户,加强服务,达到事半功倍的效果。

6.1.1.2 大客户的基本特征

作为企业的客户,大客户与普通客户的消费特征具有很多相似性,但是作为企业利润和销售人员绩效的主要贡献者,大客户还具备一些个性化的特征。

(1) 大客户采购主体一般都比较复杂,设立有专门的采购组织,不同职能部门、不同职位的采购参与人员,在不同的采购阶段充当着不同的采购角色,使得采购行为比较理性和规范。

(2) 大客户采购主要是针对技术含量较高、专业性强或是采购量相当大的商品,强调整体服务能力和全面业务解决方案的提供,注重产品附加值,但对价格敏感度相对较低。

(3) 大客户采购计划性、集中性强,采购频度相对较低,单次采购物品种类大多比较单一,但是采购量大。

(4) 大客户不容易受到广告的影响,针对大客户的销售更依赖优秀的销售人员,需要专业的销售团队上门分析需求,进行顾问式销售,而且大客户往往需要供货企业制定全面的售后服务方案,在与企业签订条款缜密的合同后,才购进产品。

(5) 大客户往往要求供货企业提供专业、周到、及时的服务,并且将供货企业售后服务的优劣直接纳入大客户评估供货企业的体系中。所以针对大客户,企业和销售人员要制定完全不同、更富竞争优势的服务策略。并且,企业往往要成立专门负责对大客户销售和沟通工作的专门机构或工作小组。

(6) 大客户有良好合作理念,重视与合作企业建立长期稳定的全面合作关系。

6.1.1.3 大客户主要类型

大客户根据其追求价值不同可主要分为三类。

1. 内在价值型大客户

内在价值型大客户往往认为自己对产品懂得比销售人员要多,追求低价、方便得到,力求方便、快速、高效的采购方式,因此往往与供货企业达成的是交易型销售。

2. 外在价值型大客户

外在价值型大客户从超越产品和服务的销售活动中寻找价值,期待销售人员为他们创造额外的价值,往往与供货企业达成的是顾问型销售。他们往往是边学习边采购,追求与合作企业共同成长。

3. 战略价值型大客户

战略价值型大客户追求与供应商战略层面的合作价值,远远超越了顾问式的销售,往往需要高水平的销售团队与之对接。

6.1.1.4 大客户对企业的意义

大客户是一种无形的企业资源。大客户对企业的生存发展起着至关重要的作用。在以客户为中心的销售革命时代,企业首先要做的就是抓住客户,特别是大客户。具体来说,大客户对企业的意义表现在以下几个方面。

1. 大客户是企业销售收入和利润的稳定来源

大客户是企业销售收入和利润的主要来源,20%的大客户给企业带来了80%的销售收入,而数量众多的中小客户所带来的销售收入只占到销售总额的20%。虽然这个数字落实到每个具体的企业略有不同,但大客户对企业销售收入的重要贡献是毋庸置疑的。大客户的价值是一种长期客户价值,对大客户投资也是保证企业稳步发展的重要策略。因此,企业应不遗余力地维持好与贡献价值较高的大客户的关系,这样才会给企业带来长期的利润收入和持久的资源优势。

2. 发展大客户是提高市场占有率的有效途径

实践证明,如果现有客户对产品及服务满意,他们会向至少四个新客户去正面宣传他们的满意经历,这种宣传效果远远超过广告的效果;反之,对于不满意的产品及服务,客户所进行的负面宣传会波及更多的人。大客户的这种影响更有力度。大客户往往是各行业中的龙头企业或标杆企业,忠诚的大客户重复购买某企业或某品牌的产品,是对该企业和该品牌的最直接、最有效的宣传。

3. 大客户管理有利于优化企业资源配置

实行大客户管理意味着企业要在对客户分级的基础上根据不同客户的价值合理地配置企业资源。对于大客户,企业应集中有效资源提供高效及时的服务,而对于一般客户则可以通过减少销售人员与客户的接触频率,甚至放弃部分无利益客户等手段来削减成本,提高效率,以此优化企业的资源配置。同时,在大客户经营战略中,要求企业将市场营销、生产研发、技术支持、财务金融、内部管理这五个经营要素全部围绕着以客户资源为主的企业外部资源来展开,提高企业资源的利用效率。

4. 大客户是企业的重要资产

当企业的产品差异与管理差异日益缩小,企业内部资源的挖掘潜力变小而企业面临的外部竞争更加激烈时,企业必然将目光投向企业最重要的外部资源——客户资源的挖掘上来。大客户是企业最重要的资源,只有不断提高大客户的满意度和忠诚度,大客户资产才能够为企业带来长期效应,才能真正实现大客户和企业的"双赢"。

【案例 6-1】

早在公司发展的前期,宝洁公司就组建了一个专门为大客户提供交易平台的战略性的大客户管理部门,该部门销售团队的成员与在阿肯色州本顿维尔的沃尔玛总部的相关采购人员一起办公,这样的合作大大减少了流通环节,更加强了双方的沟通与交流,为双方节约了巨额的资金。同时,这种重点针对大客户的管理方式也使宝洁的毛利大约增加了11%左右。

6.1.2 大客户的寻找与评估

所有的销售活动都是从寻找、开拓客户开始的,大客户销售也不例外。只有找到潜在大客户,搜集有关资料并进行科学的评估,才能锁定对于企业有效的大客户资源,才能制定正确的销售与管理规划。

6.1.2.1 寻找潜在大客户

对于企业销售人员来说,寻找正确的潜在大客户是一项最重要也是最富有挑战性的工作。一个成功的销售人员在寻找潜在大客户前必须明确自己的目标客户,进行市场细分并根据自己销售的产品的特征,明确一些可能成为潜在销售对象的基本条件,然后再有针对性地去寻找潜在大客户。

1. 寻找潜在大客户的途径

总体来说,销售人员可以通过以下途径寻找大客户。

(1) 利用企业内部资源。

这是最容易得到也是最有效的途径。通常销售人员可以利用的企业内部资源有:

——企业目前客户;

——企业的供货商或合作伙伴;

——企业的其他部门;

——企业广告的吸引。

(2) 利用企业的外部资源。这是最常用的途径,主要有:

——电话黄页;

——竞争对手资源;

——网络资料;

——专业报纸杂志及电视节目；

——相关社团、行会和组织；

——展销会。

(3) 销售人员的个人资源。主要包括：

——个人的人脉资源；

——个人积极活动。

2. 寻找潜在大客户的方法

成功的大客户销售人员往往能运用恰当的销售方法找到合适、理想的销售对象。

(1) 连锁介绍。在每个行业每个人都有一个关系网，他们之间有着相似的购买动机、需求，存在着互补或替代的关系和影响。连锁介绍就是运用"人以群分"的社会交往特点，依靠客户之间的社会联系建立一个广泛的客户网络。连锁介绍是指销售人员通过现有客户的介绍来寻找、认识具有购买该产品可能性的新客户的一种方法。这种方法常被企业和优秀销售人员称为"黄金客户开发法"，也是大客户寻找中最常见、最有效的方法。

(2) 关键中心人物介绍。在某一特定的客户开发范围内，销售人员可以选择并开发一些有影响力的关键任务，然后获得他们的协助，将该范围内的相关销售对象转化为新客户。这种方法又被称为"中心开花法"，与连锁介绍有相似之处，但其关键在于"中心人物"的信任和合作。

(3) 利用目录中的商机。通过查阅各种有关的信息资料来获得客户的消息是最容易也是最常见的一种寻找潜在客户的方法，也被称为"资料查询法"。

可供利用的资料主要有：

——电话黄页；

——专业报纸杂志；

——网络。

(4) 广告搜寻。这种方法也被称为"广告开拓法"，是指企业通过运用报纸、电视、广播、直邮、杂志等广告媒体，向潜在客户宣传产品信息，再由销售人员有针对性地进行销售。

(5) 亲自拜访。销售人员可以直接拜访某一特定地区或某一特定行业的所有个人和组织，从中挖掘出潜在的大客户。这种销售人员亲自拜访的方法也被称为"地毯式搜寻法"，一般在销售人员对销售对象不太熟悉的情况下采用。

(6) 直接观察法。直接观察法是指销售人员根据自己的观察与判断，寻找大客户。利用这种方法寻找潜在客户，对销售人员的个人素质要求很高。同时，直接观察法是其他各种方法的基础，也是提高销售人员销售能力最直接的途径。

(7) 通讯联络法。即销售人员利用电话、电子邮件等方式寻找潜在大客户。

(8) 团体介绍法。即销售人员先取得某些特定团体的同意和认可，并由这些团体组织推荐其熟悉的潜在大客户的方法。

(9) 市场咨询法。即销售人员借助咨询企业、行政主管部门以及利用各种政府、行业会议寻找潜在的大客户。

6.1.2.2 潜在大客户信息的收集

所谓"知己知彼，百战不殆"，收集大客户信息是寻找大客户的重要步骤。通常，大客户信息包括大客户的基本资料、大客户的项目资料、大客户内部关键人物的个人资料、竞争对手的资料等主要内容。

1. 大客户的背景资料

主要包括：

(1) 大客户的企业性质。

(2) 大客户的组织结构。

(3) 大客户的经营情况与财务支付能力。

(4) 各种形式的通信方式。

(5) 大客户所在行业的基本状况。

2. 大客户的项目资料

主要包括：

(1) 大客户最近的采购需求与采购计划。

(2) 与自己销售的同类产品的报损情况。

(3) 项目主要的决策人和影响者。

(4) 大客户的采购流程。

(5) 大客户的采购时间表。

(6) 大客户的采购预算。

(7) 大客户对同类产品的整体认识。

3. 大客户内部关键人物的个人资料

主要包括：

(1) 家庭情况与家乡。

(2) 学习与工作经历。

(3) 生日。

(4) 喜爱的餐厅和食物。

(5) 娱乐、运动喜好。

(6) 喜欢阅读的书籍。

(7) 欣赏品位。

(8) 上次度假的地点和下次休假的计划。

(9) 行程。

(10) 在机构中的作用。

(11) 同事之间的关系。

(12) 个人发展计划与工作目标。

4. 竞争对手的资料

主要包括：

(1) 竞争对手产品的特点、存在的优缺点、销售情况、市场地位以及大客户的使用情况。

(2) 大客户对其产品、服务的评价以及再次购买的趋势。

(3) 竞争对手的销售人员的姓名、销售特点以及与大客户的关系。

【案例 6-2】

密密麻麻的小本子

几年前,山东省有一个电信计费的项目,A公司志在必得,系统集成商、代理商组织了一个有十几个人的小组,住在当地的宾馆里,天天跟客户在一起,还帮客户做标书,做测试,关系处得非常好,大家都认为拿下这个订单是十拿九稳的,但是一投标,却输得干干净净。

中标方的代表是一个其貌不扬的女子,姓刘。事后,A公司的代表问她:你们是凭什么赢了那么大的订单呢?要知道,我们的代理商很努力呀!刘女士反问道:你猜我在签这个合同前见了几次客户?A公司的代表就说:我们的代理商在那边待了整整一个月,你少说也去了20多次吧。刘女士说:我只去了3次。只去了3次就拿下2000万的订单?肯定有特别好的关系吧!但刘女士说在做这个项目之前,一个客户都不认识。

那到底是怎么回事儿呢?

她第一次来山东,谁也不认识,就分别拜访局里的每一个部门,拜访到局长的时候,发现局长不在。到办公室一问,办公室的人告诉她局长出差了。她就又问局长去哪儿了,住在哪个宾馆,马上就给那个宾馆打了个电话说:我有一个非常重要的客户住在你们宾馆里,能不能帮我订一个果篮,再订一个花盆,写上我的名字,送到房间里去。然后又打一个电话给她的老总,说这个局长非常重要,已经去北京出差了,无论如何你要在北京把他的工作做通。她马上订了机票,中断拜访行程,赶了最早的一班飞机飞回北京,下了飞机直接就去这个宾馆找局长。等她到宾馆的时候,发现她的老总已经在跟局长喝咖啡了。在聊天中得知局长会有两天的休息时间,老总就请局长到公司参观,局长对公司的印象非常好。参观完之后大家一起吃晚饭,吃完晚饭她请局长看话剧,当时北京在演《茶馆》。为什么请局长看《茶馆》呢?因为她在济南的时候问过办公室的工作人员,得知局长很喜欢看话剧。局长当然很高兴,第二天她又找一辆车把局长送到飞机场,然后对局长说:我们谈得非常愉快,一周之后我们能不能到您那儿做技术交流?局长很痛快地答应了这个要求。一周之后,她的公司老总带队到山东做了个技术交流,她当时因为有事没去。

老总后来对她说,局长很给面子,亲自将所有相关部门的有关人员都请来,一起参加了技术交流,在交流的过程中,大家都感到了局长的倾向性,所以这个订单很顺利地拿了下来。当然后来又去了两次,第三次就签下来了。

A公司的代表听后说:你可真幸运,刚好局长到北京开会。

刘女士掏出了一个小本子,说:不是什么幸运,我所有的客户的行程都记在上面。打开一看,密密麻麻地记了很多名字、时间和航班,还包括他的爱好是什么,他的家乡是哪里,这一周在哪里,下一周去哪儿出差。

6.1.2.3　潜在大客户需求调研

面对众多可能的潜在大客户名单,优秀的销售人员并不急于马上开始进行销售访问,他们深谙"二八定律",不愿意把时间、精力浪费在没有价值的80%的潜在大客户身上。因此他们在收集潜在大客户信息的基础上,会进一步进行客户需求调研。

针对大客户进行需求调研的关键在于以下几点。

1. 采取差异化策略

在买方市场的大背景下,任何一个客户的面前都会聚集至少两个以上的销售人员,此时,只有进行差异化销售才能取得梦寐以求的订单。

差异化销售并不是向客户承诺提供不同的产品、不同的价格、不同的售后服务等,而是从客户的需求调研入手,准确把握客户的真正需求,并有针对性地提供产品或服务。

2. 用专业的调研方案申请调研机会

由于安排人员接受调研访谈需要动用很多资源,因此客户企业在考虑是否接受销售人员调研时常常要考虑配合调研的成本。很多销售人员常常埋怨客户企业不给自己深入调研的机会,却忽视关键在于自己没有提供专业的调研方案,不能让客户企业感受到其调研的专业程度,从而不愿意也不敢安排其来调研。

3. 让专业人员参与需求调研

在大客户销售活动中,销售人员应更多地扮演协调者的角色,调动企业的专业人力资源,组成具有专业背景的团队来挖掘大客户的需求。这既有利于提高需求调研的效度与信度,也有利于向客户企业展示本企业的真诚和实力。

4. 强化"客户的困难就是需求"观念

不是所有的潜在大客户都有丰富的、科学的采购经验,因此对某些客户而言制定采购标准本身就是一件很困难的事情,这个时候如果销售人员敏锐地发现了客户的困难,并及时整合企业人力资源提供协助,获得订单也就在情理之中了。即使客户最终没有采纳销售企业协助制定的采购标准,客户对企业的帮助依然会心存感激,为合作增加了筹码。

【案例6-3】

培训公司为大客户定制营销培训课程

某知名的摩托车企业人力资源部培训主管李先生打电话给培训公司,要求培训公司提供销售类课程菜单以便选择培训课程。看到顾客主动上门,培训公司的销售人员先是惊喜一番,然后迫不及待地将课程清单传真给李先生,有的发了E-mail,在课程清单以外,有的销售代表还没忘记加上一些公司简介、培训师师资简介、公司实力品牌等证明资料。销售代表几乎都无一例外地使用了一些技巧,产品呈现技巧、成交技巧等,结果却无功而终。但某公司的销售代表谢先生接到电话后,初步判断出这是一个大客户,可能有长期的培训合作可能,因而并没有急于这样做,而是对李先生说:"我们非常理解您想得到培训课程清单,不过,根据我们的经验,在没有了解贵公司的需求之前,我们担心发给您的资料会浪费您的时间,另一方面,课程清单并不能让您了解到课程本身的价值,要不我先给您发一份'营销培训需求调查表',您填好后给我,我请我们的资深老师跟您做一个交流,然后再确定如何做?"听到销售代表这样一说,李先生颇感意外,但觉得这样好像是有道理的,所以很快就同意了。谢先生很快就收到李先生发回的"营销培训需求调查表"。接下来,培训公司的老师根据"营销需求调查表"提供的信息进行了初步需求分析,建议李先生应该与他们的人力资源主管做一下电话访谈。李先生再次同意,电话访谈结束后,培训公司以书面传真的形式给李先生做了回复,谈到现有的资讯对形成较高水准的《营销培训建议书》仍然不够,提出进一步进行面对面访谈的计划与请求,这次面对面访谈要求对方的销售部经理、市场部经理、受训对象代表(分公司经理)等参加。做完本次面对面访谈后,培训公司提交了一份《营销培训建议书》给李先生。后来,他们很快就签订了合作协议。

6.1.2.4 大客户分析

在完成大客户资料收集和需求调研后,销售人员马上面临的是目标客户的筛选问题,不是所有进入资料搜集的客户都要成为企业的目标大客户,因此开展有效的大客户分析工作是十分重要的。企业通过大客户分析应明确以下几点:谁是大客户？大客户想要什么？如何获得大客户？如何维护大客户？如何长期经营大客户？等等。

大客户分析的主要内容包括:
(1) 对产品和服务的需求程度。
(2) 客户的需求量。
(3) 客户的购买能力和长期采购的可能性。
(4) 客户企业的发展和增长潜力。
(5) 客户的支付能力。
(6) 客户的采购习惯、采购流程、影响客户采购的主要角色。
(7) 客户的售后服务要求。
(8) 客户的信誉状况及忠诚度。

6.1.3 制订大客户管理计划

实施大客户管理是一项系统工程,涉及企业经营理念、经营战略的转变,关系到企业的各个部门、企业流程的各个环节,要求企业建立起能及时进行信息交互与信息处理的技术手段,因此,企业应当着手制订大客户管理计划。

大客户管理计划应包括以下几项内容:
(1) 企业经营定位,业务使命陈述。
(2) 企业内外部环境分析,包括企业所面临的营销机会和威胁,公司的资源、竞争能力、企业文化等描述。
(3) 企业发展目标制定,如利润率、销售增长额、市场份额的提高、技术研发、品牌形象等。
(4) 企业大客户导向的大客户管理战略,包括:谁是大客户？大客户想要什么？大客户如何被管理？大客户如何被长期经营？
(5) 企业大客户管理策略,包括利用市场趋势、为客户增值的机会、对客户进行优先排序、利用竞争对手的弱点等。
(6) 企业大客户信息管理策略,包括信息收集、管理、更新、安全等。
(7) 企业大客户管理组织设计及工作流程设计。

任务6.2 大客户营销策略

大客户营销是企业销售工作的核心环节,有了稳定的大客户,企业可以确立在行业的优势竞争地位。

6.2.1 正确认识大客户营销

6.2.1.1 充分了解大客户的需求是做好大客户营销的前提

营销就是发现客户的需求,然后利用产品或服务等手段去满足客户需求的过程。大客户营销工作也不例外,企业及销售人员不仅要收集大客户对具体产品或服务的需求,还要认真了解大客户寻求需求满足的具体过程,从而从根本上把握大客户的需求,做到"比客户更了解客户"。这是做好大客户营销工作的前提。

【案例6-4】

"雷沃":知顾客者得天下

雷沃公司(ReVO)是一家专门生产优质太阳眼镜的公司,由一些前美国航空航天局(NASA)的科学家创建。这些科学家们曾参与一项专门技术的开发,研究用于航天器表面的玻璃,保护暴露在外层空间太阳强光下的高灵敏度仪器。作为业界新秀,雷沃开创了一种全新的优质高价的太阳镜系列,每副眼镜标价在150到300美元。公司迅速壮大,最后被博士伦公司买下。到了2002年,雷沃又被转卖给眼镜行业的全球领先企业——Luxottica集团。

雷沃公司本可以运用生动的广告来强调产品的高科技含量——既能百分之百地防紫外线和红外线,又不会使镜片失真。而事实上,雷沃却另辟蹊径,从滑雪场、垂钓场和划船运动场着手,观察并和那些戴太阳镜的人进行交流,想方设法了解这些潜在顾客在滑雪、钓鱼和划船时的感受。比如,当滑雪者从"猫跳道"上往下滑时,太阳镜是否会妨碍视线,影响滑雪者选择能够获得最大乐趣的路线?又或者,如果看得更清楚,垂钓者能不能钓到更多的鱼呢?雷沃尤其关注那些在各自领域内富有创新意识的顾客——他们热衷于自己的兴趣爱好,非得给自己配上最新、最好的装备不可。

为了实现顾客价值最大化,雷沃公司逐渐意识到,顾客需要的不仅仅是优质的雷沃太阳镜片——可以让他们在滑雪时滑得更顺畅,或者在钓鱼时能够看到更多的鱼,他们还需要匹配的镜架,既舒适又时尚。雷沃还发现,其目标顾客对自己的爱好一般都抱有长期的兴趣。因而如果镜架不合适,让顾客觉得长期佩带不舒服的话,镜片的技术含量再高也是枉然。

6.2.1.2 为大客户提供令人惊喜的服务

一位保险公司的销售经理这样描述自己工作的行业:"若想创造出一家超级保险公司,你要建立起20个关系,用服务把他们保持住——不是一般的服务,不是好的服务,而是很特别的服务。你要尽可能预知他们的需求,而不是他们提出需求了,你才像出现紧急任务似的冲过去。换句话说,你要提供令人惊喜的服务,而不是那些出于责任的服务。"

企业在市场竞争中往往容易形成以营利为唯一目标的企业文化,在这一思想指导下,许多企业为获利不自觉地损害客户利益,从而导致客户的满意度和忠诚度很低。而在大客户营销策略中,将大客户作为企业重要的资产,因而企业应当更加重视客户满意、客户忠诚和客户保留,站在专业角度和客户利益角度提供专业意见和解决方案以及增值服务,为大客户提供令人惊喜的服务。

6.2.1.3 与大客户一同开发新服务和新产品

大客户营销意味着必须针对大客户的购买需求来发展新服务和新产品,也就是采取一对一的销售服务为他们量身定做,可能的话,与核心大客户一同开发新产品和新服务。

6.2.2 建立大客户营销的基础条件

大客户营销不仅仅是一种销售技巧,而是在内部管理和外部营销的双重努力下才能达到的一种战略状态。一个企业只有具备正常的客户群之后,才可以努力去发展大客户,否则就是本末倒置。当大客户营销成为努力的方向时,企业的首要任务就是稳扎稳打修炼"内功",提升自身综合实力。

大客户营销应当做好以下基础建设工作。

6.2.2.1 提高品牌知名度

大客户往往对价格关注较少,而更看重企业的产品质量、服务水平,因此对大客户进行业务推广离不开企业的知名度和美誉度。品牌是企业发展的资源和财富,也是拓展大客户市场的战略武器,企业品牌只有得到社会公众的认同才能被大客户所接受,才能进一步开发市场。因此,企业必须启动一切可以利用的渠道和力量,全面宣传企业业务和品牌,迅速提高企业的知名度,全力打造良好的企业形象和品牌形象。

6.2.2.2 建立大客户销售队伍

大客户销售服务队伍建设十分重要,企业必须高度重视。大客户的发展依靠一般的营销渠道难以达到满意的效果,企业必须组建大客户销售队伍,以优质高效的服务来营造良好的企业形象,以无微不至的关怀来建立大客户的忠诚,全心全意为大客户服务。

6.2.2.3 完善企业内部的大客户组织

在明确大客户营销战略之后,企业应该着手设置大客户组织机构,制定流程和管理规范,提高企业服务大客户的能力。大客户组织一般有临时小组、常设小组和大客户部等三种形式。临时小组的领头人,通常由公司高管、销售总监等资深人士担当,他们是在销售人员打好前站的基础上出面与大客户接触,从而促进大客户销售的成功;常设小组,一般是公司销售部门的一个分支,直接归由销售总监领导,由经验丰富、人际关系熟练的销售人员担任主管,小组成员多在3~5人,主要锁定特定客户或行业,他们共享销售部门其他人员的业务信息,而将潜在大客户挑选出来单独操作;大客户部则是在公司基础业务稳定之后,挑选出精干的销售人员组成,形成相对独立的业务运作机制,他们负责现有的大客户服务和潜在大客户开发,自主决策权的范围更大一些。

6.2.2.4 过硬的技术攻关力量

大客户购买的核心是产品、服务或整体解决方案。因此,企业应建立过硬的技术或工艺攻关小组,提供支撑大客户营销的核心产品或技术,还能根据大客户个性化的需求为大客户量身打造个性化的新产品、新服务或新的解决方案,帮助大客户达到定制化效果。

6.2.2.5 有效的后台支持

企业应做好建立大客户档案的基础工作,充分利用CRM等先进工具,整理现有大客户和潜在大客户的资料,为实施客户关系营销策略提供有力依据。其次,对客户关系进行分析评价,鉴别不同类型的客户关系及其特征,评价客户关系的质量,并及时采取有效措施,保持企业与客户的长期友好关系;再次,根据不同等级服务的要求实施不同级别的服务,努力与大客户建立相互信任的朋友关系和互利双赢的战略伙伴关系。

6.2.2.6 培育以大客户为中心的企业文化

大客户管理战略的实施需要整个企业协同实施,包括公司决策层的支持、精通业务管理的销售总监、主要部门负责人的客户服务意识、跨部门团队的创造性文化及有效的信息管理共享平台,因此实施大客户营销必须培育以大客户为中心的企业文化。

6.2.3 认识大客户采购

研究大客户的采购行为是大客户营销的关键环节之一。相对于普通消费品客户,大客户采购一般都拥有完善的体系,决策过程复杂,参与角色较多,各种责权划分明确。

6.2.3.1 大客户的采购过程

在大客户营销过程中,销售人员往往要根据大客户的采购流程来规划整个销售过程,因此弄清楚大客户的采购过程是非常重要的工作。一般来说,大客户采购过程包括以下环节:

(1) 发现需求。当大客户企业中有人认识到了某个问题或某种需求可以通过得到某一产品或服务就能解决时,便开始了采购过程。

一般常见的引发需求的情况有:

——新产品研发或引进后,需要新设备和各种材料。
——生产过程中设备更换或保证正常生产的原料采购需求。
——采购的一些材料不尽如人意,转而寻找另一家供应商。
——采购人员通过参加展销会、浏览广告等方式产生一些新的购买想法。
——需要大量采购办公用品。

(2) 内部酝酿。一旦大客户企业发现了采购需求,采购部门便着手制定所欲采购项目的总特征和需要的数量,将直观的问题转化为能够量化、能够实现的采购需求。参与这个过程的除采购部门外,还有使用部门、技术部门等。

(3) 系统设计。大客户企业根据采购部门提出的多种方案,先由技术部门进行评估,再由财务部门进行可行性分析,最后由决策层决策。采购价格的商议是这个阶段的主要工作。

在这个阶段,虽然有多个部门参与,但真正起决定性作用的是公司的决策层。一流的销售人员往往在这个时候就开始接触采购方各个职能部门的关键人物,特别是决策层。

(4) 评估比较。根据各部门的讨论结果和决策层的最后意见,大客户企业的采购部门一般会采用招标的方式对外发布采购信息。在这个阶段,销售人员需要在满足对方需求的同时,扮演采购顾问的角色,帮助修正大客户企业招标方案中不切合实际和不实用的地方,并显示出自己企业在技术方面的过人实力,以赢得客户的信任,如图6-1所示。

项目评估(技术标与商务标)

评估指标	权重	我们公司	A竞争对手(国外公司)	B竞争对手(国内同行)
客户关系	0.20	4	4	4
售后服务	0.15	5	4	4
行业标准	0.1	3	4	3
品牌	0.1	4	5	5
产品性能	0.1	5	5	5
价格	0.15	4	3	3
供货能力	0.05	5	3	4
快速解决方案	0.15	5	3	3
总分	1	35	31	31

图6-1 评估比较

(5) 购买承诺。为了采购到理想的产品并获得好的采购条件,大客户企业往往会同时与多家企业进行接触洽谈。在这个过程中,大客户企业处在主动地位,因此,销售人员要尽最大努力拿到订单,也即购买承诺,并具有通过谈判保护自己企业利益的能力。

(6) 安装实施。合同顺利签订后,就进入了产品的交付、安装以及调试使用的阶段。在这个阶段,大客户企业的主要利益诉求是销售企业按合同要求认真履行承诺,准时交货,做好各种售后服务工作。因此,销售人员要认真督促本企业做好交付及售后服务工作,以赢得大客户企业的信赖。

6.2.3.2 影响大客户采购的6种角色

除弄清楚大客户采购的过程外,销售人员还要熟悉、掌握大客户企业中哪些部门会涉及具体采购工作,并分辨出谁扮演什么样的角色,在采购中起何种作用,然后采取不同的销售策略。

一般可归纳为以下6种角色:

(1) 决策管理层。这类客户是大客户机构内的领导者,在采购中,他们通常是大型项目的审批和采购的最终决定者,而他们最关心采购的宏观结果和影响。在采购过程中,决策管理高层参与的时间比较有限,但是每次的参与都是其做决定的关键阶段。

(2) 使用部门管理层。这是采购产品所在部门的管理者。他们主要是明确问题并确定项目的需求,参与解决方案的评估和比较,管理安装和实施等。他们可能不直接使用这些产品,但他们负责管理使用该设备的部门。销售人员必须找到客户中所有的潜在使用部门,明确他们的采购潜力,以制订合理的销售计划。

(3) 采购和财务管理层。采购部门主要负责实施执行具体采购工作。同时,他们也负责商务谈判,参与评估和比较。采购部门往往对零散采购的决策有很大的影响。

财务部门是管理和审批采购资金的部门。当采购的金额比较大时,该部门的决定会起到至关重要的作用。同时其建议对决策管理高层的决定有影响。

(4) 技术管理层。这是负责系统设计,对具体使用产品进行选择、使用管理和技术维护的管理层。技术部门了解系统和相关产品,因此,他们往往参与系统设计以及采购方案的制定。在采购流程中,他们是参与系统设计、评估和比较、管理安装和实施的主要参与者,对销售企业的最终评价有主要意义。

(5) 使用者。这是直接使用采购产品或服务的人员,是产品或服务好坏的最终和直接评估者,也是最先发现问题和困难的人员。有时某些使用者作为工作人员会参与设计、评估和比较。使用者虽与大客户采购的决策不直接相关,但往往可以提供有价值的资料,而且他们的意见在很大程度上会影响采购决策。

(6) 技术人员。技术人员是设备维护、实施安装的直接参与者。当他们参与到采购中时,往往承担重要角色,负责了解各销售企业的产品细节、设计系统方案,同时也是标书制定的主要人员。销售人员与他们建立良好的关系可以获取很多有价值的信息。

大客户的采购在不同的采购流程会发生于不同的部门,他们各自关心不同的内容,有不同的需求。例如,一家向各大宾馆和饭店供应蘑菇的公司,必须辨别各宾馆和饭店参与决策的人员。这些人员可能是采购经理、厨师、食品部和饮料部经理。这些人员的作用差别很大:采购部经理会分析干蘑菇和新鲜蘑菇之间的成本差异;厨师则考虑配料时的难易程度、对菜肴口味和营养的影响;而饮食部经理可能更关心客户的喜好以及食品的安全性。因此,销售人员必须能够判断哪些是决策主要的参与者,分别对哪些决策具有影响力以及决策的程度如何,并有针对性地制定和应用销售策略,各个击破。

知识链接

大客户企业不同采购主体的消费心理特征

1. 管理层——"三思而后行"

作为大客户采购方的管理层,他们的购买心理是以理智为主,感情为辅。购买决策行动谨慎、迟缓,体验深而疑心大。他们喜欢更多地了解市场的信息,喜欢多听各方面的意见,一般对得失分析得很周密,对于不利局面的后果及影响相当重视。在购买行为发生时,他们从不冒失仓促。

2. 采购执行层——习惯、专业心理

作为采购的执行人员,他们以一种职业的眼光来看待采购行为。对他们而言,工作的本身已经不再是为了满足某种需求了,而更多的是与自己的职业成就和使命感联系在一起的。所以,他们在采购中的态度往往取决于对产品或品牌的了解和信念,这种信念可以建立在专

业知识的基础上,也可以建立在见解或信任的基础上。他们在采购时经常根据以往的经验和平时对行业品牌的了解来判断产品。

3. 财务管理——价格敏感心理

对于财务管理层来说,在采购行为发生时,他们多是从经济角度来考虑,而且对价格要素非常敏感。同时,财务管理人员的财务管理计划性心理表现得很强,对于超出用钱计划的采购行为往往采用抵制态度。

4. 使用部门——冲动、感性心理

作为一线的使用部门,他们在采购时的心理一般是以直观的感觉为主,容易受到广告或者外界宣传的引诱,对采购的态度是积极而且主动的,而理智思考欠缺,受购买冲动支配态度的痕迹很明显。

6.2.4 大客户营销策略

6.2.4.1 大客户营销的产品策略

随着社会财富的不断积累,人们的消费观念已经从最初的追求物美价廉的理性消费时代过渡到感性消费时代。感性消费时代最突出的一个特点就是消费者在消费时更多的是在追求一种心灵的满足,追求的是一种个性的张扬。因此,企业要想赢得更多的大客户,必须能够为大客户提供个性化的产品和服务,满足不同类型群体的需要,如对于管道天然气,针对不同的大客户,房地产商需要的是盈利,驻地中央机构需要的是便利。一言以概之,要为大客户专门设计制造个性化产品,满足个性化需求。

6.2.4.2 大客户营销的价格策略

大客户营销的价格策略具有如下特征:偏重于买方因素;影响价格的因素多;通过谈判、竞标定价;价格与商品服务常常不对称。因此,企业首先应在了解大客户愿意支付的价格的基础上建立以市场为导向的、以成本为基础的价格机制,制定综合服务协议,明确价格优惠幅度和权限,提高大客户营销价格优惠的灵活性;其次,区分各大客户的价格敏感度,通过产品和服务差异化转移客户对价格的敏感;根据客户不同情况,为大客户提供整体业务优惠计划;根据市场竞争状况,对有流失风险的大用户给予适当的折扣;最后,通过培训提高客户经理谈判能力,降低优惠幅度,尽量避免恶性价格战。

6.2.4.3 大客户营销的渠道策略

大客户销售的渠道一般以直销为主,在设计渠道过程中,企业应充分考虑如何给大客户提供便利。

6.2.4.4 大客户营销的促销策略

大客户营销的促销策略具有如下特征:偏重技术知识、协调能力、项目管理和危机处理能力;广告应用得少;通过展示会、资料、技术实力、关键用户关系建设等取得用户信任。

6.2.5 大客户营销的四个阶段

6.2.5.1 确定目标——准确识别大客户

要想成功拿下大客户,企业首先要做的就是,弄清楚谁是大客户。企业可以利用 CRM 系统,按照客户价值大小,对企业利润贡献大小来进行分析,找出大客户。在识别大客户的过程中,进行有效的大客户市场细分是十分必要的,企业甚至可以将某个具有特色的大客户作为一个细分的市场,再进行不同层次、不同行业、不同特性的服务产品的市场定位、开发、包装和营销。经过这一筛选、分类的过程,企业才能更加清楚细致地明确大客户的需求,才能有效地进行业务创新。

6.2.5.2 攻——寻找大客户的突破点

大客户是企业的重点销售对象,充分理解大客户的需求是做好大客户销售工作的重要步骤。企业可利用 CRM 系统给大客户建立完整详细的档案、了解大客户的基本情况和业务情况、了解大客户的现用产品的使用情况、了解大客户的决策流程、分析大客户的潜在需求等。这也是个性化需求分析的要点。

同时根据每个企业不同的业务模式对具体问题进行具体分析,特别是要站在大客户的角度设身处地地思考大客户企业运营流程节奏和效率,尽最大努力让自己变成客户的"自己人",为大客户制定出更有针对性、更切实可行的个性化产品、服务和解决方案,切实提高大客户满意度。

寻找大客户突破点的流程图:
第一,构建客户信息渠道。
第二,挖掘客户需求。
第三,确定你的进攻方向。
第四,客户的采购流程和管理。
第五,找出你的关键人,投其所好。
第六,与大客户进行亲密接触。

6.2.5.3 守——牢牢守住你的客户

在进入项目中期,企业的营销工作重点在于强化对大客户的吸引力,满足客户需求从而促成项目的成功销售。当项目进行到招标筛选时,销售人员更多的是要关注如何守住自己的优势和客户了,如何在最后的竞争中脱颖而出,争取到他们的信任,需要销售者更多的注意自己的营销策略。

如何运用不同的技巧和手段,来巩固项目销售的稳定性,是这一阶段的重点。这一阶段称为"固守阶段",通过上一阶段的销售工作,项目销售已经迅速向前推进,现阶段要做的,更多的就是守住客户,防止销售过程中出现的各种问题而影响到项目的发展。因此,巩固自己在客户心目中的地位、回避客户的进攻和竞争对手的影响成为本阶段的关键,目的都是强化客户对本企业的信任和认同度。守住客户,使客户不轻易流失。

6.2.5.4 防——打好最后的攻坚战

防,是销售的最后阶段。通过一系列的活动,大客户已经基本认定你的产品和企业,但仍有少许疑虑,企业需要通过一些方法或者手段强化大客户意识,促使他选择本企业的产品或服务。

6.2.6 大客户销售人员的修炼

美国一项针对大客户销售人员的调查表明,优秀的大客户销售员的业绩是普通销售员业绩的 300 倍。大客户销售人员往往具备以下特征。

6.2.6.1 坚持以客户为中心的销售

要想成为优秀的大客户销售人员,需要对市场习惯、大客户的采购习惯、大客户的价值观、大客户的购买心理等进行深入了解,以达到更多关注客户的目的。坚持以客户为中心的销售是一种态度,是一种不懈为大客户提供服务、帮助大客户解决问题的意识,是一种使大客户销售人员到达成功彼岸的力量源泉。"不要销售产品!而是销售帮助!"优秀的销售人员必定是那些能与客户建立良好关系,赢得他们的信任并最终帮助这些客户解决问题的人。

6.2.6.2 成为所销售产品的专家

大客户不同于普通消费型客户,其专业性要求很高,因此,销售人员对所推销的产品是否够了解,是否够专业,是否能给客户以信心,就成了成交的关键因素。优秀的大客户销售人员擅长把大客户需要的知识巧妙地传递给大客户,从而大大地提高其在大客户心目中的价值,并在同对手的竞争中脱颖而出。所以,要想成为成功的大客户销售人员,必须深入了解企业的产品和服务,具有充分的专业知识和开阔的眼界,给企业和客户带来最大化的利益;同时,还需要研究销售的方法和技巧。

6.2.6.3 健康体魄、良好心态以及个人修养

高强度的工作节奏、机敏的反应和洞察力需要保持良好的精神状态,而大客户销售过程的复杂和结果的不确定性要求大客户销售人员具备健康体魄以及良好心态。同时大客户销售人员还应具备良好的职业素养,擅长自我管理、目标管理和时间管理。

6.2.6.4 团队合作意识

鉴于大客户的重要性和大客户开发的复杂性,大客户销售人员个体难以胜任大客户销售及管理工作,越来越多的企业在面对大客户销售时,强调销售团队的建立和销售人员的团队合作意识。在以前的大客户销售业务中,销售人员大部分是独立的销售行为,更强调自我控制和调节,对他们的管理也是放任式的,而销售业绩的大小几乎成为评定其销售能力的唯一因素,因此出现了许多只重视结果,忽视客户售后服务和损害企业形象的短期行为。随着客户开发整体观念的深化,这种大客户销售"近视"的行为已远不能满足企业生存发展的需要,而这就要求已经习惯独立运作的销售人员既要有分工协作的能力,又要具备合作的意识。

任务6.3 大客户管理

大客户管理是企业以客户为中心的思想和关系营销发展的必然结果。实行大客户管理是从战略上重视大客户,深入掌握、熟悉大客户的需求和发展的需要,有计划、有步骤地开发、培育和维护对企业的生存和发展有重要战略意义的大客户,为大客户提供优秀的产品/解决方案,建立和维护好持续的客户关系,帮助企业建立和确保竞争优势。同时,通过大客户管理,解决采用何种方法将有限的资源(人、时间、费用)充分投放到大客户上,从而进一步提高企业的市场份额和利润率。建立和完善大客户管理系统是提高大客户服务质量,保持业务持续能力和创新能力的重要手段。

6.3.1 大客户管理的内容

在内容上,大客户管理是在严谨的市场分析、竞争分析、客户分析基础之上,分析与界定目标客户,确定总体战略方向,实现系统的战略规划管理、目标与计划管理、销售流程管理、团队管理、市场营销管理和客户关系管理,为大客户导向的战略管理提供规范的管理方法、管理工具、管理流程和实战的管理图表。

大客户管理的内容主要包括战略与目标管理、市场与团队管理、销售管理、控制和关系管理等五部分内容,因企业所处环境和所拥有的能力、资源情况不同,大客户管理的内容在不同的企业也不尽相同,但一般包括:

(1) 明确大客户的定义、范围、管理、战略和分工。
(2) 建立系统化的全流程销售管理、市场管理、团队管理和客户关系管理方法。
(3) 统一客户服务界面,提高服务质量。
(4) 规范大客户管理与其他相关业务流程的接口流程和信息流内容,保证跨部门紧密合作和快速有效的相应支持体系。
(5) 优化营销组织结构,明确各岗位人员的职责,完善客户团队的运行机制。
(6) 加强流程各环节的绩效考核,确保大客户流程的顺畅运行。
(7) 建立市场分析、竞争分析和客户分析的科学模型。
(8) 利用技术手段,建立强有力的客户关系管理支撑系统等。

6.3.2 大客户管理系统

大客户管理系统是实现有效大客户管理的重要工具。大客户管理系统应当具备以下功能:

(1) 客户档案管理。建立完善大客户档案管理功能,包括信息的收集、管理、更新及信息安全等内容。
(2) 营销管理。提供对营销知识、营销计划、营销活动、市场调查、商业机会、销售活动、合作伙伴、竞争对手及合同模板等内容的管理。
(3) 客户服务。提供业务咨询、费用查询、投诉、建议等功能。
(4) 跨地区业务协调。提供企业对跨地区业务的受理、订单调度。供货管理和查询统计等功能。

(5) 决策分析支持。通过对大客户资料的分析、整理和挖掘,为企业提供客户分析、业务分析、销售分析、产品分析和收入分析等方面的分析功能。

【案例 6-5】

西安汽车 CRM

行之有效的 CRM 系统将帮助汽车营销企业在贯穿整车销售、零配件供应、售后服务、信息反馈过程整体提升盈利水平。我们可以对汽车销售和服务按顺序进行大致分解和分析。

1. 获取、分析需求信息,挖掘潜在客户

传统方式是依靠客户主动上门,来获取客户购买机会。但是,汽车营销企业以及其连锁机构建立了越来越多的展示中心以及 4S 店。如何要更多的客户关注你的产品而不是对手的产品?今后,将有越来越多的汽车公司通过汽车会员俱乐部的方式,针对指定的目标客户群进行沟通和互动来获取销售机会。

营销部门通过数据公司购买客户数据,首先找到所销售产品的目标消费群体,然后通过各种沟通方式对目标客户群体进行数据库营销。在这过程中,手段多样,如可以直投试驾活动,购车优惠安装内饰,有奖调研以及一些公司品牌的出版物等形式的 DM,然后针对产生反馈的客户开展针对性的工作,产生销售机会并推进成为订单。

在以上的过程中,有两个工作核心。第一,是对目标客户精准选取并进行分类。第二,是对目标客户的有效动作和沟通。那么,良好的 CRM 系统就可以帮助汽车公司的营销部门良好地管理客户数据,并根据客户与公司的互动和反馈情况对客户进行分类管理。同时,先进的 CRM 系统可以进行对客户组的群操作,如 CRM 系统可以对某类别定义的客户开展群发语音信息、传真信息、电子邮件信息、短信息等,并将客户各种形式的反馈信息"以客户为中心"地进行归集。

2. 有效进行销售跟踪

CRM 系统在汽车销售跟踪过程中依然十分重要。很多汽车经销商在自己的门店中都忽略了这部分工作的处理。到门店里询问和参观的顾客对汽车销售同样重要。虽然说逛街型的顾客"刮风一半,下雨全无",但是如果门店里的销售人员不能够按照统一的方式与顾客沟通,获取客户信息,将无法对客户进行分类管理,无法对之采取相应的后续动作,或者造成沟通有效性差,严重浪费公司的资源。对客户仅仅进行汽车性能特点讲解和推荐是不足够的,往往最终顾客发生购买的时候并不在最初他咨询的那个门店。原因是类似的门店很多,他已经不记得他曾经在哪里咨询过。保持与客户的持续沟通和推进跟踪非常重要。

当然更多门店已经做到了对客户不仅仅进行产品介绍,同时对客户进行紧密追踪。然而,不整合的信息在企业中并不能得到充分的利用。比如,业务人员流失将造成大量的客户流失。CRM 系统在这一环节,可以帮助企业按照既定规则搜集客户信息,帮助企业以统一界面面对顾客;对客户进行分类管理,向不同层次客户销售不同档次的产品;固化业务流程,大幅度提升业务人员工作能力;实现知识库管理,知识共享,业务人员回答顾客问题告别经验主导和随机回答,提升顾客对公司的信任程度。同时,整合的客户信息便于利用,易于分配,既防止业务人员流动造成客户流失,同时又可以防止业务人员发生撞单现象。

3. 提高订单执行效率

客户完成购买,进行商品交付。这一过程中进销存系统与 CRM 系统进行接口,保障后续交付过程的有序进行,信息化将大大提高交付过程的工作效率。

4. 保障汽车售后服务

汽车整车销售利润下滑,并逐渐转向后续汽车服务,包括汽车保险、上牌照、信贷、汽车保养、维修等服务。CRM 系统可以车主或汽车为单位,建立客户档案,记录其维护、维修以及配件更换历史,协助工程师工作,帮助公司实施客户忠诚度计划。周全放心的服务使车主不会轻易更换汽车维护提供商,帮助汽车销售企业保障整体利润来源。

5. 再销售信息获取,实现再销售

客户忠诚度计划还包括对顾客使用产品的情况进行调查,了解客户的满意程度,以此为依据不断提高自己的满意程度。CRM 可以帮助企业建立满意度调查问卷,对数据进行自动的统计,进行多维度统计和分析。伴随私人汽车拥有量的迅速增长,需要购买第二辆或者第三辆的私人或者企业越来越多,CRM 系统还可以帮助企业根据向上销售和交叉销售对客户再销售进行挖掘。老客户购买新产品将帮助汽车营销企业大大降低营销成本。

6.3.3 大客户管理的注意事项

(1) 对大客户的类别划分要准确,包括综合大客户、专业大客户、协作大客户、潜在大客户等,都要予以清晰的界定。

(2) 收集完善大客户业务资料,摸清大客户企业所处的行业、规模等情况,摸清大客户内部的报告线、决策线,甚至关键人物的个人信息等。

(3) 优先满足大客户提出的货源要求。

(4) 充分调动一切与大客户销售有关的因素,包括最基层的营业人员与销售人员,从而提高对大客户的销售能力。

(5) 在大客户之间首先进行新产品的试销。

(6) 对于大客户的一切公关及促销活动、商业动态给予必要关注并视情况及时给予支持或协助。

(7) 企业高层要经常与大客户交流,保证沟通。

(8) 具体问题具体分析,同不同的大客户一起设计不同的促销方案。

(9) 征求并采纳大客户对大客户销售人员的意见,及时调整优化大客户销售人员。

(10) 给予大客户适当的激励政策。

(11) 保证与大客户之间信息传递的及时、准确,把握市场脉搏,抢占先机;定期组织大客户与企业之间的座谈会。

6.3.4 大客户满意度管理

企业吸引一个新客户所耗费的成本大概相当于保持一个现有客户的 6 倍;去劝导那些对竞争对手满意的客户,使他们从原来的供应商那里转到本企业,需要耗费更多的精力和费用。著名的等式"10-1=0"表示:流失一个大客户的损失,只有争取10个新客户才能弥补。这就意味着失去大客户就是放弃盈利的机会。

因此,针对大客户的客户关系管理,首先提倡的是保持现有大客户。实现现有大客户的重复购买必须成为企业的目标,其次提倡的才是开拓新市场,吸引新客户。

6.3.4.1 实现大客户满意的途径

(1) 寻找最理想的大客户。客户本身就存在着差异,并不是所有的客户都会成为企业所需要开发的满意客户甚至是忠诚客户。企业要最大化地实现可持续发展和长期利润,就要对客户群甚至是企业的大客户群进行明智的选择,把客户资格作为一种特权。

对于重点开发大客户的企业来说,高依恋、高重复购买的超值忠诚大客户是需要寻找的最理想的大客户之源。因为这些超值忠诚的大客户会对某一企业、某一品牌的产品或服务形成长期偏好和长期重复购买行为,他们是企业最珍贵的财富。因而,找到合适的忠诚大客户是实现大客户满意的第一步,也是相当关键的一步。

找到合适的忠诚大客户后,企业应该视这群大客户为核心,作为重点服务对象;把大客户的需求作为企业各项经营活动的中心,并给予大客户超值回报,从赢得大客户忠诚的角度出发,设计企业的整个经营系统和发展战略。

(2) 提升大客户的感受价值。大客户的感受价值对销售成功是至关重要的,增加大客户的价值感受是企业提高大客户满意最务实的一条途径,也是其获得大客户忠诚的主要壁垒。这是因为,大客户对企业提供的产品和服务感知价值影响了客户对企业的整体评价,决定了大客户对企业认知与其心目中期望之间的差距。实际上,增加大客户的价值感受代表了给予客户超值服务,许多企业得以经久不衰的发展在很大程度上便是得益于此。因此,为大客户创造和增加价值已经成为很多企业的首要目标。

此外,感受价值不仅是客户的选择依据,也是其忠诚度的晴雨表。很多企业试图增加价值,但是如果客户没有感受到他正在获得价值,企业的努力就无法得到客户忠诚的回报。所以感受价值是由客户决定的,不是企业一厢情愿的选择。大客户会购买给予他感觉价值最大的产品或者服务,因此,企业为客户设计、创造、提供价值时,应该从大客户的导向出发,把大客户对价值的感知作为决定因素。

总体来说,决定大客户价值感受的要素包括:

① 价格的价值。这是价值最为基本的来源。它的特征是客户将价值等同于价格,会为了较低的价格转向选择提供同类产品的另一家企业。这类客户是传统的价格追随者,他们并不认为销售企业提供的其他东西是有价值的;他们更容易将产品视为商品,认为所有的销售企业都是相同的。特别是当客户看重的是核心服务而不是企业产品的时候,这种以价格为基础的观点就很可能流行起来。有时,这种情况还会发生在当销售企业核心产品同竞争对手的核心产品实际上无法区分的时候。

② 便利的价值。如果企业使客户可以很容易地获取他们需要的产品或者服务,并且可以方便地与他们进行交易的时候,这种形式的价值就被创造出来了。

③ 选择的价值。在客户的选择中,给他们增加更多选项或者使其更多地获得这些选项的方法就是为他们创造了价值。客户可以与企业继续交往,并能够从各式各样的选项中进行选择。这样可以创造出价值,因为这样做节省了客户的时间、精力和心理成本。

然而，选择并不单单是扩展供给的产品或者服务。每当销售企业允许客户选择如何同自己进行交易、选择如何为购买进行支付、选择采取何种方式运输产品或者选择客户如何获取信息的时候，价值就被创造了出来。

④ 信息的价值。为客户提供更多的信息可以为他们增加价值。如果客户得到了这些信息，他们就可以根据信息做出选择，这可以让他们更加科学地进行决策。这种信息供给对那些提供的服务与技术密切相关的服务企业更为重要。很多客户并不完全了解他们所使用技术的全部作用，他们会很愿意学习新的方法来使用这项技术。

⑤ 关系的价值。如果企业让它的客户感到与它进行交易的感觉更好，就会创造出这种价值。这种类型的价值与企业的产品或者产品的价格没有直接的联系，却与客户互动中的某些更为微妙的方面有关。实际上，和它有关系的是企业能用来增强亲和力和归属感的多种方法。如果向客户提问他们喜欢同什么样的企业进行交易，他们总是会提到那些给予他们特别接待的企业，这些企业看起来很了解他们，并且很看重与他们的业务往来。最终，由于这些服务提供者的努力，客户会感觉到与这些销售企业很亲近，客户会将这种关系私人化地描述为"我的美容师""我的修理工"。此时，就意味着客户感觉自己成了这个组织的一部分，并对它有着深厚的感情。

⑥ 惊喜的价值。这种价值指的是客户意外地从好消息或者是特别的待遇中获得的收益——那种令人"哇！"的一声的经历。这需要企业寻找机会用意外行动或者计划打动客户，发出信息表示企业已经注意到并在真正关心客户的需要。例如，很多客户很高兴接到企业通知他们有甩卖的电话，并把它当成一次意外的惊喜。

如果销售人员采用独特的方式帮助客户解决问题或者是获取信息的话，就会给他们留下深刻的印象。许多企业都实施了与客户经常保持电话联络的措施，这样做不仅仅是为了卖给他们产品或者服务，而是去征询企业能否为他们做些事情，去传递企业很关心客户这样的信息。

这种惊喜的价值也可以通过其他的方式创造出来。例如，销售人员出其不意地使用那些客户没有期望但的确很欢迎的服务或者行为去打动客户。

⑦ 记忆的价值。这种价值创造发生在客户很多年来一直保存在其记忆中的一些情景和经历中。如客户第一次在晚会上听到了帕瓦罗蒂的歌声，或者第一次进入了圣马克天主教堂或是西斯廷教堂，或者第一次家庭旅行。这种价值产生于客户的内心，是一种经验价值、体验价值。

企业可以通过向提供的服务或者价值主张中增加某些形式的娱乐为他们的客户创造价值，如某些特色餐馆提供划船旅行和探险娱乐。企业也可以通过将服务经历转变为一种有纪念价值的经历来达到这个目的，而提供这种特殊服务将会使客户永远无法忘记，并且向他的朋友和同事介绍这种经历。

(3) 增加大客户感知的技巧。企业间的竞争日益激烈和明朗，对于不少企业来说，要为大客户提供更多的超值服务，需要使用特殊的技巧。这些特殊的技巧包括：

① 制造"悬念"。利用"悬念"原则，企业可以吊足大客户的"胃口"。简单地说，就是要突出"不要让他得不到，也不要让他太容易得到"的服务原则。企业在提高大客户的价值感受时，并不是一次提供的价值越大越好。因为企业一次提供了许多客户实惠利益之后，很容易让客户将下次的期望建立在这次之上，那时企业的负担就太重了。一旦出现了无法满足

客户期望的现象,就很容易导致客户提出异议。

② 激励、保健因素有机结合。通常情况下,企业提供给客户的保健因素是指各竞争企业同时都在提供的服务。例如,各大空调厂家都提供上门安装服务,商店都提供购物袋等。企业的资源是有限的。所以,必须让有限的资源发挥最大的效用,以达到让客户满意的效果。

要做到这一点,企业必须认清自己提供给客户的服务哪些是保健因素,哪些是激励因素。对于保健因素,投入过大的资源只会导致事倍功半。即使是使用激励因素,也应注意特色和创新。一个没有创新的服务,如让利,也许起初会收到一定效果,但如果做过了头,就会受到经济上"收益递减规律"的制约,仍然是花大钱办小事,所以,企业应该将精力用在自己有特色的、具有激励因素的服务上来,这样才有可能保持客户长期的满意度。

(4) 主动为大客户提供满意产品和优质服务。主动为大客户提供满意产品和优质服务是为了优化大客户的体验。它是企业给予大客户的感官刺激、信息和情感等要点的集合,是企业以服务为重心,以产品为素材,为大客户创造出值得回忆的感受。

大客户服务的关键在哪里?

你去餐厅吃饭时,如果餐厅服务员对你的服务态度很好,但是菜却不好吃,而且价格又很高,这样的饭馆你去了一次还会去第二次吗?如果你身体不舒服要上医院,这时你有两种选择:一是去私人诊所,虽然特别热情,但你不会很放心;二是去大医院,可能那里的医生态度不是很好,但是你会很放心。你的第一选择会是什么呢?

去吃饭时,菜好吃是最重要的;去医院看病,能治好病才是最重要的。可见能帮助客户解决问题是最重要的。

提高大客户满意度的途径很多,售前服务是前提,售后服务则是关键一环。现在,越来越多的企业已认识到在产品不足或发生障碍时所提供的售后服务的重要性。一些商场的送货到位、多少天之内包退包换、上门维修、终身修理等,便是让大客户购物后有安全感和放心感的表现。而根据大客户售后服务档案,每逢大客户购物周年或特别节日进行回访,或寄上一份礼品,或采取跟踪服务等完善的售后服务往往也会起到事半功倍的积极效果。恰到好处地做到这一点可以分析企业的大客户源及其消费习惯,并与大客户建立长期的互动联系,以此来巩固与老客户、大客户的关系,便于培养忠诚的大客户。

6.3.4.2 大客户满意度的调查方法

(1) 建立投诉和建议制度。企业应该为大客户投诉和建议提供各种尽可能的方便。客户的投诉和建议对企业而言是非常积极的信号,如果企业能够更快地采取行动、解决问题,往往会给客户带来满意的心理感受,会加深客户对企业的认同度。

(2) 进行大客户满意度调查。仅仅依靠投诉和建议制度去了解客户满意与否是远远不够的,因为很多客户在对购买的产品或服务不满时,往往不会选择建议或投诉,而是选择少买或转向其他企业购买,这样企业不仅失去了客户,也永远不知道客户不满意的地方在哪里。因此,企业还应定期组织开展大客户满意度调查,直接测度大客户满意状况,以便全面了解大客户企业购买使用本企业产品或服务的满意状况。

(3) 分析流失的大客户。在商业实践中,客户流失是很常见的现象。而客户流失率是反映企业产品、服务及销售活动是否令客户满意的重要方面。因此,对于那些流失的客户,企业应主动同他们进行接触,认真了解发生流失的原因。

6.3.4.3 大客户满意度管理的注意事项

(1) 以客户信息系统为基础。衡量大客户满意度的基础是要建立一套相对完整的客户信息系统,以便随时了解大客户的动态,企业只有做到像了解产品一样了解客户,才能把握市场主动权,赢得市场先机。

(2) 评估客户成本。提高大客户满意度的一个重要方面是充分了解客户在交易中的付出,包括金钱、时间、精力和其他方面的一切损耗,并不断创新产品及服务,帮助大客户企业降低交易成本。

(3) 创新管理模式。提高大客户满意度应当改变传统的以销售业绩为考核依据的做法,建立以客户满意度为考核指标的内部评价考核体系。

(4) 改造业务流程。企业必须紧紧围绕客户满意这个中心开展业务流程,如果现行的业务流程不能反映客户满意导向,就应该进行重新改造设计。首先,必须了解大客户的真正需求;其次,以客户需求为出发点,确定内部的工作流程和服务规范。

6.3.5 大客户忠诚度管理

让大客户感到满意是达成一宗交易的前提,但仅仅满意并不能完全实现客户的重复购买,因为重复购买更多地取决于客户的态度或倾向。当大客户具有更偏爱购买某一种产品或服务的态度或倾向时,这种态度或倾向对于供货企业来说富有重要的价值。因此,对于大客户的忠诚度管理已成为各大企业最为关注的管理理念并被应用于工作实践。

6.3.5.1 培养大客户的忠诚度

很多企业喜欢采取一些优惠措施去培养大客户的忠诚度,但这种方式风险较大,一方面会削减企业的利润空间,另一方面容易引起竞争对手的参与,甚至引发行业恶性的价格战。事实上,许多大客户对附加价值的需求远远超过对价格优势的需求。例如,他们欣赏特别的保证条款、优先发货、预先的信息沟通、定制化的产品、有效的售后服务等。另外,与大客户管理人员、销售人员保持良好的关系也是激发大客户忠诚度的重要因素。

1. 获得客户忠诚的主要因素

(1) 内在价值。价值是客户是否保持忠诚的首要因素。如果能够以相同的价格水平从某种产品或服务中获得更大的内在价值,大客户就会保持忠诚,这需要企业能在技术优势或专业知识方面具备一定的优势。

(2) 运作成本。如果企业提供的产品或服务的价值与其他企业没有太大区别,但是企业能够让大客户花费最小的成本在最短的时间内取得该产品或服务,那么也能够获得大客户的忠诚。

(3) 利益人之间的相互作用。大客户对产品的评价,并非来自单一的渠道,大众媒体、零售商的态度都会影响到客户的选择,因此,为了吸引大客户,企业应当同所有利益关系人,包括政府官员、媒体、原材料供应商、渠道中间商等保持融洽的互动关系。

(4) 社会的认可或感情的承诺。企业可以使用感情和形象把产品与企业认为有吸引力的价值有机地联系起来,以给大客户留下深刻的印象。

2. 客户忠诚度的衡量方法

(1) 客户的重复购买次数。在单位时间内,客户重复购买某一品牌产品或服务的次数越多,就说明对这一品牌的忠诚度越高,反之则越低。

(2) 客户购买产品的时间。一般而言,客户挑选时间的长短,反映了客户对这一品牌的忠诚度,花的时间越短,其对该产品的忠诚度越高,反之则越低。

(3) 客户对价格的敏感程度。客户对自己喜爱和信赖的产品或服务,一般价格敏感度比较低,反之则比较高。

(4) 客户对竞争产品的态度。如果客户对竞争产品兴趣浓、有好感,就说明他们对某一品牌的忠诚度低,很容易转向购买竞争产品;反之,则说明他们对某一品牌的忠诚度较高,购买比较稳定。

(5) 客户在产品出现问题时所采取的态度。当客户对某一品牌的产品忠诚度高时,对出现的质量问题包容度会比较大,不会轻易放弃对该产品的购买,而且会通过投诉、建议等方式积极向供货企业反馈,帮助企业改进提高;反之,则会对出现的质量问题容忍度较低,甚至是放弃购买。

(6) 客户流失率。客户流失率越低表示企业客户的忠诚度越高;反之,表示企业客户的忠诚度越低。

3. 企业忠诚管理的内涵

忠诚管理实质上是以客户忠诚为基本核心,员工忠诚和投资者忠诚为辅的三位一体的系统管理体系,包括以下要素:

(1) 设计一个卓越的价值主张。忠诚管理认为,企业的经营使命在于创造价值,而非获得利润。因此,进行忠诚管理的企业将价值主张看成企业的灵魂,价值主张的存在确立了企业忠诚管理的核心工作所在。这个价值主张在内容上也必须体现为向自己的客户提供最优异的价值,使他们达到满意。它指引着企业努力的方向。

(2) 理想大客户的开发。忠诚管理是以大客户忠诚为核心的。忠诚计划的实施要求企业应该更为关注对大客户的筛选,要努力找到对企业经营起决定性作用的大客户,而不是一味追求数量上的增长,而忽略其实际的应用价值。

(3) 赢得大客户的忠诚。一个企业的大客户忠诚是其忠诚管理的核心。因此,企业应高度重视与大客户的关系,将大客户看成企业发展的重要战略资产,不断挖掘他们的潜在价值,切实为大客户提供卓越的产品或服务,不断增强大客户的忠诚度。

(4) 赢得员工的忠诚。企业必须认识到,客户的忠诚是通过员工的努力实现的,一方面企业在招聘员工时要严格筛选,谨慎录用;另一方面企业应重视员工的个人发展,不断增进员工的福祉,切实提高员工的忠诚度。

(5) 赢得投资者的忠诚。忠诚的投资者是促进大客户忠诚的强大的力量。只有投资者忠诚,企业在完成自己既定目标的过程中才能得到强有力的支持,才能获得较大的发展机会。赢得投资者忠诚,一靠丰厚的利润,二靠优秀的职业经理人,三靠企业良好的发展前景。

4. 培养大客户忠诚度的主要方法

（1）重视与大客户的关系。要获得大客户的忠诚，企业应高度重视与大客户的关系，包括建立完善大客户资料管理信息系统，安排最好的销售人员加强与大客户的联系，高层管理人员还应经常拜访大客户。

（2）与大客户保持深入沟通。大客户的需求不能得到切实有效的满足往往是导致大客户流失的最关键因素。企业应及时将企业经营战略与策略的变化信息传递给大客户，同时采取积极有效的措施收集大客户对企业产品、服务及其他方面的意见、建议，将其融入企业各项工作的改进之中。对于大客户企业的不满，及时采用积极、热情的态度面对，同时采取积极有效的补救措施。

（3）与大客户建立广泛的联系。企业与大客户建立联系不应仅仅依赖于单一渠道，即销售人员与大客户的联系，因此企业应致力于与大客户建立多层次的、全方位的联系。

（4）树立客户导向理念。所谓"顾客就是上帝"，对于企业来说大客户更是上帝，因此企业应致力于建立大客户导向理念，企业的一切工作，企业的各个部门都要优先服务于大客户，主动为大客户企业量身定做适合的产品或服务，在更广范围内关心和支持大客户企业发展。

（5）培养大客户的主人翁意识。通过培养大客户的主人翁意识，可以将企业与大客户紧密联系在一起，让大客户意识到他们是企业不可或缺的一部分，让大客户参与到企业的重要决策及产品研发等工作中来。

（6）制造客户离开的障碍。一个保留和维护客户的有效办法就是制造客户离开的障碍，使客户不能轻易跑去购买竞争者的产品。因此，从企业自身角度上，要不断创新，改进技术手段和管理方式，提高顾客的转移成本和门槛；从心理因素上，企业要努力和客户保持亲密关系，让客户在情感上忠诚于企业。

知识链接

大客户满意度，指大客户根据自己的知识、感觉、经验等方面判断，对所购买的产品或服务的感知评价与期望效果进行比较后而形成的满意或不满意的内心感受。

大客户忠诚度，指大客户保持对某一品牌产品的持久购买性，是多还是少或不再考虑对其他品牌产品进行购买。

6.3.6 大客户管理的误区

6.3.6.1 企业给大客户的优惠政策越多越好

大客户规模大、实力雄厚、销量惊人，因此，企业给予大客户的优惠政策往往比一般的中小客户要得多，这种优惠政策往往会吸引大客户反复购买，具有一定的效果。但是所谓"过犹不及"，它不是企业进行大客户管理的长久之计，不能过度使用。

6.3.6.2 从大客户销售中获量，从中小客户销售中获利

大客户的实力和占有的市场份额要大于中小客户，因此大客户对企业提出的要求要远远多于中小客户，因此，企业往往有这样的一种思维定式：重视大客户销售，但目的并不在于

获得利润,而在于提高销量,扩大市场份额,企业的主要利润来源于中小客户。但事实上,中小客户所占的市场份额有限,因而能够提供的利润也十分有限。

6.3.6.3 沿袭传统销售思路

多数企业都是同时与大客户和中小客户打交道,对于一些还没有转变观念的企业来说,往往沿袭传统的销售思路,把大客户当成传统的中小客户一般来对待。具体表现为:没有设置专门机构和专门人员负责与大客户打交道,按照对付中小客户的方式"应付"大客户。在市场竞争特别激烈的今天,企业如果还是按传统销售思路对待大客户,将是十分危险的。

6.3.6.4 为了大客户舍弃传统的中小客户

大客户是企业销售额和利润的主要来源。但是企业为了大客户舍弃中小客户的做法同样是非常不可取的,因为对于大客户企业来说,它往往同时与多家供货企业保持联系,将企业的命运都维系在大客户企业身上充满了变数和风险。因此,只有充分发挥大客户和中小客户各自的优势,企业才能真正立于不败之地。

6.3.6.5 有了大客户万事不用管

有的企业一旦获得了大客户就会觉得万事大吉,这同样是一种非常危险的倾向。与大客户合作,也是一分耕耘一分收获,企业要想成功实现与大客户企业的合作,必须在合作的后期做好各项服务工作,包括及时供货、安装调试、技术培训等。同时为了维持大客户并不断发展新的大客户,企业还有许多基础性的工作要完成,因此,获得大客户一切都只是刚刚开始。

 课后思考与讨论

1. 如何寻找大客户?
2. 大客户营销分析。
3. 企业如何对大客户忠诚进行管理?

 **课后案例分析**

Neiman-Marcus 百货培育顾客忠诚

作为 Neiman-Marcus 百货商店的一名员工,Stanley Marcus 把"留住顾客能产生价值"看作他在零售业所学到的最重要的东西。曾经有一位女士向商店退回一件损坏的花边女服,很显然,衣服的损坏是由于她自己处理不当造成的。Stanley 的父亲要求儿子给那位女士足额退款,并要求他:"告诉她时要面带笑容。"结果多年以来,这位女士在该商店总共消费了 50 多万美元。

Stanley Marcus 认识到了回头客带来的长期利润。由于妨碍老顾客重复购买的壁垒更低,因此把东西卖给他们应该更容易。更低的壁垒是指顾客重复购买商品和服务的阻力更小。所以,促销等营销手段对老顾客将发挥更好的作用。

虽然使顾客重复购买具有很多优点,但是很多企业发现,随着购买次数的增加,顾客却变得更加难以满足。当顾客熟悉了商品和服务以后,他们就会变得更苛刻。商品和服务对他们来说已经不再新鲜,因此他们知道应该要求什么,而且要求更多。

一项跨行业的顾客满意度比较报告指出了一个重要的经验教训:某一行业的顾客期望值受其他行业设定的标准所影响。例如,同表现卓越的联邦快递(Federal Express)公司做业务的人,会把他们的体验同银行及其他服务型公司进行比较。一家公司所提供服务的质量,将根据其他行业类似服务的衡量标准进行评估。一家公司的服务速度只有赶上或超过所对应的其他行业的服务速度,才可算是最快的。

对待顾客需要耐心和公司的指导,以使其意识到保持忠诚的好处。许多公司确实对忠诚顾客采取不同的对待方法。例如,如果你是稳定的顾客(一年以上),Pacific Bell 电话公司将会允许你延缓 15 天支付你的消费账单,而且对其他的费用支付也灵活处理。对于忠诚顾客,许多公司尽力表示感谢,同时通过诸如会员俱乐部、目录册、杂志以及最普遍的常客计划等多种方式鼓励顾客对公司品牌保持忠心。

如果有人参观位于美国 Milwaukee 市的 MegaMart 超市,那么他迎面可以看见超市里的售货柜员机正等待着他使用手中的购物卡。他只需在机器上刷一下 MegaMart 超市的常客购物卡——每个购物者都可以在商店的服务台获得这种卡——柜员机就会专门为他打印出 24 种商品的特价信息,这些商品是由柜员计算机从他过去的购买记录中选择出来的。但是这些特价只是在接下来的 3 个小时里有效!

越来越多的零售商正在像 MegaMart 那样使用激励计划来培育顾客忠诚。常客购物和服务卡广受欢迎,尤其受到妇女、富人和年轻人的青睐。常客计划必须是综合性关系营销中的一部分。虽然这些计划可能建立不了持久的顾客忠诚,但仍然能够提供真正的营销价值,成为回报的强力动因。

问题思考:企业应如何制定顾客忠诚计划?

 **实践训练**

训练学生识别大客户的能力

实训目的	考查学生识别大客户的能力
实训内容	要求学生以小组为单位,在武汉本地选定一家企业,运用识别大客户的有关技巧为该企业选择大客户,进行大客户分析,并确定目标大客户
实训要求	1. 分组,每组 5~6 人,各小组的任务执行由组长负责 2. 搜集某企业的背景资料 3. 利用各种途径寻找武汉本地的大客户企业并进行评估 4. 确定该企业的目标大客户
实训步骤	1. 全面理解本项目内容 2. 完成分析报告 3. 以小组为单位进行课堂汇报
成果评价	完成企业大客户分析报告

能力测评

专业能力自评

	能/否	任务名称
通过本项目的学习,你是否能完成相关任务?		找到谁是大客户
		制定大客户营销策略
		对大客户进行管理
通过本项目的知识学习,你还能做什么?		

注:"能/否"栏中填"能"或"否"。

核心能力自评

	核心能力	是否提高
通过本项目的学习,你的相关能力是否提高?	能制订大客户管理计划	
	对大客户的识别能力	
	网络工具的应用能力	
通过本项目的学习,你还在哪些方面有所提高?		

注:"是否提高"栏中可填写"明显提高""有所提高""没有提高"。

项目7　客户体验管理

知识目标

1. 理解客户体验的内涵。
2. 了解客户体验的各种模式。
3. 设计客户体验主题。
4. 设计品牌体验。

技能目标

1. 能够设计客户体验方案。
2. 能够分析客户的体验层次模型。

知识结构图

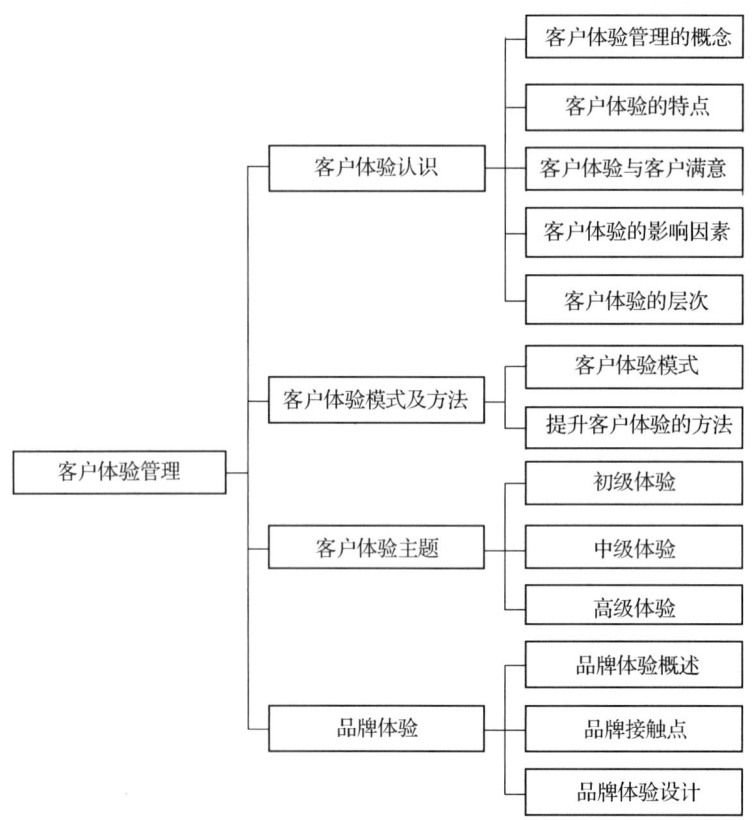

 **导入案例**

宜家的感官营销

著名的家具制造和零售商宜家 2016 年财报显示,该公司的营收从 2015 年的 336.6 亿欧元增长至 350.7 亿欧元(约 2 640 亿元人民币)。该公司在 28 个市场中有 27 个市场实现销售增长。而中国,正是宜家销售增长最快的区域之一。

宜家在中国真的太成功了,你可以说它的成功归结于低价策略,也可以说是促销策略,或者说是卖场展示策略,但是,宜家最大的特点就是它所有的策略都围绕着一点在运转,那就是带给客户心动的体验。我们不妨将之称为体验式营销。

利用视觉影响

利用视觉影响,就是利用场景影响法。宜家的营销其实从你准备进入店门的那刻就已经开始了。到了宜家,你就会发现那个简洁而醒目的 Logo。当你踏入店内时,你会发现宜家的商品布置不是把同类产品罗列在一起标价并让消费者进行对比和选择,他们是将产品的使用环境模拟出来,通过设计师的布置打造出一个小房间。在那里,你能看到这件商品摆在家里有什么样的效果,你会考虑选择其他样式的产品来和它搭配。宜家表达了产品的使用效果,你所看到的就是你将来会得到的。这里还有一个优势,宜家通过优化资源、选点艺术,全面营造出颜值最佳的状态来刺激消费者的眼球神经,激发消费者的欲望。

从色彩缤纷的客厅到风情万种的卧室,还有宜家那些随着新产品上市、随着季节不断变化的样板间产品,让消费者了解到原来家具可以这样布置。从消费者进入宜家的那一刻起,他们就被产品牢牢地吸引住了,欲罢不能。这就是视觉冲击的力量所在。

利用听觉影响

利用听觉影响,就是利用口碑影响法。在视觉影响下,消费者接收到的多是外界的感官刺激;而听觉影响因素更多的是来自外界的语言魅力。这种影响必须来自与消费者相关的人,可以是朋友推荐的影响、明星代言人的影响,或者是同一产品的用户的评价影响等,只有这些具有影响力的声音才能让消费者产生消费这个产品的欲望。宜家在这一点上最突出的就是消费者的口碑效应。这其实也和宜家的目标群体有很大的关系。通常情况下,设计精美的家具用品是为贵族服务的,但是宜家不同。从一开始宜家就走上了另外一条道路,它的目标群体是中等收入家庭,它坚定地站在"平民消费"的这一边,让人们不用花过多的钱,就能得到高性价比、令人惊喜的产品。不论是在这一点上还是在购物体验上,宜家的口碑都是相当不错的。

利用感受到的影响

利用感受到的影响,其实就是利用体验影响。宜家的营销方式还有一个非常显著的特点,就是体验感觉第一。在这一点上,宜家跟国内其他的家具厂动辄就在沙发、席梦思床上标出"样品勿坐",或者标示"损坏赔偿"等警告语相反。在宜家,所有能坐的商品,消费者都能亲自坐上去感受一下;所有能够触碰的商品,消费者都可以拿起来好好端详;可以打开抽屉,可以在地毯上走走。宜家还特别鼓励消费者,"坐上去感受一下吧,看看它有多舒服"。你可以随心所欲地浏览自己感兴趣的商品,不会有喋喋不休的销售人员追问、推荐,他们通常是非常安静地站在一边,除非你主动找店员要求他们帮助,否则他们不会轻易地打扰你。消费者在宜家能够体会到一种在别的家具店不能体会到的轻松、自由。

在互联网经济发达的今天,不少企业削尖了脑袋往里钻,但宜家根据自身产品的特性,抓住了线上销售所不具备的体验性,运用体验式营销的方法,不仅为自己创造了不错的营业额,还以其独特之处而为人所津津乐道。

资料来源:佚名.不靠互联网,年营收是阿里的2倍!他是如何把"体验式营销"做到极致的.2017-05-20.http://www.jcxg.net/a/3297748.html。

案例思考

请分析一下宜家体验式营销的意义。

任务7.1 客户体验认识

"体验经济时代已经来临"。体验经济的浪潮不仅停留在星巴克、宜家这类传统服务产业,还大步迈进新兴产业。国际互联网大会上马云指出,互联网将从IT时代转换到DT时代,DT时代的特征之一就是利他主义,相信只要别人成功,你才能成功。DT时代的第二个重要特征是体验,体验是21世纪人的情商造成的,20世纪拼智商,21世纪拼情商,情商让消费者舒服满意。

改革开放后,中国的生产力得到极大的解放,居民的可支配收入在满足基本需要的同时仍有盈余,而对于这部分剩余购买力的使用,消费者更多的是满足基于消费者自身价值判断的需要。消费者对价值的衡量取决于客户总价值与客户总成本之差,客户期望基于客户满意,客户满意是从客户个人角度出发,具有一定的主观性,购买商品时良好的体验可以提升客户的满意度,进而提高客户对商品的期望值,并在体验中忘记时间的流逝,全身心地沉浸在体验带来的欢愉之中,降低客户的时间、体力、精力成本。由此可见消费中的体验创造着差异性的附加价值,既能区别于同类产品竞争者,又能提高消费者对产品的感知价值。即使是传统的产品与服务,在加入对消费者的人文关怀以后,也可以为消费者提供独特的体验。个性化、人性化的产品设计,周到体贴的服务,都会在单纯的产品和服务之外,给消费者带来更为有益的难忘体验经历;产品消费殆尽、服务过程结束,而体验却留驻消费者的内心,"余音绕梁,三日不绝于耳"!

7.1.1 客户体验管理的概念

客户体验管理是近年兴起的一种崭新客户管理方法和技术。根据伯尔尼·H.施密特(Bernd H Schmitt)在《客户体验管理》一书中的定义,客户体验管理(Customer Experience Management,CEM)是"战略性地管理客户对产品或公司全面体验的过程",它以提高客户整体体验为出发点,注重与客户的每一次接触,通过协调整合售前、售中和售后等各个阶段、各种客户接触点或接触渠道,有目的地、无缝隙地为客户传递目标信息,创造匹配品牌承诺的正面感觉,以实现良性互动,进而创造差异化的客户体验,实现客户的忠诚,强化感知价值,从而增加企业收入与资产价值。通过对客户体验加以有效把握和管理,可以提高客户对企业的满意度和忠诚度,并最终提升企业价值。

所谓体验,就是企业以服务为舞台、以商品为道具进行的令消费者难忘的活动。产品、服务对消费者来说是外在的,体验是内在的、存于个人心中,是个人在形体、情绪、知识上参与的所得。客户体验是客户根据自己与企业的互动产生的印象和感觉。厂商客户对厂商的印象和感觉是从他开始接触到其广告、宣传品,或是第一次访问该公司就产生了,此后,从接触到厂商的销售、产品,到使用厂商的产品,接受其服务,这种体验得到了延续,因此,客户体验是一个整体的过程,一个理想的客户体验必是由一系列舒适、欣赏、赞叹、回味等心理过程组成,它带给客户以获得价值的强烈心理感受;它由一系列附加于产品或服务之上的事件所组成,鲜明地突出了产品或服务的全新价值;它强化了厂商的专业化形象,促使客户重复购买或提高客户对厂商的认可。一个企业如果试图向其客户传递理想的客户体验,势必要在产品、服务、人员以及过程管理等方面有上佳的表现,这就是实施客户体验管理的结果。

客户体验管理的目标是在各个客户接触点上(如销售人员、呼叫中心、代理商、广告、活动、收账人员、客户接待、产品使用手册和网站等),通过产品、服务以及一系列感受(如视觉、语气、味觉、气氛,细致入微的关怀与照顾)产生"利好因素"的综合产物,使客户关系最优化、客户价值最大化。客户体验管理成功实施的评价标准在于根据对企业的价值贡献不同的客户进行区别管理,更好地向企业最有价值的客户提供个性化和差异化的购买体验,以及在满意度、保有率和忠诚度指标上的提升。企业必须竭力保证客户从购买中获得良好的感受,因而特别强调对客户不满意的补偿,比如,某航空公司为某个等待移植器官而又延误了航班的旅客特别租一架飞机,或者在感恩节商店已经售货一空的时候经理将火鸡亲自送到客人的家里,这些现象都以某种极端方式表现了尽其所能让客户体验到满意。

在如今激烈的市场竞争中,客户体验管理将成为保留客户的关键因素,还能够为不同公司挖掘消费者的潜力,并根据他们的价值来满足客户的需求。它能够使服务与其价值相对应,识别销售时机并能有效管理消费者的不确定因素,以便于保留最有价值的客户。企业要想获得竞争优势,就必须注重每一次的交互过程中客户体验对于企业将来的利润和收益的作用与影响,并且要优化客户体验,确保跨渠道和跨市场营销的正常运作。

7.1.2 客户体验的特点

7.1.2.1 强调客户的参与至关重要

在传统营销中,消费者一般只作为"观众",没有完全主动地参与到企业的营销活动中。而在体验营销中,消费者摇身一变,成了营销舞台上的"演员",在完成产品或服务的生产和消费过程中,成了"主角"。这样一个主动参与的过程,是体验营销的根本所在,也是获得美好体验,创造客户满意的关键所在。消费者在亲自体验每一个消费细节的过程中,加深了对产品或服务的认识,培养了与企业的感情,渐渐形成了客户忠诚。所以,可以说消费者的"主动参与"是体验营销区别于"商品营销"和"服务营销"的最显著的特征。离开了消费者的主动参与,体验营销将不再是体验营销。

7.1.2.2 重视企业与客户的互动

在传统的商品营销和服务营销中,企业总是处于主导性地位。企业通过诱导、调控等手段来操纵消费者,使其纳入预先设定的消费"轨道",从而实现盈利。在这样一个环节中,消费者无疑处于被动、受支配的地位。而在体验营销中,企业与消费者之间,在进行信息和情感交流的基础上,达到行为的相互配合,关系的相互促进,在实现双赢的同时形成良性的双向互动关系。

体验作为一种属于消费者的内部化的感受,是企业看不见、摸不着的,这就使得企业很难知道消费者对其产品或服务的真实感受和想法。所以,在进行体验营销时,企业必须努力与消费者进行互动沟通,及时了解消费者的感受、意见,并做出相应调整,这样才能保证消费者达到美好的体验效果。

7.1.2.3 差异性

在传统的营销活动中,企业要满足的是广大消费者的标准化需求,向消费者提供的是大批量的标准化产品,没有什么个性可言。而在体验营销中,体验的创造与传递是因人因时因地而异的,每个人对同一刺激所产生的体验不尽相同,体验是个人所有的独一无二的感受,无法复制。所以,这对传统的产品流水线生产与固定流程的服务提供提出了挑战,客户需要更个性化的服务,需要更多机会和渠道的自主定制,企业应通过与客户之间的沟通,发掘他们内心的渴望,站在客户体验的角度审视自己的产品和服务能否满足消费者个性化、人性化的需求。企业必须积极应对,有效地识别客户及其需求并给予满足,才能在吸引客户、挽留客户的竞争中安身立命、确立市场地位。

7.1.2.4 出乎人们的意料之外

以满足消费者心理需求的体验营销,十分重视对消费者的感情投入,通过双方的情感交流,增进彼此情谊,满足消费者的情感需求。这也是体验营销一个非常显著的特点。

随着经济的发展,消费者的收入水平也在不断提高,消费者渐渐从关注产品的质量到更加重视消费带来的情感的愉悦和满足。而这正是体验营销所要做的,满足消费者的情感需求。消费者情感需求的满足,会直接导致双方交易的实现,交易关系的持续。古希腊哲学家赫拉克里特说过:"一个人不能两次踏入同一条河流。"同样的事物不会对一个人产生同样的体验;在经历了一次以后,由于有了特定的预期,第二次的体验也就随之发生变化了。从某种意义上说,只有意料不到的事物才会产生体验,当你经历过一次或者若干次,再抱着相同的目的去的话,就会发现以前能够使自己产生特定体验的事物即使仍旧存在,但相同的体验已经不再产生了,可谓"物是人非"。曾经风靡一时的"主题"餐馆即一例,如今它们已经出现了下滑的迹象,究其原因,不外乎是在最初出现的时候给人以新鲜的感觉,使客户在初次用餐的同时还可以感受到另类的吸引力,但时间一久,新鲜的感觉没有了,客户很少再重复光顾,它们受欢迎的程度也就降低了。

如果企业准备向客户传递特定的体验,必须是能出乎客户意料之外的,也就是说客户对于这种体验的产生是没有预期的,但一旦产生就又会觉得这种体验正是自己所寻觅的、所需要的,因此对能够提供这种体验的企业产生好感与亲近意愿。同时,如果要借助这种体验来树立品牌形象,企业又需要不断地变换服务流程与环境,使客户可以不断地感受到意想不到的新奇所带来的新鲜感受与恒定体验。但有一点需要注意,世界上没有永远新奇的事物,要借助新奇来创造和传递体验,就必须勇于自我否定,通过不断地变换环境与服务流程来维持新奇的特质。通过改变来维持不变也许正是企业管理客户体验的难点所在。

7.1.2.5 效果的延续性

体验作为一种消费者所有的独特的感受,并不会马上消失,具有一定的延续性,以记忆的形式而存在。所以,体验营销的效果具有一定的延续性。有些消费者甚至会在事后对这种体验进行重新评价,产生新的感受。而这种评价可能对其他消费者产生影响。美好的体验,往往会使得消费者对企业产生高度忠诚,建立与企业的长期联系。

7.1.2.6 不易仿效性

仅仅立足于提供产品和服务在如今已经很难把一家企业与其他企业区分开了,而不具有品牌的显著度也就很难真正树立品牌与企业形象;通过关注为客户提供独特体验则为企业通过树立独特的品牌形象来提高知名度指明了方向。正如前文所说,体验是由企业对产品服务提供各个接触点的管理以及客户的特性二者交互作用的结果,这其中必然包含了众多的变数。特定体验的提供,有产品设计的影响,有服务流程的作用,企业上下贯穿的文化理念也至关重要,企业与客户长期积累的情感联系的重要性更是不言而喻。因此,企业到底为客户传递了怎样的体验,如何传递这样的体验,似乎成了一种可意会而不可言传的事情,若要仿效,往往只能是得其形而去其神。可以想见,为客户创造和传递独特体验必将成为企业核心竞争能力的重要组成部分,因其不易仿效性而得以长期发挥重要作用。

7.1.3 客户体验与客户满意

为了对客户体验有一个更深入的了解,我们将对客户体验和客户满意之间的关系进行分析。两者的区别是客户满意更多关注结果,而客户体验则更多关注过程;客户满意是以产品为中心的,而客户体验则以客户为中心。

客户满意传统上关注的是在购买(消费)之后让客户觉得满意,而满意是客户将产品(或消费服务)的功能质量和自己的期望比较之后得到的,如果产品的功能质量高于期望,客户就会满意;反之就不满意。客户满意度调查通常从产品功能的角度来考虑客户希望什么、希望从产品中得到什么、产品的功能怎样、服务的按时交付与订单整合性如何等。客户满意度模型侧重于对客户购买(消费)之后的综合满意程度进行度量,实际测评时问卷的设计、调查等也都是围绕产品来进行,最终改善的可能仅是产品。

融合进客户体验内容后,人们会更多地从客户的角度出发(而不是从公司目前所能够提供的产品和服务出发),在真正理解客户更高层次需要的基础上,围绕产品(或服务)将带给客户什么样的感觉、什么样的情感联系,以及产品或服务将如何帮助客户与其他人等多种体验来进行,是对客户各种体验的全面考虑。

7.1.4 客户体验的影响因素

落实客户体验可控性的关键方面是要把握影响客户体验创造的各种因素。体验是客户在与企业进行交互的过程中产生的各种感觉感受,因此,可以从客户和企业两个角度来分析体验的影响因素。从企业角度来讲,影响客户体验创造的因素可以归结为员工、产品、服务、品牌、环境等;从客户角度来讲则包括客户的需求动机、个性特征、自信以及知识等要素。需要强调的是,与产品、商品以及服务不同,体验的产生离不开客户的参与。为此,在影响客户体验创造的诸多因素中，客户本身也起着极为关键的作用。接下来我们对这些因素如何影响客户体验效果分别做详细的讨论和分析。

7.1.4.1 客户个人因素

客户个人因素包括年龄、性别、职业、经济状况、身份、背景、生活方式、个性、消费经验等因素，这些因素会影响客户服务的个人需求，从而导致不同的客户对同一服务的需求有差异，又因为客户体验是一种心理活动，具有个性化的特点，所以不同的客户由于其身份、背景等因素不同，消费服务时的体力、情绪、精神状态不同等原因，会造成他们对同一服务产生不同的体验感受。

另外，客户行为也影响着体验的效果。客户行为是指客户在体验过程中的举止、行动等。体验效果的产生是客户和服务提供者互动的结果，所以客户对体验的感受也受客户个人行为的影响。比如，客户为体验所做的准备不充分，客户与服务提供者的配合不默契，客户对个人需求的表达是否准确以及同一服务范围内其他客户的行为等，都会影响客户体验的效果。当客户对体验不满意时，客户经常忽视自己的原因，而是将责任一味地归咎于服务提供企业，所以企业在提升客户体验效果时，还要考虑如何影响客户行为，使其配合企业的相关工作。企业应当对客户进行体验前置教育，告知客户应该如何正确地配合服务人员完成整个服务过程，帮助客户形成合理的期待，减少服务参与者之间的冲突，当客户对服务有贡献时，应给予奖励，这些管理客户行为的策略都可以提升客户体验效果。

7.1.4.2 企业承诺和客户期望

企业承诺和客户期望是一对相互联系的因素，影响客户体验的效果，二者有着紧密的关系。一般情况下，企业的服务是否可以完全满足客户的个人需求，客户并不确定，而是从企业承诺上进行揣测，客户通过广告、新闻媒体的评价等企业承诺来揣测企业的服务是否会满足自己的需求。例如，餐馆的宣传册所展示的就是就餐环境富丽堂皇，但客户到达后却发现就餐环境黯然无光，那么问题就出在企业承诺扭曲了客户期望。客户对服务的期望是由过去的感受、口碑、广告宣传等因素共同作用而形成的，在一般情况下，客户对感知服务（Perceived Service）和期望服务（Expected Service）进行比较，如果感到服务达不到期望的水平，客户就会对提供者丧失兴趣、感到失望；反之，如果客户感受到的服务超出客户期望，则客户会高兴、惊喜，客户服务体验效果会大幅度提升。企业应该不断地和客户进行沟通，及时了解客户对企业的投诉，了解客户对企业不满的方面，了解客户不希望的方面，从而了解客户期望，了解客户的需求和期待，还要告知客户企业和服务提供者的实际服务提供能力，让客户对服务形成合理的期望。这是提升客户服务体验效果的有效途径。

7.1.4.3 企业服务能力

服务能力包括服务内容、服务效果、服务效率、服务流程、服务告知等，在客户体验产生的过程中如果服务内容不完整或是达不到承诺的服务效果，则会对客户服务体验效果产生负面作用；如果服务效果不能满足客户需求，客户体验效果会降低；服务效率低，让客户等待时间过长，客户体验效果会大打折扣；服务流程不紧凑、烦冗，同样难以让客户产生良好的服务体验；服务告知不足，不能让客户知道自己将会在什么时间得到什么服务，会导致客户在陌生的服务环境中不自然,客户服务体验效果同样不高。所以,企业只有准确地、守信地向客户提供之前已经承诺的服务能力,不断提高服务能力,满足客户需求,才能提升客户体验效果。

7.1.4.4 服务环境

服务环境是指企业向客户提供服务的场所,包括有形服务环境和无形服务环境。有形服务环境指影响服务过程的各种有形设施,包括影响服务能力和沟通的有形设施,如培训机构的有形服务环境包括教室、教学装备、内部装潢、地点等,以及一些较不起眼的东西,如Logo、一张记事纸、学员点名册等,都应包含在有形服务环境内;无形服务环境是指有形服务环境所塑造的氛围或气氛,如快乐的氛围、刺激的氛围、高贵的氛围、温暖的氛围,等等。恰到好处的服务环境会更好地满足客户需求,会为客户带来视觉、嗅觉、听觉、触觉的良好感受。所以说,企业向客户所提供的恰当的服务环境会通过客户的认知活动让客户产生美好的情绪,客户体验效果随之提升。

7.1.4.5 员工的素质

员工的素质包括职业道德、个人品质、服务技巧、服务态度、对客户进行招呼和给予个性化关注的能力等,是保证客户满意的基础,是提升客户服务体验效果的重要因素。客户体验在客户消费的过程中产生,员工是服务的提供者,其品质、道德、态度等因素不仅决定客户需求是否被满足,同时对客户体验效果产生重要的影响。员工的利益、举止和语言都会影响客户体验的效果,员工的举止应大方得体,对服务产品的展示要得当,既要做到动作敏捷,又不能显得粗俗,其语言要讲究,既要条理清楚、形象生动,又要简明扼要、通俗易懂。员工的素质与客户体验效果正相关,高素质的员工能给客户带来满意的服务体验感受,弥补企业由于物质不足使客户产生的缺憾感,而素质较差的员工不仅不能发挥企业拥有的物质优势,还可能成为客户服务体验不满意的主要原因。例如,服务人员精神健康、整齐清洁的风貌,往往带给客户安全、卫生和愉快的感觉,从而乐意与之交换意见,并放心地购买服务;反之,如果服务人员萎靡不振、蓬头垢面,就难以给客户留下良好的印象。

7.1.4.6 补救能力

体验补救能力是指在客户体验过程中,当出现服务失误或突发事件时,企业及服务人员对失误和突发事件纠正、弥补及控制事态发展的能力。体验补救能力会给客户体验效果的提升带来意想不到的效果。企业或服务人员服务补救能力强,客户体验效果就好;反之,不仅客户体验达不到预期效果,还会造成非常糟糕的客户体验效果。如果企业对服务过程中的失误和突发事件处理得当,不仅会弥补之前糟糕的客户服务体验,有时还会意想不到地提升客户体验效果,此时企业的失误就是企业的"礼物",那些鼓励失望客户抱怨并授权员工马上现场采取纠正措施的企业,往往会比那些没有采取系统方法来解决服务失败问题的公司获得更高的收益和更多的利润。

7.1.4.7 客户反馈

客户体验后,会将其体验经历与他人分享,这种分享会影响其他客户的消费行为以及客户本人的再消费行为,原因在于,向他人分享服务体验本身就是一种体验,另外他人会对客户产生的体验进行评价,这种评价会再次影响客户先前产生的服务体验。控制这种影响的关键在于企业对客户反馈信息的收集和处理能力,如果企业的客户反馈工作能力强,就会及时纠正消费者在分享体验中的糟糕感受,从而提升客户体验效果。通过客户反馈,企业可以了解客户对企业所提供的服务是否满意,为企业实施服务补救奠定了基础。通过客户反馈,企业可以了解客户关注哪些方面的体验,还可以和客户进行一次沟通交流,让客户产生被重视和被关注的正面体验。

7.1.4.8 体验主题

主题的本义是文学、艺术作品中所表现的中心思想,是作品思想内容的核心。管理学上认为主题可以传达一种信息,这种信息包含了企业和企业品牌的内涵,主题是精神上的支撑、关键点、记忆提示,主题的出现有多种形式,这些形式有企业和企业品牌的名字、Logo、口号、标语、押韵口诀、一般概念或者能焕发感觉想象中的各种主题要素的综合体。客户体验主题是否明确是产生难忘的服务体验的关键,如果主题明确,那么在客户体验的过程中,同样的感受就会不断被强化、被记忆,最后达到令人难忘的体验效果,所以企业在提升客户体验的效果时,要确定客户需要什么类型的满意服务,是快乐的满意服务还是刺激的满意服务或是高贵的满意服务,等等。企业以其为中心,在为客户提供服务时,不断强化这种感受,最终就会给客户带来"令人难忘的满意"服务;反之,服务虽然令人满意,但是达不到令人难忘的体验效果,那么提高客户的品牌忠诚度,让客户重复消费企业的服务则比较困难。

7.1.4.9 消费频率

消费频率是指客户在一定时间内获得体验的次数或持续时间,客户消费频率和客户体验效果负相关,原因是服务体验具有适应性的特点,当客户长时间或多次消费某一服务时,则这种体验对客户的刺激会逐渐减弱。比如,某人第一次享受某项服务时,感觉非常满意,但随着在一定时间内客户消费这种服务次数的增加,客户相同的感觉在不断重复,那么最初的新鲜感、满足感就会慢慢淡化,从而客户体验效果下降。所以,企业必须不断对其体验内容进行改进和创新,降低随着客户消费频率的增加而客户体验效果下降的趋势。

7.1.5 客户体验的层次

本文将客户体验分解为客户体验属性、客户体验主题和客户体验效果三个层次,三个层次的体验共同构成了客户的综合体验,层次越低越具体,与企业关联越紧密;层次越高越抽象,与客户关联越紧密。客户体验层次模型如图 7-1 所示。

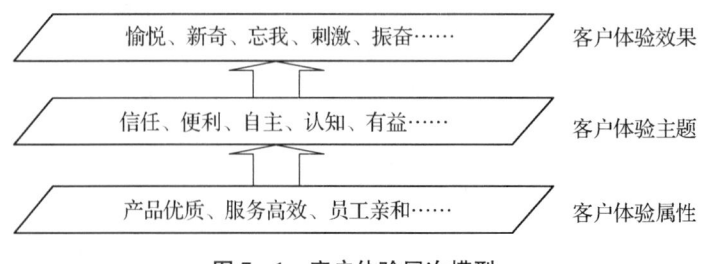

图 7-1 客户体验层次模型

7.1.5.1 客户体验的属性层次

客户体验的属性层次指的是影响客户体验创造的各类有形或者无形的体验设计因素。为满足客户的体验需求和实现最终的体验效果提供了资源保障,与企业直接关联,最具可操作性。可以将其划分为物理要素和关系要素。

(1) 物理要素:对应于体验设计的有形方面,主要包括产品、服务以及环境等。基于物理要素的客户体验设计不仅会引起客户情绪或者情感特征的变化,而且在很大程度上影响客户在服务环境中停留时间的长短以及客户忠诚等行为。

(2) 关系要素:基于关系要素的体验设计主要考虑客户与企业之间、客户与客户之间两种重要类型的交互。

员工和品牌是客户体验中需要重点考虑的关系要素。而且企业在创造和传递体验的过程中必须能够调动客户的参与意识,从而实现客户和企业的良性互动,给客户传递更高价值的体验。

7.1.5.2 客户体验的主题层次

客户体验的主题层次是对体验属性的进一步提炼,是对特定市场环境下客户通过心理、生理变化表现出来的特殊需求的深层分析和理论总结。

LaSalle 和 Beitton 认为客户在进行消费决策时着重考虑生理、情感、智力和精神四个层面的价值体验。客户的价值体验如图 7-2 所示。

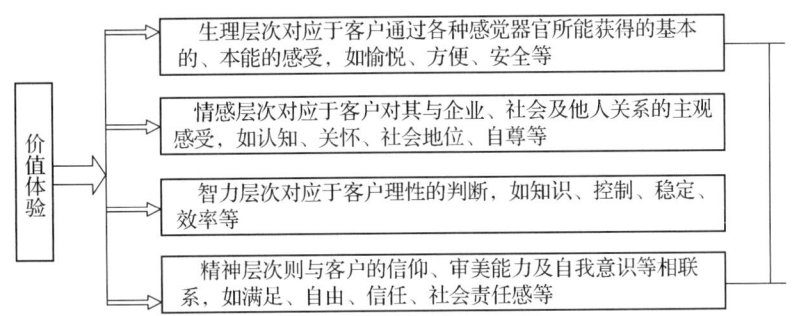

图 7-2 客户的价值体验

从企业战略实施层面提出客户体验需求可以归纳为信任、便利、承诺、尊重、自主、选择、知识、认知、有益、身份等十个客户体验主题,这十个主题将在后面章节详细分析。

7.1.5.3 客户体验的效果层次

客户体验的效果层次是指客户在与企业交互过程中,情绪、体力、智力甚至精神处于某一特定水平时,意识中所产生的美好感觉,如愉悦、新奇、忘我、刺激、振奋等,这种美好感觉远远超过了满意的范畴并能给客户带来意外的惊喜。

7.1.5.4 三者关系

企业首先确定要为客户创造的体验效果,并具体化为最能表现体验效果的体验主题。进而根据自身的资源列举可以为客户传递的体验属性,寻找其中与目标客户体验主题相匹配的体验属性,使二者得以串联起来,最后以客户体验设计要素作为工具,整合所有的客户接触点,确保体验属性的实现。

客户体验效果是客户体验管理的终极目标,而客户体验主题是架构客户体验效果与客户体验属性之间的桥梁,客户体验属性则是实现客户体验效果的资源保障。这三个层次缺一不可,它们相互作用、相互依存,构成了动态、完整的客户体验体系。

任务 7.2 客户体验模式及方法

7.2.1 客户体验模式

体验式营销是一种新的营销方式,是企业在进行营销活动的过程中,对客户在购买商品前后提供的一些刺激,目前来说体验可以分为虚拟和真实两种,通过对消费者感官、情感等感性因素,以及知识、智力等理性因素,直接反射到语言中,从而对体验进行直观的描述,如喜欢、讨厌等。体验式营销通常不是自发的,需要企业进行诱发。经过了多年的发展,体验式营销模式变得多种多样,根据商品的不同,为客户提供特定的体验形式,利用新奇等特点,吸引客户的注意力。

7.2.1.1 客户的感官体验

感官营销是指利用客户的感觉并影响他们的行为。感觉包括视觉、听觉、触觉、味觉与嗅觉,通过以"色"悦人、以"声"动人、以"味"诱人、以"情"感人的感觉体验来达成营销目的。可见,感觉即体验,感官让体验营销更人性、更务实、更精致、更细腻,更建立起了品牌与感官之间的关系。

一个品牌也好,一种产品也罢,要想实现销售就必然需要接触点,即建立起品牌或产品与客户之间的联系,而感官是最直接、最显效的接触点,是客户购买的"触发器",这远比人员激发式销售要自然、轻松得多。现代生理学、心理学的研究证明,在人们接收到的外界信息中83%以上的是通过眼睛,11%借助听觉,3.5%依赖触觉,其余的则源于味觉和嗅觉。

从本质上来说,感官营销的最大价值在于建立接触、创造体验,而接触与体验的本质是信息传达,客户则由信息价值做出评判并做出有利于自身的购买决策。信息由细节构成,细节关系成败,在产品同质化的情况下征服客户往往就在于一个点、一个产品细节,或者说突出而细微的感觉。20世纪末,戴姆勒·克莱斯勒公司创建了一个全新的部门,其唯一的任务在于制作一种完美的关车门声,因为他们研究发现关门声最容易左右客户的购买决策,因为客户厌恶清脆空洞的关门声。表 7-1 是各大知名品牌在与客户的接触点上设计的成功的客户感官体验。

表 7-1 品牌与感官特征

品　　牌	感官特征	感觉要素	接触点	品牌识别
可口可乐	视觉	红白色、Coca-Cola 字样、印刷样式和商标	包装、传播媒体与媒介	视觉品牌
威斯汀酒店	嗅觉	白茶芳香	大堂和公共区域	嗅觉品牌

续表

品　　牌	感官特征	感觉要素	接触点	品牌识别
高露洁牙膏	味觉	牙膏口味	刷牙	味觉品牌
英特尔	听觉	广告音	广告	听觉品牌
丹麦高端电子产品（遥控器）	触觉	设计、材质、功能等	实际操作	触觉品牌

7.2.1.2　客户的情感体验

最早把情感引入营销理论中的是美国的巴里·费格教授。他认为，"形象与情感是营销世界的力量源泉。了解客户的需要，满足他们的要求，以此来建立一个战略性的产品模型，这是你的情感源泉。"体验营销并不摒弃广告、营销网等众人皆知的营销术。但它要求企业应促使消费者与产品建立情感，消费者与企业家分享情感，而且这种情感融于社会之中，成为一种无形的不可摧毁的力量。情感是人的需要是否得到满足时，所产生的一种对客观事物的态度和内心体验。

消费活动是一种满足需要的活动，它是通过商品的实体购买和使用来实现的。消费者在选购使用商品的过程中，对于符合心意、满足实际需要的产品和服务会产生积极的情绪和情感，它能增强消费者的购买欲望，促使购买行为发生。赢得消费者的情感就会赢得他们的忠诚，成功的营销都是从情感开始的。

因此，情感的影响力，心灵的感召力，正是我们营销人员可以利用的力量。一件能触动情感的产品是能让人记住的产品，了解客户的情感才能创立品牌和建立业务。情感在体验营销的所有阶段都是至关重要的，从产品的设计、制造、营销到研究与开发阶段都是如此，它必须融入每一个营销阶段。体验营销就是体现这一基本点，寻找消费活动中导致消费者情感变化的因素，掌握消费态度形成规律以及如何在营销活动中采取有效的心理方法，激发消费者积极的情感，促进营销活动顺利进行。

制造情感体验，常用的联系纽带有友情、亲情、恋情。以亲情来说，缘于血缘关系的亲情，如父爱、母爱、孝心等可以说是任何情感都无法替代的。在香港"维他奶"的广告中，我们可以看到一位年迈的老人，为了买到一盒维他奶，尽管步履艰难，但仍不辞劳苦，越过铁轨，爬上月台，那情景、背影，就像当年朱自清笔下的父亲，在催人泪下、渐渐远去的背景中，"情系维他奶"五个大字出现在观众面前，成了人们享受亲情体验的抹不掉的记忆。因此，将产品与情感挂起钩来，你会成为市场上的成功者。因为好的品位或好的业绩只能维持瞬间，而一种好的情感则可以长时间地延续下去。

【案例7-1】

"南方黑芝麻糊"的情感营销

运用情感体验营销最为经典的是"南方黑芝麻糊"的营销活动。按照一般套路，芝麻作为一种保健食品，都是从黑芝麻的中医药滋补作用上做文章。但策划者却大胆跳出了这个圈子，而改用了情感体验的营销诉求，将"芝麻"与"情感"挂起钩来：黄昏，挑着货担的母女走进了幽深的陋巷,小油灯悬在担子上,晃晃悠悠。小男孩挤出深宅,吸着飘出的香气,伴着木屐声、叫卖声和民谣般的音乐声,走到担子边。画外音:"小时候,一听见芝麻糊的叫卖声,我就再也坐不住了……"小男孩一口气吃完了一大碗芝麻糊,并将碗底舔得干干净净。大嫂爱怜地又给他添了一勺,轻轻地抹去他脸上的残渣。

7.2.1.3 客户的思考体验

我们把思考体验理解成为思想(或者幻想,梦想)方式的体验,是以创意的方式引起客户的惊奇、兴趣,对问题集中或分散的思考,为客户创造认知和解决问题的体验。

如何勾起客户内心深处的梦想意境和商品产生一定的联系,是营销人员在销售产品、讲解产品功能或价值点时的重点。随着科技的发展和社会分工的细化,整个消费市场呈现出了普遍的非专业购买行为。换句话说,消费者或客户对自己想要购买的商品或服务是处于一种相对盲区的。比如,对于普及度相当高的电脑,有多少人知道酷睿 i5 和酷睿 i7 的区别呢?使用时又有什么区别呢?大多数人只需要知道 i7 比 i5 高级就可以了,但高级在什么地方,使用时有什么区别,这些差别针对多数客户而言,已经处于相对盲区了。这说明,客户渐渐地对数据变得麻木了,因为质量的竞争,现已处于高位水平,A 产品和 B 产品的差异已经越来越小,而且可供客户现场体验或对比的信息已经变得越来越弱。那该怎么办呢?思考体验,引发客户的思考体验,引用或引导客户曾经经历或能够想到的事情进行类比。通过思考或假象的场景进行对比,比方说玩大型游戏时 i5 可能会因为画面的频繁变化出现死机状况,而用 i7 出现这种状况的机会就比较小了。这就是体验,引发客户对死机状况的体验或假象,然后论证出差异(当然这是基于 i7 的推销)。另一种美好状况的思考引导,如客户对于 2 楼房子的阳台处有树,担心会挡光(影响采光),但是如果采用思考体验式营销,采用当清晨第一缕阳光穿透树叶照到您的窗台,晒落在您的身上(这样是不是能引发客户的思考,引导客户想象出那一幕的美好状况),引发客户对于美好生活的思考或者幻想,这当然就不是问题了,反而还成了选择 2 楼的理由。

综上所述,思考体验式营销的精髓就在于,在我们罗列的产品理性数据背后,一定要加注一大串形容词,而且该组形容还必须能够唤起客户的想象或者假象,这样才能更好地帮助客户理解产品或服务的区别和差异。

7.2.1.4 客户的行动体验

行动营销的目标是影响身体的有形体验、生活形态与互动。行动营销通过增加他们的身体体验,指出做事的替代方法、替代的生活形态与互动,丰富客户的生活。而客户生活形态的改变是激发或自发的,且也有可能是由偶像角色引起的(如影、视、歌星或是著名的运动员等)。

耐克每年销售逾一亿六千万双鞋,在美国,几乎每销售两双鞋中就有一双是耐克。该公司成功的主要原因之一,是有出色的"尽管去做"(Just Do It)广告。经常地描述运动中的著名篮球运动员迈克尔·乔丹,升华身体运动的体验,是行动营销的经典。

7.2.1.5 客户的关联体验

关联体验是为了改进个人渴望,要别人(如亲戚、朋友、同事、恋人或是配偶和家庭)对自己产生好感。让人和一个较广泛的社会系统(一种亚文化、一个群体等)产生关联,从而建立个人对某种品牌的偏好,同时让使用该品牌的人们进而形成一个群体。

实际上,关联体验是对感官、情感及适当的行动的相互结合,是更高层次的体验类型,它在为客户创造感官、情感、思考和行动等体验层面之外,还需要为客户创造的是一种丰富的、升华的联想式体验,从而让人能和更广泛的社会系统产生关联。关联体验利用关联活动等,使得消费者对产品产生好感,逐渐地形成品牌化的理念,如瑞士名表的销售中,会带有一个精美的卡片,告诉消费者,普通的电子表只有400年的自动调整闰年功能,过了400年后,店里可以为消费者购买的手表继续调整闰年。从现实的角度来说,一块手表很难使用超过400年,但是该广告通过这样的方式,一方面向消费者传达出手表的质量,寿命非常长;另一方面通过关联营销的方式,传达出商品的附加价值,同时提升消费者的好感度。

【案例 7-2】

哈雷机车的关联营销

美国哈雷机车是个杰出的关联品牌。哈雷代表着一种生活方式,从机车本身与哈雷相关的商品到狂热者身体上的哈雷文身,消费者视哈雷为身份标志的一部分。哈雷的网页道出了问题的实质:"假定时间描绘出了一幅画卷——这幅画代表了你在地球上的全部生活,你就需要问问自己,想成为什么样的人呢?是一个面色苍白、整天对着电脑在办公室忙忙碌碌的人呢?还是一个身穿酷装骑着哈雷机车的冒险主义者呢?你可以选择,但是决定要迅速。随着时间的流逝,每个人的生活画卷都在形成。"

7.2.2 提升客户体验的方法

现今客户期望值与他们实际得到的服务之间往往存在很大落差。客户希望能得到个性化的优质服务,希望能在现实中,或是网络上,通过自己喜欢的交流渠道随时和企业取得联系。然而,企业只能努力在自身许可的成本范围内为客户提供他们所期待的服务。一旦结果事与愿违,企业就面临着巨额的服务费用、低迷的客户满意度和经许多社会渠道添油加醋的流言蜚语,自身形象因此大打折扣。

不可否认的是,要给客户完美体验并非易事。但是,企业不妨去寻找一些新颖的方式来提升客户的体验。

7.2.2.1 成功的执行离不开领导层积极、持久的介入

在客户体验管理中领导团队非常重要,但实际上"含糊其辞"的领导与"说到做到"的领导相比还是大多数。得出品牌表现不佳结论的高级执行官们大都会认为这是面向客户的员工行为方式不当造成的结果。然后企业安排一系列"以客户为先"的培训,要求员工这样那样做,随后就又专心致志于他们的头等大事——财务上去了。客户的体验管理是一个自上而下的系统工程,领导团队的作用尤为重要,应制定清晰的客户体验战略规划,在执行过程中给予下属以政策和资金的支持。

7.2.2.2 确保跨职能团队的所有权是关键

如果CEO或总裁已经认识到光靠花言巧语是无法做到真正差异化的,那么接下来他们通常会犯的错误就是要求营销总监或人事主管或客户服务主管去"解决问题"。品牌和客户体验的归属必须是高级管理层。每个职能团队都应发挥其作用,但要取得成功这三个职能团队就必须"三位一体",互相协调优化资源、预算的使用和分配,从而创造出一个企业级的品牌交付战略。

7.2.2.3 专注于最重要的战略性客户

通常我们选择以搜集客户信息来定义承诺内容和设计新的体验作为我们工作的起点。客户对此建议最常见的反应是"不需要了,因为我们已经有很多客户数据和调研"。而现实是许多企业在做客户调研和搜集了堆积如山的数据的同时却鲜少知道谁是他们最有利可图的客户(并不是最大的客户)。事实上企业的大部分利润来自一小部分具有代表性的客户,而这些客户正是我们改善工作的焦点。正如Candice Chee在她的文中指出的那样,专注于战略性的重要客户而非从一个品牌换到另一个的"蝴蝶客户"是明确体验工作焦点的第一步。

7.2.2.4 找出这些客户真正在乎的价值

你知道谁是最有利可图的客户,但你知道这些客户重视的是什么吗？你知道推动他们产生重复购买或推荐意向的第三或第四个重要特质是什么吗？如果找不到这些问题的答案,那么即便你有数据,也不会有洞察。品牌化客户体验的一个重要特征就是做到为目标客户带来价值的差异化。一个重要的方法就是你可以通过多个渠道搜集数据,在自己和竞争对手之间建立一片"开放水域"。客户知道什么是好的服务。他们希望通过自己喜欢的渠道,在每次与企业的交互中都得到好的体验。根据美国市场研究机构Forrester的调查数据,客户通常喜欢通过电话来与企业沟通,其次是电子邮件和网络自助服务。同样,我们也通过客户统计数据发现,就沟通渠道而言,不同的人有不同的偏好。例如,年轻人更喜欢使用点对点的交流方式、社会网络和类似于聊天性质的即时服务渠道,所以企业必须提供这些技术支持。你要了解客户的特征和偏好,确保可以用他们喜好的方式与之进行沟通。

【案例7-3】

真正了解你的客户

2017年,LV、Burberry、Gucci等奢侈品品牌在我国国内关店收缩战线,而这次"关店潮"是2016年的延续。LV、Burberry、Gucci关店不是个例,整体奢侈品消费水平都在下滑。而优衣库、ZARA、H&M在我国大放异彩。这又怎么解释呢？要想回答这个问题,需要弄清楚,在消费升级的趋势下,是什么导致了消费者需求发生变化。只有这样,我们才能很好地理解究竟什么样的产品才能真正满足消费者。今天的90后消费者,从小就接触网络,对网络操作、新型产品有良好的接受度,能最快地适应各种产品。90后家庭成长环境更优越和宽松,其消费能力比80后更强劲。但80后和90后在消费观上有差异,90后更注重"内涵表达",性格上更洒脱,而80后是追求形式上的"视觉派",90后的个性更张扬,主张更鲜明,这就意味着对其进行融入和引导的难度更大。90后的品牌忠诚度下降,他们跟着感觉走,追逐个性化的产品和服务,青睐高科技产品,对网络媒体——特别是社交工具和平台的使用率高。作为今天主力消费群之一,90后既注重商品价值,又注重服务方面的消费,包括满足个人兴趣与爱好的体验消费、改善个人及生活品质的服务类消费,他们的消费观念也从"购买产品"转向"享受服务",从"满足日常需求"变为"改善生活品质"。

ZARA在适应消费者方面就做得非常好,第一,其重视设计;第二,其供应链有超强的反应速度。坐落于总部旁边占地170平方英尺的设计师大楼表达了ZARA对设计师的重视,设计师时常穿梭在各大时装周的秀场,时刻掌握最新潮流动向,每一波时尚潮流来袭,设计师必须快速做出反应。ZARA的所有门店都保持了1周2次的上新频率。ZARA从其设计师们捕捉T台上最新潮流方向并从Anex的总部进行设计再到将产品搬进服装店,只需要3周的时间。也就是说,用户能在3周的时间里看到顶级时装周的最新款,而且价格还很便宜。ZARA已然成为快消行业巨头。

导致消费者需求变化的重要因素是移动互联网的发展,其让我们能接触的东西越来越多,认知在不断地提升,我们越来越不满足于当前已有的资讯信息。相对于上一代人的活法,我们更愿意接触新的东西。你观察一下周围,上班族关于生活方面讨论最多的,也许就是哪里好玩、哪里的东西好吃、哪里的东西有特色。这两年有个很明显的趋势——独立设计师在崛起。服装、装饰和家具这方面的独立设计师越来越多。越来越多的人追求个性化、独特,这种需求量越来越大,市面上的服装款式已经不能满足他们的需求了。于是近些年催生出了独立设计的热潮,独立设计师们开始自己打板设计衣服,或找寻小作坊,或找寻工厂合作。

资料来源:丁家永. 今天是什么导致消费者需求的变化[EBOL]. 2017-08-25. http://www.chinavalue.net/management/blog/2017-7-14/1427297.aspx。

上述案例表明,在经济条件改善,基础的生理需求和安全需求被满足后,社会需求、尊重需求和自我实现需求就开始成为很多人的人生目标,多元化消费时代开始了。营销人员必须认识到,对所有顾客提供统一的标准化服务是无法满足所有顾客的需求的,只有对不同的客户灵活地提供个性化服务,才能不被顾客抛弃。

7.2.2.5 用客户体验留住客户而不要试图用所谓的忠诚卡绑住他们

这让我们再次想起忠诚卡创造忠诚的神话。其实大多事与愿违。更糟糕的是,许多忠诚卡反而造成了负面效应,因为它们的回报通常是奖励和打折,而奖励和打折只能吸引喜欢一次性"交易"的"蝴蝶"客户。这些客户的钱包里往往塞满了各种忠诚卡。真正的忠诚卡应该是企业忠实于客户而不是颠倒过来。企业会提供卓越的客户体验、真正的实惠和具有附加价值的服务,但这只有最有利可图的客户才能享受。

7.2.2.6 体验要与品牌相符合

忠诚于自身品牌很重要。你给客户提供的服务体验也要支持你公司自身的价值定位。

在这个信息爆炸的世界里,让客户了解你的企业定位格外重要。有两家公司在这方面表现非凡。

苹果的产品设计时尚,价格不菲。它提供的客户服务与其品牌相呼应,并且按客户所需"度身订造"。例如,你可以根据自己的需求和时间,安排与苹果公司的技术专家通话,他能将你的疑问处理妥当。他们甚至还会主动打电话给你。同样,你也可以通过给他们发邮件,或浏览苹果的知识库来寻求问题解决方案。

宜家的产品也很"时髦",但是需要客户自己动手组装。对于这种"自己动手、丰衣足食"的理念,客户也都感觉自如:他们自己从货架上取货、付钱、组装。宜家没有所谓细致周到的服务,但是客户并不会对此感到失望,因为他们并没有这方面的期望,他们也知道这不是宜家的运作模式。

7.2.2.7 提供"品牌化"培训,确保所有员工都能了解和理解品牌故事

大多数企业组织都会提供客户服务培训,但他们实际上提供的服务却大同小异。原因何在?没有新意的培训只能造就没有新意的服务。当然这不是说他们的培训不好——不是的。实际上有些奖励计划也确确实实为改善面向客户的技巧和使服务更趋向一致出了一把力。但如果你的目标是卓尔不群,那就需要"品牌化的培训"。换句话说培训的设计目的就是要以连续、有意识、有价值、差异化方式为人们带去品牌的价值。将品牌故事生动地展现在员工面前也是执行客户体验中一个至关重要的部分。

7.2.2.8 通过度量客户体验而非客户满意度实现可持续开发

有的企业认为客户满意度象征着成功。某调研机构发现80%转换供应商的客户对其前任供应商表示满意。满意是竞争的资本而非取胜的方法。唯一也是真正与企业改善成果相关联的客户度量标准是"拥护度"。我们将之定义为满意度最高的那部分客户,其余均不作数。但我们看到许多企业"胡子眉毛一把抓",把"还算满意""满意"和"非常满意"的客户都算进去,然后沾沾自喜地宣布客户满意度高达"87%",甚至更糟糕的,把"满意"算成"喜悦"。极具讽刺的是对大多数企业而言80%的客户无益于竞争力的提升,只有20%出头的企业拥戴者才会向他人进行推荐。

任务7.3 客户体验主题

客户体验的需求识别是客户体验管理的前提条件。企业应通过识别客户体验的需求,真正站在客户的立场,围绕特定市场状况和消费情境下客户心理和生理变化所表现出来的特殊需求而设定不同的体验主题。因此,体验要先设定一个"主题",也就是说:体验式营销是从一个主题出发并且所有服务都围绕这主题,或者至少应设有一些"主题道具"(如一些主题博物馆、主题公园、游乐区,或以主题为设计导向的一场活动等)。消费者不仅是理智的更是感性的,消费是一种整体体验,功能价值不是唯一的,如何让客户对企业和品牌产生感觉、感受、思维、行动和关联才是最重要的。

消费者是有体验要求的活生生的人,消费者需求的是娱乐、刺激、受教育、被打动和有新

意的挑战,消费体验常常是为了追求幻想、感觉和乐趣。可口可乐"芬达"推广主题"开心看法在芬达",不再仅仅强调芬达的口味、丰富的气体等功能利益,而是鼓励青少年们和朋友一起释放压力,寻找乐趣,推广一种对生活的乐观态度。

这些"体验"和"主题"并非随意出现,而是体验式营销人员精心设计出来的。例如,在2004年,雅典奥运会举行,这一盛大的运动会牵动了无数人的心。生活中很多人都渴望有机会参加这样盛况空前的运动会,全身去体验一下世界级的运动会,但并不是每一个人都有这个机会。对营销人员来说,这就是一个很好的机会,可以创造一个主题去迎合消费者的心理需求。比如,某直销企业就策划了以"健康百岁,共迎奥运"为主题的活动,在形式和内容上设计环环相扣的健康奥运游戏,让客户一边体验奥运精神,一边感受健康的快乐,将健康体验主题发扬光大,同时也实现他们的行销目标——让更多客户使用他们的产品。

以下将客户体验具体细分为三个层次的十个体验主题。如果按照客户体验需求层次将体验主题加以排列,可以得到一个貌似金字塔式的结构,如图7-3所示。在金字塔最底部的是信任、便利、承诺和尊重四个主题,这是一般状况下,客户在交易决策时最容易产生的四种体验需求,即便是低端客户对此也会有所需求,因此对于任何企业而言,能够适时而到位地向客户传递这四种体验,可以说是迈向成功的第一步。位于金字塔中部的是自主、选择和知识三个主题,客户在与企业较为频繁且深入的接触过程中,对企业提供产品或服务的特性具有较多了解,其需求也随之增强了,企业必须能为其提供自主选择、自主掌控的机会,并在与客户的接触中提供让客户学习和积累知识的机会。位于金字塔顶部的是认知、有益和身份三个主题,属于客户高层次的需求。此时客户与企业的关系已经比较密切,作为忠诚客户,他们对企业的要求也在相应提高,企业的努力应该有益于客户生活方式的提升,并帮助其制定满足一生中各个阶段目标的规划,帮助客户彰显其自我认同的身份象征,能够对客户的忠诚给予必要的认可和回报。

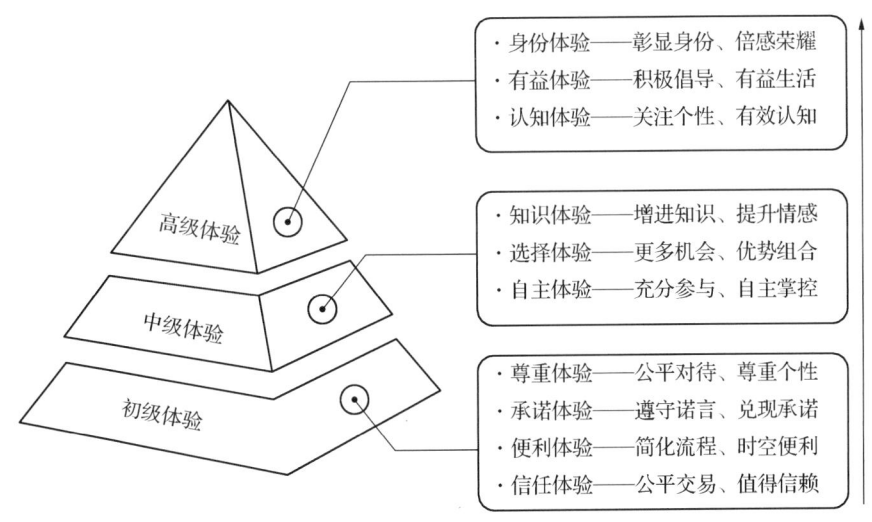

图7-3 客户体验主题的层次金字塔模型

7.3.1 初级体验

7.3.1.1 尊重体验

在客户体验主题中,尊重是指客户对企业能从各个方面对其给予无歧视的关怀体贴和帮助的体验。如今,人们购买产品和服务所追求的已经绝不仅仅是产品和服务本身了,与企业交易过程中的温馨感受、愉悦心情必不可少一样,尊重也应该成为企业给予客户的最基本的体验。尊重体验是用户与企业交易过程中的最基础的期望和要求,如果得不到满足极易产生不满,因此它是企业应该首要给予满足的主题之一。尊重体验应注意以下两个问题:

(1) 交互过程中对于公平性的体验,注重企业服务的无歧视性。

(2) 对企业关注自身需要的体验,注重的是企业服务的个性化,主要体现在:一是对用户个性化需求的重视,包括尊重用户的时间、空间、文化差异等;二是对于用户的负面反馈的积极应对;三是在更广泛的社会背景下对消费者生存环境和状况的关注,如支持社会公益事业、提倡环保或健康理念等。

7.3.1.2 承诺体验

承诺体验清晰地表达了顾客期望从组织提供的体验中获得的东西,描述了顾客的价值和主张。

例如,车载电话商行,一家英国的移动电话零售商,承诺"简洁—公平—忠告";维珍大西洋航空公司承诺"为各个舱位的旅客提供高质量的创新服务——物超所值";Krispy Kreme,美国的一家炸油圈零售商,承诺"创造精彩一瞬";中西快航公司承诺"空中最好的照顾";第一直通银行承诺"是一家为你而设计的银行,你不必迁就我"。

承诺体验的价值在于通过对目标顾客的传递以达到顾客忠诚,它涉及公司所有活动,是对公众、业务流程、产品、技术和传递渠道的投资,为公司许多互不相干的活动提供了清晰思路,增强了公司业务活动的凝聚力。

承诺体验的具体应用可以在迪士尼感受到,顾客在长长的队伍中等候游乐项目时会看到这样的告示牌"请等待 30 分钟",事实上,或许只需 25 分钟。不必担心迪士尼的经理谈论他的公司在"管理顾客体验并创造财富",迪士尼非常了解顾客的心理并坚定不移地传达着它的承诺。我们并非建议你也设置一条 30 分钟的提示牌,这并不重要,关键的问题是你必须连续不断地向你的顾客传达承诺:他们是否因缴费而等了近 5 分钟?你的产品质量是否已经无可挑剔?你的顾客是否会在你的旅店睡个安稳觉?

因此,企业在创造客户承诺体验主题时应注意:

(1) 根据企业能够切实达到的质量水平来向客户传递信息,避免夸大其词。

(2) 广告宣传与企业保持一致。

(3) 即使在交易结束后,企业也能言必行,行必果,认真履行各种承诺,致力于满足客户的各种需求。

7.3.1.3 便利体验

从某种意义上说,当今的消费者已经变得越来越没有耐性,越来越"懒惰"了。人们很少愿意为了取钱而到银行柜台前排长队或者为了工作餐而长久等候,为了购买日用物品而"长途跋涉"更是让人无法忍受。正因如此,ATM机、手机银行、网上购物走进了人们的生活,送货上门的快餐逐渐成了上班族的偏好选择,家门口的便利店自然也大受欢迎。在这个"惜时如金"的年代,客户对便利性的要求空前提高。客户体验的便利主题恰恰概括了客户对企业所提供业务在时间和空间上便利的感觉,这种感觉可以渗透在客户与企业交互过程的各个阶段。

在客户便利体验主题设计上,企业应注意:

(1) 从时间角度考虑,企业能够及时响应用户的需求,有效地利用用户的闲暇时间满足用户交易的需求。

(2) 从空调角度考虑,不论是信息的获取、交易的场所还是服务地点的选择,让用户感到便利。

(3) 满足用户对交易过程的便利性需求,做到交易过程的简单省时。

(4) 在满足用户需求和解决问题时应具有互动性和预防性,以便有效地获取用户反馈信息,有效地应对突发问题。

【案例7-4】

共享单车解决"最后一公里"

自2016年4月以来,ofo、摩拜、小鸣单车等11家共享单车公司在过去9个月时间已陆续进驻全国9座城市。自11月以来,除了北京、上海、广州、深圳四个一线城市外,成都、杭州、常州、苏州等二线城市也陆续出现新的共享单车。

伴随着共享单车在各大城市的风靡,"便民""低碳出行成风尚""解决市民'最后一公里'"等声音在微博、微信朋友圈刷屏。共享单车带来什么便利呢?

短距的人们可以骑着单车上下班,长距的人们可以骑着单车到公交车站、地铁站换乘,下了班又可以骑着单车回家,非常好地解决了"最后一公里"的出行问题,深受上班族的欢迎,目前成都的满大街都可以看到骑共享单车上下班的人群,共享单车正成为一种时尚改变了我们的生活方式。当时的共享单车还多是显眼的黄色,可能是为了引人注目,如同商家要把商品摆在醒目的位置一样,而如今共享单车的颜色则更加多样化,赤橙黄绿青蓝紫,样样都有,满足不同口味的人群需要。

记者随机采访了天府广场地铁站出口的行人。李铭是一位住在城西的成都市民,因为工作的原因,每天早上坐地铁到天府广场附近的写字楼上班。共享单车的出现,为李铭上班解决了出了地铁口后"最后一公里"的问题。

李铭告诉记者:"以前早上上班时间很赶,因为住得比较远,每天早上起得很早,出了地铁站几乎是以百米冲刺的速度赶到公司,共享单车出来后,出来扫个码就骑走了,节省了不少时间。"

除了为上班族提供方便外,不少市民表示,有些出行距离不远又不近,自己对出行工具的选择存在一定的困扰,共享单车的出现解决了这些尴尬,而且最大的好处就是可以骑到哪儿就停到哪儿,完全不用担心车会丢了。

共享单车的成功完全靠的是模式的创新,它是以移动互联网为基础的共享经济的代表。如果共享单车能够按照预设的模式发展,它对我们生活的影响和出行方式的改变将是极为深刻的,对今后经济的发展和技术的革新都是有着极大的借鉴意义。

7.3.1.4 信任体验

客户信任是指客户对某一企业、某一品牌的产品或服务认同和信赖,它是客户满意的不断强化的结果,与客户满意倾向于感性感觉不同,客户信任是客户在理性分析基础上的肯定、认同和信赖。客户信任给企业带来的好处是多方面的。客户信任带来重复购买,客户重复购买增加企业的收入,而且老客户保持的时间越长,购买量就越大;因招揽客户费用减少,使企业成本降低,一项研究表明,争取一位新客户的成本约比维持一位老客户的成本多数倍,而且在成熟的竞争性强的市场中,企业争取到新客户的困难非常大;由于"口碑效应",老客户会推荐他人购买从而增加新客户;企业对熟悉的有丰富消费经验的老客户的服务更有效率、更经济;客户信任度和企业经济效益的提高有助于改善企业员工的工作条件,提高员工满意度,员工归属感随之提高,进而可以提高工作效率,降低招聘和培训费用,减少员工流失损失,又进一步使成本降低,因此形成一种强化客户信任的良性循环效应。

因此,在客户信任体验中,我们应注意:

(1) 在产品服务方面,企业应该尽其所能为用户提供最好的产品、最好的服务,以确保给用户带来最大的收益。

(2) 尊重用户的隐私,妥善管理用户的个人资料,不擅自利用,确保交易的安全。

(3) 能够及时响应客户的需求,并能快速地、始终如一地满足用户的需求,为客户提供各种服务和建议。

7.3.2 中级体验

7.3.2.1 自主体验

随着消费水平的提高以及知识、自信等个人特征的改善,消费者现在更倾向于以互动交流的方式获知相关信息,掌控与企业交易过程中更多的环节、更多的接触点,从产品的组合到购买的方式,从购买的地点到付款的类型,从与客户沟通的渠道到交互的地点等,都让顾客能参与其中,赋予顾客自主化、个性化的体验。如此,客户体验成功的关键就是"构思恰如其分的主题,吸引客户注意,并使其融入设定的情景当中来"。在这样一个人们有着更多的选择机会、竞争又更加激烈的市场环境中,赋予客户自主掌控的体验将成为每一个追求成功的企业所做出的明智选择。只有用户对企业提供产品和服务的全过程有了充分参与和自主掌控的体验,才会增加其对企业的信任,使企业及早发现用户的不满并加以改进,实现良性互动。

【案例 7-5】

联想推出"天逸"笔记本时,以 5 款独具匠心且包含寓意的鸡尾酒来对应 5 款个性的新品笔记本电脑,借此掀开了五款新品的神秘面纱,给参与者新颖、深刻的印象。紧随其后"非常逸周末"系列活动,邀请众多粉丝与 5 款新品亲密接触,现场感受新品精彩纷呈的逸生活。吸引用户关注,与用户零距离互动,开创性地让用户在体验中做出选择。

大众点评也是一个经典的体验经济的例子。大众点评提供的只是一个服务平台,用户是主角。用户把自己品味后的点评和吐槽放到网上,这个点评又成为其他用户信息的来源,用户新的体验和分享又在不断验证、颠覆和丰富原先的体验。商户评价来自用户,又为用户所参考和体验,如此不断。

吸引客户互动或参与,借此挖掘和发现客户心底真正的需求,哪怕是朦胧的,说不清楚的,理解客户的想法和面临的问题,进而唤醒它并改善它,这样才能在信息爆炸的今天吸引消费者的注意并留下深刻、美好的体验与回忆。用户是表演者,企业提供的是舞台。因此,在客户自主体验中,企业应做到:

(1) 给用户提供决策和解决问题的机会和能力。

(2) 能够根据用户的特殊需求为其提供专门定制的个性化解决方案。

(3) 允许用户为自己设置符合其需求的产品和服务组合。

7.3.2.2 选择体验

选择体验是指客户对企业能够在产品、产品价值组合、渠道等方面为其提供多种组合以供其选择的体验。当顾客光临时笑脸相迎是一种良好的客户服务。而让杂货店的顾客在传统排队结账和电子自主结账中选择一种自己偏爱的结账方式,则属于一种客户的选择体验。

现在许多品牌的产品都标有"全国联保"的字样,这一点对于经常出差或者居所不定的人来说是非常重要的,因为无论走到哪里,他都可以很方便地得到商家所提供的售后服务支持。企业可以将这一原则用于服务体验的设计。例如,航空公司在长途飞行时让乘客选择什么时候为其提供送餐服务,酒店让客户选择使用叫醒闹钟还是接受叫醒服务。这一原则既可以节省成本,又可以使客户愉快。另外还需要注意的是,尽管客户需要选择权和选择机会,但这并不等于选择越多就越好。客户需要的是令他们的生活更简单而不是更复杂的选择,正如 Mooney 和 Bergheim 所言,"人们最终追求的是体验生活,而不是消磨生活"。如果不加考虑地一味增加选择机会和渠道,有时反而会使客户陷入难以抉择的困境,将过多的时间花在比较和筛选当中,这对客户来说却未必是好事。企业如果准备为客户提供真正有价值的选择体验,那么就应思考以下问题:

(1) 在产品方面企业能够为用户提供多方面的选择。

(2) 在产品组合方面,企业在考虑各种组合总体价值的基础上能够为用户提供多种选择。

(3) 可为用户提供多种渠道,包括信息获取渠道、业务配送渠道、售后服务渠道,这些渠道不仅可以保证用户以其喜欢的方式与企业互动,同时还能确保企业以整合的方式在各个接触点上为客户提供一致的、最新信息。

7.3.2.3 知识体验

知识体验是指通过有效的知识传播方法和途径,将企业所拥有的对用户有价值的知识(包括产品知识、专业研究成果、经营理念、管理思想以及优秀的企业文化等)传递给潜在用户,并逐渐形成对企业品牌和产品的认知,将潜在用户最终转化为用户的一种体验主题活动。

知识体验的应用十分广泛,大到企业的大型广告、公关活动,小到个体小商贩的销售行为。一种产品,营销者不仅要宣传其用处、好处,要介绍其使用方法和维修的技巧,而且还要介绍有关这种产品系列未来发展趋势方面的科普知识,引导人们的生活方式与消费理念,从而达到提高销售量的目的。

作为购买产品或服务的消费者,精明的客户自然也不会放弃从消费中进行学习,获取知识的机会。消费者在购买和使用商品的活动中,不断地获取知识、经验与技能,通过积累经验、掌握知识,不断地提高自身能力,完善自身的购买行为。因此,对知识的追求也逐渐成为客户对消费产品和服务的一种潜在期望。

因此,在知识经济时代,企业应重视客户的知识体验。

(1) 增加营销活动的知识含量。知识经济时代,知识也是一种重要的消费资料,在营销活动中,要尽量使消费者从中学到更多的知识,使消费者感到同样的付出收到了更多的收益,从而有助于销售。

(2) 挖掘产品文化内涵,注重与消费者形成共鸣的观念价值。随着物质生活的日益丰富,消费者在购买商品时已不仅只考虑其使用价值,而更加关注商品所带来的观念价值。

(3) 培训顾客和针对性的销售。产品的技术含量越高,就越需要用知识去赢得顾客,让顾客了解如何使用产品以及使用所能得到的收益。在高技术含量和智能化产品的营销中,常常以培训顾客为媒介,让更多人了解使用知识,明白使用收益,从而扩大市场份额。

另一方面,产品的个性化也是知识经济的特点,营销策略也要相应针对不同类型的顾客进行特定的设计,使其产品、服务适应客户的消费特点、文化品位和价值观念。

要做到适应产品的高技术含量和个性化销售,前提是营销人员本身必须充分掌握专业知识,能满足客户对产品及服务的各种需求。因此,营销人员都必须经过专业培训。

7.3.3 高级体验

7.3.3.1 身份体验

各种商品千千万,顾客为什么选择这种产品,而不是那种产品?这不仅是一个经济问题,还是一个社会问题,即我选择这个产品对我有什么意义,对我意味着什么?

现在,尤其未来,是一个产品丰富得让你无法想象的时代,是一个产品的物理属性和功能的实际差别越来越小的时代,是一个感性的时代,是一个每个人都希望彰显个人价值,都想表达自己的想法和理念的时代。

在这样一个时代,顾客选择的不只是一种产品,而是一种价值主张、一种身份。顾客通过选择某种产品,来向别人宣告:我是谁?我的喜好、品位是什么?我的价值主张是什么?我是何种身份?等等。

所以,体验营销首先是一种身份识别与界定,产品则是某种身份的载体。品牌是社会发明的一种界定身份的方法,是满足人们身份需求的一种方式。企业通过产品帮助顾客完成自我的表达,顾客通过购买行为建立身份认同、寻找归属感。人们在购买产品、选择品牌时的考虑标准已从质量水平上升为产品或品牌所反映的时代特征以及所代表的特定价值生活形态。通过消费某种产品或选择某种品牌,人们会强化在其头脑中与某群体或某种生活方式之间的同一性和密切关系,获得与特定群体相关联的身份表征。

这方面李维斯(Levi's)就做得非常好。在澳洲李维斯的广告里,公然讽刺那些大腹便便挺着啤酒肚的中年人穿李维斯,嘲弄这些人最好别穿李维斯。为何放着生意不做?很明显,李维斯深深懂得,自己的核心顾客关注自己的身份,他们不愿意与中年人穿一条裤子。

因此企业在设计身份体验主题时应注意以下几点:

(1)企业有明确的市场定位,并对目标客户群体的价值追求有清晰准确的理解,通过产品和品牌设计将其与特定的价值形态相关联。

(2)充分考虑忠诚客户的合理预期,及时对客户的忠诚做出回应,利用适当的奖励方式(不是单纯的利益折扣与无意义的赠品)来努力维系良好而友善的客户关系,对用户加以关怀和体贴。

(3)企业应该通过一言一行、VIP俱乐部、热线、专有标志产品与服务等使忠诚客户感到尊贵,让忠诚客户体现出比别人更多的荣耀与地位。

【案例7-6】

哈雷机车的身份体验

哈雷机车曾经是一部很失败的摩托车,因为它的发动机嗓门特别大,这一点决定了美国的摩托车无论如何也不能与日本的本田、雅马哈相提并论。然而聪明又讨巧的美国人,将身份赋予哈雷,实现了化腐朽为神奇,于是哈雷大嗓门的发动机成了雄性的代称,不以为耻反以为荣!在汽车大行其道的今天,我们越来越难以看到本田、雅马哈的大型摩托车了,相反我们依然能在街头看到,不少扎着头巾、戴着墨镜、打着耳钉的"哈雷太子",怒吼着自己的座驾从我们身边绝尘而去。很多人想不明白,这样一辆哈雷完全可以抵得上一辆普通汽车的价钱,为什么他们不买一辆功能更多、遮风挡雨的汽车,而买了一个笨重粗野的哈雷?因为很多时候,直接的产品利益与我们的身份认同比起来,简直不值一提。哈雷不只卖机车,还卖哈雷机车手套、皮裤、墨镜、头巾服饰类等,甚至经常性地组织俱乐部,不定期拉练哈雷机车队伍。哈雷已经不是在卖机车,而是在经营文化,让"太子"们对自己的身份认同不孤独。

7.3.3.2 有益体验

在客户体验中,有益主题是指客户对企业能为其提供有益的生活方式、富有创新的产品或服务组合的体验。能够用生活方式引领的经济,都是最有征服能力,预见性最准确的。如何引领生活方式,如何做好企业的产品创新和市场布局?中国企业在这个方面还缺乏足够的认识。

营销的本质是营销一种生活方式,产品或服务的营销只是生活方式的一种表象,品牌营销是对产品或服务的升级。"先定义你的生活方式,再选择适合你自己的产品与服务。"美国西部航空公司的这句广告词可谓经典。汽车行业里高档汽车推出生活方式产品,开设生活方式专卖店已经成为趋势。法拉利、宝马、保时捷、MINI都推出了自己品牌特质的生活方式产品,意图通过生活方式产品来吸引更多符合品牌特质的消费人群。

宝马推出了休闲装。宝马这个牌子也能延伸到服饰行业中,并且取得了相当不错的成绩。这也是宝马有意将情感营销延伸到生活营销中的例证。宝马之所以能延伸到服饰,是因为宝马不仅象征着非凡的制车技术与工艺,还意味着"潇洒、优雅、时尚、悠闲、轻松"的生活方式,车和服饰都是诠释宝马核心价值观的载体。宝马公司中国区总裁席曼说:"让顾客通过购买宝马的产品来显示他们的成功,把宝马品牌和消费者本身的成功很好地融合在一起,使使用宝马产品成为客户的一种生活方式。"

"两只老金威,两只纯生。"在广东的餐馆里,顾客经常这样告诉服务员。对于外地来的观光客来说,听得云里雾里。两只老金威、两只纯生是什么东西?广东人却都明白,老金威就是深圳金威啤酒,口味浓,度数高,适合广东人饮用啤酒的习惯,盘踞广东市场多年。纯生就是珠江纯生的代名词,广东人一直认为纯生啤酒就是珠江,所以顾客只要说纯生当然就是珠江纯生。如果服务员拿来青岛或者其他品牌的纯生,马上就被退回,如果不能够提供珠江纯生,甚至饭菜也不要了。广东人的生活方式里已经把这两个品牌的特定产品融入了他们的生活方式里,成为必不可少的一部分。

青岛啤酒在华南市场无论在渠道铺货、终端促销各种方面都投入了比这两家企业大得多的力度,多年鏖战,仍旧没有突破这两个区域诸侯的封锁,因为它们已经融入广东人的生活方式。无论青岛啤酒多么好,价格多么低,促销多么实惠。

事实上在全国各地,地方品牌的啤酒能够偏安一隅生存下来,都是因为它们融入了当地的生活方式。青岛和金星啤酒积极在全国建厂,有物流成本的因素,也有本地化,试图嫁接融入生活方式的因素,所以他们收购的一些地方企业,暂时性地仍旧保留了原有的品牌,如山东的银麦啤酒。

应该说,由于技术的不断进步,了解生活者现状在今天已不是什么难事。然而,问题的关键在于,我们所看到的往往都是表面现象,尤其是大数据的时代,引发生活者进行各种活动的心理机制和意愿动因的洞察和分析变得就更加复杂,所以,今天的企业经营者,实际上反而需要更深入、更具体、更前瞻、更贴近人群的生活者的心理动态的观察和挖掘。为了给客户提供有益体验,企业需要考虑以下内容:

(1) 站在用户的角度考虑问题,客户在什么情况下可能遇到问题,客户希望怎样解决问题,如何让用户的生活更加丰富多彩。

(2) 企业经常进行一些产品和服务的创新,使客户能够紧跟时代的步伐,站在时代的前沿,引领潮流。

(3) 根据客户的需求和爱好,帮助客户制定满足其一生中各个阶段目标的规划,成为客户的全方位的顾问,帮助客户最大限度地取得成功。

【案例7-7】

花王如何了解生活者

在日本，花王是第一的日化品牌，宝洁只能位居第二，花王的CEO在演讲中提出"生活者研究"概念，他们认为，单纯只研究"消费"是不够的，因为每个人都在具体生活场景中，研究生活者更能发现消费需求和商业机会。而早在1971年的11月，花王公司就以原"消费者部"为基础建立了花王生活科学研究所，其功能是与消费者交谈，了解各种意见，与消费者进行信息交流并从消费者的立场出发开展情报调查研究。1978年开始建立花王ECHO系统，ECHO是"Echo of Consumers Helpful Opinion"的缩写，意为"消费者有用意见的反馈"。

而在此之前，我们曾经为花王开展过在中国的消费者研究，值得关注的是，花王对于中国的消费者的研究，不是定量调查，而是"家访"（到消费者家中去观察），他们让我们挑选出一些典型的消费者家庭，让这些消费者代表先记录每天的生活状态和消费行为，然后到消费者家中进行观察（如浴室、洗手间等场所的摆设）和面对面的访谈，同时拍摄了大量的消费者生活场景的照片。

花王的做法，其实是一个还原消费者生活场景的观察，以捕捉到真实的生活场景的需求。我想，这对于很多企业来说，应该是一种观念上的启示，本质在于，我们到底是把我们的消费者当作一个纯粹的"消费者"做研究，还是当作"生活者"在做研究。其实，生活者这个概念也不是什么时髦的词语，日本的博报堂广告公司，就一直倡导"生活者发想"的概念，即从支离的、片段的人们的行为中，发现到"最本质性的欲望和价值观念"，"对于生活者的欲望和价值观念的捕捉，为生活描绘新图景"。

7.3.3.3 认知体验

在消费时尚的年代，消费者越来越追求具有个性化、情感化的商品，而不再满足于一般的大众化商品。消费者的主观性越来越强，广告和促销活动等已经越来越难以改变消费者的主观意念，行销成本直线上升。消费者的行为呈现出相当的差异化，买方市场的全面来临、竞争的日趋激烈使消费者的心态和行为越来越缺乏持续性，越来越逆反、求新、多变。

认知体验是指用户对企业能对其加以有效识别并了解其爱好和需求的体验，通过给用户量身定做的体验、产品和服务，迎合用户独特的需求和要求，从而给用户一种个性特点受到重视的感觉。认知体验的执行和控制是一个相当复杂的机制，它不仅意味着每个面对顾客的营销人员要时刻保持态度热情、反应灵敏，更主要也最根本的是，它要求能识别、追踪、记录个体消费者的个性化需求并与其保持长期的互动关系，最终能提供个性化的产品或服务，并运用针对性的营销策略组合去满足其需求。所以，认知体验的基础和核心是企业与顾客建立起一种新型的学习关系，即通过与顾客的一次次接触而不断增加对顾客的了解。利用学习关系，企业可以根据顾客提出的要求以及对顾客的了解，生产和提供完全符合单个顾客特定需要的顾客化产品或服务，最后即使竞争者也进行"一对一"的关系营销，你的顾客也不会轻易离开，因为他还要再花很多的时间和精力才能使竞争者对他有同样程度的了解。

个性化消费正在成为市场环境的主要特点，因此，满足不同消费个体的差异化需要的能力（如个性化的营销和个性化的生产能力等）是企业生存发展的核心能力，营销特征全面转向个性化,企业需要在消费者的个性化需求和规模效益之间找到最佳契合点。企业通过完成下列四步来实现对自己产品或服务的认知体验营销。

(1) 建立目标客户数据库。营销者对客户资料要有深入、细致的调查、了解,掌握每一位顾客的详细资料对企业来说相当关键。企业要能直接挖掘出一定数量的企业顾客,且至少大部分是具有较高价值的企业顾客,建立自己的"顾客库",并与"顾客库"中的每一位顾客建立良好关系,以最大限度地提高每位顾客的价值。仅仅知道顾客的名字、住址、电话号码或银行账号是远远不够的,企业必须掌握包括顾客习惯、偏好在内的所有其他尽可能多的信息资料。企业可以将自己与顾客发生的每一次联系都记录下来,如顾客购买的数量、价格、采购的条件、特定的需要、业余爱好、家庭成员的名字和生日,等等;认知体验营销要求企业必须从每一个接触层面、每一条能利用的沟通渠道、每一个活动场所及公司每一个部门和非竞争性企业收集来的资料中去认识和了解每一位特定的顾客。

(2) 企业顾客差别化。顾客差别化主要体现在两个方面:一是不同的顾客代表不同的价值水平;二是不同的顾客有不同的需求。因此,在充分掌握了企业顾客的信息资料并考虑了顾客价值的前提下,合理区分企业顾客之间的差别是重要的工作内容。顾客差别化对开展"个性化营销"的企业来说,一是可以使企业的"个性化"工作能有的放矢,集中有限的企业资源从最有价值的顾客那里获得最大的收益,毕竟企业不可能有同样的能力与不同的顾客建立学习关系,从不同的顾客那里获取相同的利润;二是企业可以根据现有的顾客信息,重新设计生产行为,从而对顾客的价值需求做出及时的反应。

(3) 目标顾客沟通。面对客户个性化,我们熟悉的一些大众媒介已经不再能满足需要,这就要求企业寻找、开发、利用新的沟通手段。计算机产业以及信息技术的高速发展,为企业与顾客提供了越来越多的"一对一"沟通选择,如现在有些企业通过网络站点向他们的目标客户传输及获取最新最有用的信息,较之利用客户拜访中心大大节约了成本。当然,传统的沟通途径(如人员沟通、顾客俱乐部等)的沟通功效仍不能忽视。

(4) 企业行为定制。分析客户个性化需求以后再重构。将生产过程重新解剖,划分出相对独立的子过程,再进行重新组合,设计各种微型组件或微型程序,以较低的成本组装各种各样的产品以满足顾客的需求;采用各种设计工具,根据顾客的具体要求,确定如何利用自己的生产能力,满足顾客的需要,即"个性化营销"最终实现的目标是为单个顾客定制一件实体产品或提供定制服务。

【案例 7-8】

小米手机的顾客认知体验

从曾经人手一部的诺基亚,到现今风靡全球的苹果,人们对于国外的优秀品牌有很高的认知度,由于国外品牌的高品质,使得人们对其情有独钟。但是,近几年,国产品牌也逐步兴起,如小米、中兴、华为等,其中小米手机更是有一批忠实的米粉,发布新产品的火热程度也不亚于国外品牌。

由北京小米公司研发而成的一款名为"小米"的智能手机,其设计理念为"为发烧而生",使追求个性的年轻人一下就记住了这个品牌,并且小米还致力于将世界最顶尖的科技与配件运用到它的产品中去,这使小米手机成了大众最期待的智能手机。2014年年初的红米手机价格降到最低,更是一开始销售就被抢购一空。

起初国产手机的市场是被华为、HTC、中兴等占据,这些品牌还是大家较为熟悉的,这时的小米为了提高顾客知名度,采取饥饿营销的手段,在短短的时间内让小米这个品牌迅速走红,广为人知。

(1) 小米手机在正式发售产品前举行了一场高调的发布会,并且在正式的手机上市发售之前,提前销售了工程纪念版的小米手机,以优惠的价格、秒杀的销售方式迅速引起人们关注。

(2) 小米手机一开始不为人知,其利用年轻人希望个性鲜明且热爱网购的特点,采用网上销售的方式,吸引了年轻消费者的关注,提高了自身的知名度。

(3) 小米手机的科技含金量高,采用最先进的技术,但是保持着大众都能接受的价位,使很多接受不了高价位的国外品牌的消费者更加倾向于小米这一国产品牌。因此,小米有利的价格优势赢得了更多顾客的关注。

(4) 小米手机在网络上开放预订,但是每次发布新产品时,都是从开放销售到售罄就是短短的几个小时,许多人都为没能第一时间抢到一部小米而遗憾;而等到下一次小米官网再正式销售时,往往都是几个月之后,并且价格还是一如既往的最低价,这又会引起一大批米粉的热捧。由于其一发售就被抢购一空的火热程度,为人们津津乐道,更加为小米提高了顾客认知度。

(5) 小米公司的董事长雷军就在个人社交网络上多次提到自己的产品,频繁地参加各类访谈节目,就是为了增加小米的媒体曝光度,媒体的正面的大力宣传,更是培养了一大批"米粉"。

上述各个体验主题只是拆解开来的理论分析,实际上,每一个主题并不是完全独立的,一些体验主题的建立可能以另外一些主题为基础,它们之间经常相互交织在一起。例如,在某些情况下,信任主题的建立首先需要兑现如下承诺(兑现承诺主题);以便利的方式向客户提供最好的产品和服务(便利主题),考虑客户的个性化需要(认知主题)等。

总之,上述十个主题为企业提供了一条实施体验管理的思路。它分层次地为其提供独特的、有价值的正面体验,也是企业对客户实施人性化关怀的必然要求。如果企业希望在客户体验管理上达到更高水平,从而取得更大的商业成果,就必须尽可能地为客户提供更多、更高层次的体验。当然,这里并不是说每一个企业都必须严格按照上述十种主题的要求为客户提供全方位的良好体验方能生存,而是为企业了解客户需求、提高客户价值提供了一种新的视角。具体实施过程中,企业可以根据自身状况,如行业特点、企业赢利状况、竞争环境等选择某些主题予以重点发展。在新的体验经济形式下,企业唯有遵循上述思想,至少在其中的部分主题上做得比较突出,才能在激烈的市场竞争中占有一席之地,树立差异化的品牌形象。

任务7.4　品牌体验

当今中国的市场,品牌之战愈演愈烈,竞争已越来越不再局限于传统意义上的大众媒体竞争,而是一个整合的竞争。不但在电视上、报纸上、路边广告牌上有人与你竞争,商场里更是比比皆是。只要是有消费者的地方,你一定也会看到你的竞争对手。货架上的同类产品越来越多,消费者司空见惯,常常"随手就拿"。在这种充满"随机性"与"不确定性"的激烈竞争环境中,单靠建立鲜明的品牌形象,已远远不能满足销售产品的目的。

从消费者知道你的品牌到消费者最后决定购买之间的所有接触点环节,都是竞争点。因为在这每一个点上,都存在着给消费者制造品牌印象的机会。我们必须利用这其中的每一个点,给消费者创造那些深深参与、值得回忆的服务、活动。这正是我们要讲的:品牌体验。产品是有形的,而服务是无形的,它所创造出来的体验价值是令人难忘的,也是其他竞争对手所无法抄袭的。

7.4.1 品牌体验概述

7.4.1.1 品牌体验的含义

品牌体验(Brand Experience)就是消费者在与品牌接触的全过程中,该品牌为其带来的印象和经历。也就是说,品牌体验是顾客对品牌的具体经历和感受。当然,"体验"的内涵要远远超出品牌旗帜下的产品和服务。它包含了顾客和品牌或供应商之间的每一次互动——从最初的认识,通过选择、购买、使用,到坚持重复购买。是通过令人耳目一新的品牌标识,鲜明的品牌个性、丰富的品牌联想、充满激情的品牌活动来让顾客体验到"快乐""酷""爽",从而与品牌建立起强有力的关系,达到高度的品牌忠诚。

品牌体验是在"全面体验消费模式"这一大背景下产生的。随着物质文明进步和生活水平的提高,人们对功能利益的需求已经得到大大满足,按照马斯洛的需求层次理论,消费者将追求更高层次的满足,"快乐""酷""爽"正是这种需求的表达。央视调查咨询中心结合多年来在消费者研究领域的成果提出了中国消费市场十大趋势之一就是"全面体验消费模式",认为进入21世纪消费者对产品和服务的要求将不止于功能上的满足。品牌能否超越产品功能而给他们带来种种感官、情结或价值上的满足将变得越来越重要。简单说,就是品牌不但要具备"功能"上的效益,而且要有"体验"或"情感"上的效益。

7.4.1.2 品牌体验的作用

1. 彰显品牌个性

体验是消费者内心的感受,由于人们的心智模式存在差异,所以即使是同样的情景和参与也会产成不同的体验。品牌体验要吸引消费者充分参与达到互动,就必须体现较强的个性化。当前,个性化消费成为一股潮流,消费者愈来愈追求能够表达个人价值、性格、审美情趣的东西,正如一句广告词所言,"我选择,我喜欢"。什么是个性?个性就是与众不同。品牌只有与众不同才可能给予消费者独特的体验。由于人们往往喜欢与自身相似的个性,所以品牌个性应该和目标消费群的个性相一致,在以后的品牌传播中应集中表现这一点。

【案例7-9】

亡命之徒品牌——苹果电脑

商标就是以被咬了一口的苹果来唤醒圣经故事中亚当和夏娃偷吃知识树上的苹果,这个经典神话故事的联想。苹果电脑的广告语"Think different"就是提醒消费者"与众不同的思考",它的广告列出了在各个领域勇于破除旧习的创意天才。苹果广告《1984》把代表统治者原型的 IBM 比为"老大哥",而苹果电脑化身为一个健康、有活力、有反叛精神的年轻女性,广告中这名女子用大锤砸烂了老大哥正在讲话的屏幕。

苹果电脑的科技创新能力是有目共睹的,它总是以革命性的作为制造出人性化的软件,使每个人几乎都只要看到苹果出品的电脑就能马上上手,而成为不折不扣的专家。

在大众的心目中,苹果电脑和电脑黑客有很密切的关系,而且苹果电脑多半被视为在经营方面率创奇招的创新者。

2. 吸引顾客参与,增强品牌互动

人们主动参与比被动观察学到的东西更多。品牌体验就是要让顾客以个性化的、互动的方式参与刻意设计的事件,获得深刻的感受。在体验中,顾客处于主体地位,通过亲身参与,可以强化对品牌的认知。互动过程,也是品牌和顾客之间的学习过程。通过与顾客的接触,企业可以深层次、全面地了解顾客,深度地洞察顾客如何体验品牌旗帜下的产品和服务,从而创造出高峰体验。

过去那种明星代言"我信赖×××"的方式过时了,95 后更信任的是"朋友说",可以推荐但是不可以灌输,要学会通过大数据判断他们的趋势。例如,腾讯 QQ 空间的数据显示,《小时代》在空间的讨论数据量很大,特别是年轻群体,所以在具体操作中也是通过大数据分析来确定信息向谁推送,在粉丝群体中进行引爆。今天 80 后、90 后更相信微信和品牌社群上的观点,在移动互联网时代品牌营销最有效的方法就是通过社会化媒体实现与消费者互动,传播品牌价值,并通过互动让消费者体验品牌价值。

【案例 7-10】

"重在参与"——街头篮球挑战赛

1992 年夏天,在柏林的马克思-恩格斯广场,阿迪达斯开始了一项独创的赞助活动的尝试——在城市里的露天场所进行一种 3 人篮球联赛,比赛被冠以阿迪达斯街头篮球挑战赛。在某天或某个周末,欧洲主要城市都会在市中心的开阔地带举行篮球赛、投篮或灌篮比赛、街舞表演、街头雕刻活动和其他特别的运动项目表演,乐队现场演奏舞曲和 Rap 等流行音乐。比赛逐渐成为阿迪达斯的品牌庆典,为消费者塑造了一个很有感染力的体验品牌的情境。比赛现场没有裁判,参赛的队伍戴着五颜六色的阿迪达斯的帽子,穿着阿迪达斯的运动短裤、夹克,一副阿迪达斯的举止做派。精心设计的街头装饰营造出欢快而又紧张的氛围。

3. 传播品牌创意,建立消费理解和尊重

消费者对品牌创意的要求往往是新鲜的、玩味的、明确的、深刻的,因此品牌创意是生产商与消费者沟通互动的桥梁。创意的优劣能直接引起消费者和目标群体的共鸣或反感,好的创意能为品牌直接加分,品牌创意潜移默化地影响着人们的消费观念和生活方式,品牌创意往往深刻地烙烙在人们的大脑意识中,从而转化为有形的商业价值。品牌创意的可贵,就在于其不只是缔造品牌文化,更展示了品牌的精神世界,使品牌的潜能得以发挥,打开了消费者不同的心智模式,丰富无穷的想象空间。

成功的品牌的创意总能出奇制胜，层出不穷，而且能够带动产品迅速造势，并且掌控市场。成功的品牌有充分的创意空间，比如说创意的预算充足、品牌创意意识强、创意任务明确、目标受众清晰等特点。品牌创意要深入全面了解消费者、市场、渠道，通过对消费习惯、价值取向、文化背景、沟通方式等的调查分析，从产品本身、顾客服务、质量体系、形象传达等方面的系统分析，为产品品牌传播建立标准体系，树立产品品牌在消费者心目中的良好形象，通过品牌营销创造更多的消费需求。

例如，哈根达斯咖啡屋把自己和浪漫爱情联系在一起，在亚洲推出一系列浪漫主题的冰激凌蛋糕，如"华尔兹的浪漫""幸福相聚"等。以至马尼拉一家报纸写道："马卡提城区里香格里拉饭店周围挤得水泄不通，年轻人和冰激凌迷们感到哈根达斯的入驻并没有对本地的冰激凌市场形成威胁，反而增添了活力……"因为，哈根达斯推销的是浪漫感受，而非咖啡。

5. 提升顾客忠诚

顾客与品牌打交道不再完全是为消费产品或服务，还为了满足心理和情感上的需要。积极的品牌体验能够极大地影响顾客感知价值，使顾客对品牌产生强烈的心理归属感，使企业获得高度的顾客满意以及顾客忠诚。积极的品牌体验可以使顾客成为品牌倡导者，成为企业的口碑宣传员，其效果更甚于广告的传播效果，更容易吸引潜在顾客。

顾客价值不仅来源于核心产品和附属服务，而且还包括顾客体验的努力。顾客对该品牌感觉到的价值的大小会影响其对某个品牌的偏爱程度，这种对品牌的偏爱程度会影响他们的品牌选择和重复购买，从而形成良性循环。偏爱程度越高，品牌的选择性越强，重复购买的次数就越多，顾客的生命周期就越长，顾客终身价值就越大。

7.4.2 品牌接触点

品牌接触点是指顾客有机会面对一个品牌信息的情境。事实上，在我们的生活中，每一次消费体验都包含了一个或者一系列品牌的接触点，而每一个品牌接触点都在传播着品牌信息，同时都会或多或少地影响着消费者的购买决策。

接触点是为了提升或改善客户体验而存在，同时，接触点的设计和维护是为了让客户更好体验和感受品牌承诺。但很可惜，我们的很多企业正在做相反的事情。他们永远热衷于不断创造新的客户接触点，却不知道自己公司对于顾客存在的意义和价值是什么，创造这些接触点的目的是什么，也不知道怎样让接触点与目标群体建立连接。又或者，企业有了明确的品牌承诺或定位，却不知道怎么使用接触点来实现目标。

一个企业的品牌形象，不仅来自一个耳熟能详的品牌标语，也不仅是一个充满创意的视觉海报，而是通过品牌与消费者互动过程中无数个品牌接触点所感知界定的。但是受企业产品或服务定位的不同，不同品牌接触点的重要性排序也会有所不同。对航空公司而言，服务体验就是所有接触点中至关重要的一环。如果能在服务体验的每个接触点上做到是真正满足顾客需求而设计，并且能够做到言行一致、表里合一，基本上这家航空公司也就能做到卓越出色了。例如，当一个人决定要乘飞机到某地，他一定得先和航空公司或其服务代理人订票，然后到机场办理登机手续，在飞机上和空勤人员接触，抵达后领取行李。所有这些细节都属于自发性的品牌接触点，如果没有这些接触点的话，顾客是不可能享用这个服务的。

一般而言，对于复杂程度比较高的品牌，消费者在购买过程中，接触到的品牌接触点就会比较多，因此，这类品牌的品牌传播难度就相应的增大；而对于复杂程度比较低的品牌，接触点就会相对比较少,但是在有限的接触点上影响消费者的购买决策,其难度也是不言而喻。这就要求品牌管理者,必须找到关键的品牌接触点,然后释放品牌识别等方面的信息,以完成树立品牌形象和提升销售的目的。

品牌接触点管理就是要重点管理好那些能够直接影响品牌形象,或者为消费者带来美好体验,以及提升销售的"关键"品牌识别。

在进行品牌传播时,要将品牌识别内容有意识地落实到相应的品牌接触点上,让消费者在接受和体验品牌相关信息时,清晰、一致地感受到品牌的核心内涵,以使品牌信息持续不断地在所有品牌接触点上传播品牌识别,演绎品牌核心价值及相关识别,在消费者的心智中留下丰富的品牌联想和鲜明、独特的品牌个性,从而提高品牌传播效率,降低品牌建设成本。这就是品牌接触点管理的本质所在。

同时,需要强调的是,品牌接触点可以是电视广告、平面广告、终端、人员、服务等内容,也可以是消费者的某些需求点。

在进行品牌接触点管理以提升品牌体验价值时,应注意以下几点:
(1) 创造顾客渴望的独特的品牌承诺。
(2) 明确实现承诺的所有接触点。
(3) 确定每一接触点如何建构品牌。
(4) 突出关键接触点。
(5) 品牌接触的执行。
(6) 售后品牌接触点管理。

【案例 7-11】

在品牌接触点上俘获顾客的芳心

英国维珍航空公司是这方面的典范。维珍公司有个极具叛逆精神的创始人——布兰森,所以维珍的品牌精髓是打破传统、独特、乐趣与娱乐。布兰森可不是说着玩玩,他领导着维珍公司围绕着品牌定位在品牌接触点上花费了不少心思。

首先,在广告上,维珍十分强调三个方面:服务质量、乐趣和娱乐、友好,通过视觉和听觉向顾客传递这些信息,让顾客在还没有实际享受维珍公司的航空服务时就完成了第一次接触。由于大多数航空公司的广告都比较雷同,维珍航空显得独树一帜,很多顾客就是被广告所吸引,才引起了享受维珍服务的兴趣。

当顾客来到维珍航空,真正接触它的服务时,维珍的品牌特质体现得更明显。比如,在登机手续的办理过程中,它可以提供专车接送服务,让顾客感受到受尊重的感觉。它还拥有自己的俱乐部会所。更有意思的是,顾客还能驾车通过登机手续办理台,虽然表面上看这并不需要花太多功夫就能做到,但它的作用是明显的:既为顾客提供了方便,又体现出维珍航空的创新性,要知道,世界上还没有其他哪一家航空公司的登机手续在汽车里就能办理。

维珍的品牌理念在顾客登机以后,在各个接触点继续向顾客传递。客舱里的座椅都是特制的,后面有显示屏,顾客在飞行过程中能看节目,此外还能用耳机听自己点播的音乐。

不仅如此,飞机上还设有酒吧、医疗和美容,为顾客提供多样化又独特的服务。这些努力都在向顾客说明,维珍航空的服务不仅贴心,还能让你在娱乐中享受。

在其他方面,维珍的服务同样匠心独具。比如,为了博得儿童的喜爱,维珍在飞机机身上绘制了卡通形象,孩子高兴了,父母自然也会满意,这些都是维珍细致入微的地方。

7.4.3 品牌体验设计

基于体验经济所衍生出来的品牌体验,所不同于以往的是更注重与顾客之间的沟通,发掘他们内心的渴望,并站在顾客体验的角度,去设计自己的产品和服务,规划审视自己的品牌定位及传播等。品牌体验营销的运作流程是一个系统的过程。

7.4.3.1 了解客户期望

想要策划出好的品牌体验过程,就应该先了解对方的切实需要,提出有针对性的规划是至关重要的。例如,在开设客户体验店之前,可进行一次市场调查,挖掘当代年轻人更加喜欢彰显个性的产品,特别是色彩搭配方面,可大胆运用相撞色彩表达人们所追求的情感,体验店中的装修建议使用具有鲜明对比的颜色,迎合年轻人的喜好。情感体验是企业在营销过程中关键的环节,能够直接影响消费者的购买力,充分调动消费者的积极性。

7.4.3.2 确定"关键性"体验

所谓关键性体验,说的不仅是要让消费者感受到品牌视觉设计上的美感和冲击力,还要注重消费者在体验过程中能感受到品牌产品的功能。企业经营的品牌产品是什么,能带给消费者怎样的功效,这无疑是体验的关键。例如,苹果公司在各大城市均设有体验店,在偌大的体验店中,该品牌的各种数码产品摆放一应俱全,人们可以自由选择进行不限时的体验。人们怎曾想到,今天会坐在一个装修如此精致的大型体验店里,可以不花一分钱舒适地体验高科技给人类带来的便捷,人们又怎会不喜爱它的产品。

7.4.3.3 确定品牌体验的环境

企业从目标顾客的角度出发,为其提供一种独特难忘的消费体验,帮助消费者找出潜在的心理需求,激发消费者的购买欲望。这就要求营销人员要确定产品的卖点在哪里,使顾客体验后能够直接对产品进行判断。

以星巴克为例,其目标群体选择是很清晰的——年轻时尚的白领群体。这个群体特点鲜明:年轻、思想开放、乐于享受。对于咖啡,他们中的多数人持欣然接受的态度。星巴克的不同就在于,针对目标群体不仅仅提供咖啡这个基本的功效性饮品,更重要的是提供了喝咖啡的独特享受空间和氛围。

如果到星巴克去你就会发现,很多来喝咖啡的人,他们在乎的并不是喝什么,而是来星巴克享受到了什么。前者是功效性特质,后者则是心理方面的需求。这是星巴克品牌的核心诉求,也是其不同于别家咖啡店的特质。很多咖啡连锁店的老板在进行商业策划时,大部分提到的是:我们的咖啡采用巴西的原材料,和星巴克是同一块田地产的咖啡豆;我们采用意大利的进口设备,我们采用英国王室独特的制作工艺……这常引发人们的思考,星巴克卖的仅仅是咖啡吗?

7.4.3.4 销售过程是品牌体验的最好表达方式

任何一个品牌的传播都具有内在和外在两种属性。内在属性包含原材料、制作工艺、气味、三态形状等要素,外在属性则包括品牌调性、内外包装形式等要素。所谓"千江有水千江月",每一个消费者对于品牌的感觉可能都不一样。但经过企业对产品质量、服务措施、品牌文化等不断进行完善,会逐渐引导消费者形成统一的认知。

其实,消费者想要的到底是什么,一句话两句话很难完全概括,但一个品牌做得好不好,最终要由他们来评价。让消费者感受到品牌的价值和内涵,并不能靠大喇叭式的叫卖,也不是看谁的广告发布得多,更不是看谁的促销力度大,而在于能否让消费者对品牌产生信任。要做到这一点,必须让消费者更多地和企业互动,耳听、眼看、手摸、嘴品、鼻嗅,进而形成一个真实的、生动的、可以信赖的评价。

7.4.3.5 借助互联网实现口碑传播

互联网的普及,使得消费者的行为和心理均发生了很大的变化。这种变化使得社会结构越来越碎片化和小群体化,人们接触的媒体慢慢地由传统媒体向新兴互联网媒体转变。

到了移动互联网时代,通过社会化媒体实现品牌体验从而影响品牌营销,可以说是无处不在,如电影院已经不再是单纯地看电影,同样是一个社交化的场景。观影者都会因为电影中的内容而产生交流的欲望,但通常大家会陷入集体性孤独中,个人的瞬间情感得不到表达,形成个体信息的孤岛。而移动社交终端的兴起,让人们在观看电影的同时还可以用手机实时地进行交流,电影院可以开发一款基于电影场景化的移动终端,不仅可以在同一个应用场景下结识新朋友,联络老朋友,而且还可以为心仪的对象点一杯饮料,送一束花,特别是还可以讨论一下相关的品牌。

在这个互联互通的时代,营销的传播逐渐开始向企业内部营销和企业由外而内营销的转变。

首先,企业内部的营销传播模式正在展现巨大魅力。过去市场传播主要是靠广告拉动、终端促销,二者结合形成所谓的营销战术。但是,这种做法很容易就变成价格战,而且执行这种营销策略的主体也均为市场部或销售部的少数员工而已。如何调动企业内部员工的力量,实现品牌体验就成了关键点。过去这几乎不可能,但有了互联网这个平台,就有了实现的基础。

其次,客户和企业由外而内的品牌宣传推广。群众的力量是巨大的。我们要理解的是,过去喊了数年"以客户为中心",但有几家企业能真正做到?"零距离下的虚实网融合,零库存下的即需即供",这才是"以客户为中心"。

最后,客户间的口碑传播。商业的本质是建立在彼此互信的基础上,因此很多企业不遗余力地加大宣传投入。广告标王战、渠道为王战、终端拦截战、促销推广战,等等,各种手段层出不穷。可这些活动都需要花钱的,羊毛还是出在羊身上,不可避免地造成了成本增加,价格降不下来。另外,企业花了钱不假,可消费者一定买账吗?结果或许并不一定能达到预期。当我们再次审视中国的品牌营销史时,会发现有很多的企业并没有打广告,却异军突起,主要原因是有数量众多的粉丝,粉丝们的推荐成了品牌发展的最强劲动力。或许这种方法可以为不少企业提供借鉴。

课后思考与讨论

1. 如何理解客户体验管理的内涵？
2. 企业是怎样实施客户体验管理的？
3. 在实践中如何设计客户体验的主题？
4. 理解品牌体验对企业的作用。

课后案例分析

无印良品跨界开餐厅开辟第二利润点增加消费体验

在辛辣油麻的川菜大本营腹地，日本家居百货商无印良品跨界开餐厅，以"素之食"的概念挑战成都人的口味，着实勇气不小。

事实上，成都是无印良品在中国大陆开设的首家餐厅，去年年底开业后不到一周，又紧锣密鼓在台北开了一家，看来无印良品跨界做餐饮是铁了心玩下去了。

无印良品跨界开餐厅是要开辟第二利润点，想从餐厅赚钱吗？显然不是，据说去了成都餐厅消费的"母鸡粉"（无印良品MUJI拥趸的称呼）反映，其餐厅消费并不贵，依照食材和装修档次，餐厅大概难以赚到多少钱。

事实上，无印良品开餐厅，无疑是为了强化和传递其品牌文化，为其消费者营造一个品牌体验社区。

中国有句俗话，从一个人吃饭最能看出一个人修养。吃饭最能让人放松，也最能让人"原形毕露"，所以，品牌去营造一个吃饭的空间，也最易把其品牌文化浸润其中，让消费者无形中受到熏染。

无印良品其品牌内涵强调纯朴、简洁、环保、以人为本等理念。这种产品理念本身也是一种值得倡导的生活理念。

成都的无印良品餐厅，每个桌上桌牌是一个大大的"素"字——这不是素食之义，而是日文之"素"，指食物本身自然的烹饪方式，少油、少糖、少盐。显然醉翁之意不在贩卖饭菜，而是以纯朴、简洁、环保的理念去营造一个食物空间，以其理念营造一种生活哲学，从贩卖产品到贩卖文化，它牢牢抓住了粉丝的心。

无独有偶，可口可乐在上海东方明珠电视塔内开出全球首家主题餐厅"东方明珠Coca-Cola欢乐餐厅"。

像无印良品这样的跨界开餐馆的品牌其实不少，如法国知名保养品品牌欧舒丹2012年年底在台湾地区开了欧舒丹咖啡，法国知名服饰品牌阿尼亚斯贝也开了咖啡馆。

市场营销学者发现，品牌社区能强化品牌体验，从而提升品牌忠诚度。上述企业显然都是通过营造品牌社区，从而提升品牌忠诚度。

通过检索无印良品的网络发现，没有App，中国的官网居然无法打开，在言必移动互联网的当下，显得"落后"，但其市场表现却逆向而行：没有Logo、没有广告、没有代言人的"三无"产品，2019年全球销售额约286亿元，净利润约为15亿元。

在当前"渠道为王"这样一个喧嚣的鼓噪下,无印良品把功力用在营造品牌体验社区,强化品牌认同,显然走的是"内容为王"的路线。

移动互联网的普及,消费者直抵生产者,恰恰瓦解的是渠道,而亟须的是优质内容,无印良品无须操心消费者通过什么渠道来,他操心的是怎么让自己独特的产品文化被更多人接纳,于是把理念植入饮食来熏染它的客户。

就食品行业来说,中国的消费者已经从生存型消费转到个性化消费,但中国的食品生产商还在产品质量问题上徘徊悱恻,遑论产品文化。

无印良品,这个跨界者的插足无疑是对本行业的警醒。

问题思考:

无印良品跨界开店的目的何在?该品牌是怎样提高客户体验价值的?

 实践训练

齐眉棍游戏

实训目的	让学生体会在设计体验主题、体验产品与服务到选择体验策略,最后开展体验营销活动的整个过程中,团队成员需共同参与、彼此协作
实训内容	齐眉棍游戏
实训要求	1. 分组讨论游戏体验主题 2. 设计体验主题,选择体验策略 3. 开展体验活动,团队同心协力完成游戏
实训步骤	1. 准备一根 2～3 米左右的轻质塑料棍 2. 让小组成员站成一排,每位成员都将双手举到自己的眉头位置 3. 将轻质塑料棍放在每个人的手上,注意:必须保证每双手都能接触到塑料棍,并且手都在塑料棍下方 4. 将轻质塑料棍完全水平地向下移动,一旦有人的手离开塑料棍或塑料棍没有保持水平向下移动,任务失败 5. 完成小组体验报告
成果评价	形成小组体验报告

能力测评

专业能力自评

	能/否	任务名称
通过本项目的学习,你是否能完成相关任务?		理解客户体验内涵
		分析客户体验的影响因素
		学会设计客户体验的主题
通过本项目的知识学习,你还能做什么?		进行品牌体验设计

注:"能/否"栏中填"能"或"否"。

核心能力自评

	核心能力	是否提高
通过本项目的学习,你的相关能力是否提高?	独立设计客户体验方案	
	掌握客户体验模式	
通过本项目的学习,你还在哪些方面有所提高?	设计品牌体验	

注:"是否提高"栏中可填写"明显提高""有所提高""没有提高"。

参考文献

［1］李莲花,孙晶,白仲琪.客户关系管理［M］.广州:华南理工大学出版社,2014.
［2］乌尔瓦希·毛卡尔,哈林德尔·库马尔·毛卡尔.客户关系管理［M］.北京:中国人民大学出版社,2014.
［3］杨明,刘春侠.客户服务与管理［M］.北京:高等教育出版社,2013.
［4］许巧珍.客户关系管理［M］.浙江:浙江大学出版社,2014.
［5］郭红丽,袁道唯.客户体验管理［M］.北京:清华大学出版社,2010.
［6］李国彦,刘逸.客户关系管理实务［M］.西安:西北工业大学出版社,2016.
［7］李·科克雷尔.卖什么都是卖体验［M］.北京:中信出版社,2014.
［8］克里斯托弗·洛夫洛克.服务营销［M］.北京:中国人民大学出版社,2010.
［9］周洁如.客户关系管理经典案例及精解［M］.上海:上海交通大学出版社,2011.
［10］张永红.客户关系管理［M］.北京:北京理工大学出版社,2009.
［11］魏中龙.大客户管理［M］.北京:中国经济出版社,2012.
［12］林绍文,李业明.客户关系管理与客户经营［M］.北京:清华大学出版社,2010.
［13］皮骏.客户关系管理教程［M］.上海:复旦大学出版社,2011.
［14］王晓梅.客户关系管理实务［M］.北京:北京大学出版社,2011.
［15］李志刚.客户关系管理理论与应用［M］.北京:机械工业出版社,2012.
［16］汤兵勇.客户关系管理［M］.北京:高等教育出版社,2008.
［17］李海芹.客户关系管理［M］.北京:北京大学出版社,2013.
［18］王广宇.客户关系管理［M］.北京:清华大学出版社,2013.
［19］朱云龙.CRM理念、方法与整体解决方案［M］.北京:清华大学出版社,2004.
［20］李怀祖.客户关系管理理论与方法［M］.北京:中国水利水电出版社,2006.

内容提要

本书在分析客户关系管理"岗位群"的典型工作任务的基础上,配套相关可操作性实例及大量真实案例,将客户关系管理所涉及的工作任务分为三大模块七个项目任务,其中模块一是基础篇,主要是认知客户关系管理;模块二是技能篇,包括识别潜在客户、客户信息管理、客户满意管理和客户忠诚管理;模块三是应用篇,重点介绍大客户管理和客户体验管理。本书可供高等职业院校市场营销、工商管理、人力资源等专业学生使用,同时也适合于企业客户关系管理人员及销售人员自学参考。

图书在版编目(CIP)数据

客户关系管理 / 张迎燕,陶铭芳,胡洁娇主编. —2版. —南京:南京大学出版社,2021.3
　　ISBN 978-7-305-24226-7

Ⅰ. ①客… Ⅱ. ①张… ②陶… ③胡… Ⅲ. ①企业管理—供销管理—高等学校—教材　Ⅳ. ①F274

中国版本图书馆 CIP 数据核字(2021)第 025897 号

出版发行	南京大学出版社
社　　址	南京市汉口路 22 号　　邮　编　210093
出 版 人	金鑫荣
书　　名	**客户关系管理**
主　编	张迎燕　陶铭芳　胡洁娇
责任编辑	武　坦　　　　　编辑热线　025-83592315
照　　排	南京开卷文化传媒有限公司
印　　刷	江苏扬中印刷有限公司
开　　本	787×1092　1/16　印张 14.25　字数 365 千
版　　次	2021 年 3 月第 2 版　2021 年 3 月第 1 次印刷
ISBN	978-7-305-24226-7
定　　价	38.00 元

网　　址:http://www.njupco.com
官方微博:http://weibo.com/njupco
微信服务号:njuyuexue
销售咨询热线:(025)83594756

* 版权所有,侵权必究
* 凡购买南大版图书,如有印装质量问题,请与所购
　图书销售部门联系调换